孤独症儿童的教育与发展

王梅 梁松梅 编著

图书在版编目(CIP)数据

孤独症儿童的教育与发展 / 王梅，梁松梅编著. —北京：北京大学出版社，2020.4
ISBN 978-7-301-31004-5

Ⅰ. ①孤… Ⅱ. ①王… ②梁… Ⅲ. ①孤独症-儿童教育-特殊教育 Ⅳ. ① G766

中国版本图书馆 CIP 数据核字 (2020) 第 002660 号

书　　名	孤独症儿童的教育与发展
	GUDUZHENG ERTONG DE JIAOYU YU FAZHAN
著作责任者	王　梅　梁松梅　编著
责任编辑	刘清愔　王　彤
标准书号	ISBN 978-7-301-31004-5
出版发行	北京大学出版社
地　　址	北京市海淀区成府路 205 号　100871
网　　址	http://www.pup.cn　新浪微博：@北京大学出版社
电子信箱	zyl@pup.pku.edu.cn
电　　话	邮购部 010-62752015　发行部 010-62750672　编辑部 010-62750539
印 刷 者	河北滦县鑫华书刊印刷厂
经 销 者	新华书店
	720 毫米 ×1020 毫米　16 开本　18.5 印张　233 千字
	2020 年 4 月第 1 版　2020 年 4 月第 1 次印刷
定　　价	55.00 元

未经许可，不得以任何方式复制或抄袭本书之部分或全部内容。
版权所有，侵权必究
举报电话：010-62752024　电子信箱：fd@pup.pku.edu.cn
图书如有印装质量问题，请与出版部联系，电话：010-62756370

序

笔者与孤独症的缘分始于20多年前,并目睹了它的发展变化。笔者于1992年在当时的北京东城培智中心学校接触了第一例孤独症儿童,那时对相关概念都是懵懵懂懂的,于1994年参加了原国家教委委托北京市教育局开展的"孤独症儿童教育实验研究计划",于1997年参编了第一本与孤独症有关的书——《孤独症儿童教育与训练文集》。此后笔者一直从事相关研究,"九五"到"十三五"期间不间断的课题产出了相关成果:2003年的《智力障碍和孤独症儿童的学与教》,2007年的《孤独症儿童的教育与康复训练》,2009年的《孤独症儿童情绪调整与人际训练指南》,2014年的《孤独症儿童课程与教学设计——兼论特殊教育的课程》。以上几本书都得到了很多同行和朋友的支持,也都是团队辛勤研究的成果。您手中的这本书也不例外。

从2006年开始,在以借鉴为主、走了很多年弯路以后,我们终于找到了方向,经过十多年的不断研究和积累,分析了一件又一件"可爱的成品",使基本没有情绪问题的学生走向了社会。在持续做自己的研究并看到学生实实在在的积极变化后,我们获得了学术自信。

本书主要包括以下内容:

1. 孤独症的概念、病因、诊断等基本知识

2. 孤独症儿童的学习特点

3. 教育安置政策解析

4. 训练目标、课程

5. 一般训练方法

6. 自主交往课程及其实施方法

7. 动作训练、语言训练、交往训练的内容与实施方法

8. 家庭教育与早期干预问题解析

9. 青春期与职前教育

10. 教学设计活动实际案例分享

本书与以往相关图书的不同之处在于以下几方面。第一,本书的目标是让本科生、一线教师、家长和研究者都能有所得,特别是初学者和渴望实操的人,因此很多章节操作性较强,并且提出了"用能力"和"发展能力"不同,应避免训练"用能力",而是真正地"发展能力"。本书特别针对如何培养孤独症儿童的调控能力进行了重点叙述。第二,本书完整阐述与孤独症儿童教育有关的内容,架构比较全面,不仅有学校教育,还涵盖青春期教育、职业教育和家庭教育等。第三,除了一些概念和研究理论介绍外,本书内容基本都是团

队在过去十多年研究的基础上,又经过十年探索后原创的、经得住实践检验的策略、方法,本土化、首创性毋庸置疑。此外,本书的很多观点、视角都是首次完整呈现,例如,对孤独症儿童情绪问题产生的原因、调控策略与内在本体觉关系的认识即为首创,其对缓解孤独症儿童的情绪问题有很大启发;再比如本书提出的自主交往训练,是建立在孤独症儿童自身感受基础上的训练,没有真实感受参与的机械、模仿的训练结果是无法灵活应用的,模仿式习得方式对于大多数孤独症儿童来说是不可取的。以上这些都是经过十多年的实践研究得出来的,经得起长期实践检验。本书还提供了不同于传统集体课的、有广泛参与性的教学设计方案,对把集体课上成"一一提问、一一辅导回答的个训课"的教学倾向发出了挑战。

能取得上述成果离不开团队的努力与合作,非常感谢团队成员不计回报的、长年累月的无私付出。本书编者之一——朝阳区实验小学新源里分校(原朝阳区新源西里小学)的梁松梅校长,从十年前就支持开展自主交往的实践教学研究,并一直带领学校的教师进行教学科研活动,承担了本书自主交往教学设计部分的编著工作。其他编著工作分工为:第一、二章和第三章第二、三节,以及第四章和第六章由北京联合大学特殊教育学院王梅撰写,第三章第一节由北京教育科学研究院的孙颖撰写,第五章由朝阳区实验小学新源里分校宗佳、石凯撰写,第七章第一、四节由朝阳区实验小学新源里分校王艳撰写,第七章第二节由东城培智中心学校王迎撰写,第七章第三节由朝阳区实验小学新源里分校张群和北京联合大学王梅共同撰写,第八章第一、二节由原北京星星雨教育研究所的王国光撰写,第八章第三节由北京雨儿教育科技有限公司的沈民强、李春雨撰写,第九章由原广州欢乐岛儿童训练园创办人、现广东省残联孤独症委员会委员魏玲撰写。此外,感谢朝阳区实验小学新源里分校的石凯和宗佳老师为本书提供配图。本书还得到了北京联合大学特殊教育学院领导和诸位同仁,以及丰台培智中心学校、东城培智中心学校、西城培智中心学校、怀柔培智学校、北京教育科学研究院心理与特殊教育研究中心、北京大学出版社等单位领导和老师的大力支持,在此一并表示深深的感谢。

王 梅

2018年10月于北京

目 录

第一章 孤独症儿童概述 ………………………………………… 1
- 第一节 概念及其变迁 ……………………………………… 3
- 第二节 病因 ………………………………………………… 6
- 第三节 诊断与鉴别诊断 …………………………………… 12

第二章 孤独症儿童的特点 ……………………………………… 23
- 第一节 孤独症儿童的情绪行为特点 ……………………… 25
- 第二节 孤独症儿童的思维特点 …………………………… 29

第三章 孤独症儿童的教育安置、培养目标与课程 ………… 43
- 第一节 教育安置政策与形式 ……………………………… 45
- 第二节 培养目标 …………………………………………… 54
- 第三节 教育训练课程 ……………………………………… 58

第四章 孤独症儿童的训练方法 ………………………………… 69
- 第一节 常见的训练方法 …………………………………… 71
- 第二节 自主交往训练法 …………………………………… 76

第五章 孤独症儿童的动作发展与训练 ………………………… 81
- 第一节 孤独症儿童动作发展特点 ………………………… 83
- 第二节 孤独症动作训练的理论与方法 …………………… 90

第六章　孤独症儿童的语言训练　111
第一节　语言能力发展概述　113
第二节　语言训练的策略与方法　117

第七章　自主交往课程中的教学活动　127
第一节　情绪调整阶段的教学活动　129
第二节　共同关注阶段的教学活动　139
第三节　相互参照阶段的教学活动　156
第四节　意图理解阶段的教学活动　164

第八章　孤独症儿童的家庭支持和早期干预　177
第一节　了解孤独症儿童家庭　179
第二节　家长工作　190
第三节　孤独症儿童的早期干预　205

第九章　孤独症儿童的青春期与职前教育　217
第一节　青春期的变化和青春期的教学策略　219
第二节　职前教育　247

附录一：动作评估和动作训练的标准动作照片（部分）　255
附录二：自主交往课程中的教学设计案例　256
第一部分　情绪调整阶段教学活动设计　256
第二部分　共同关注阶段教学活动设计　262
第三部分　相互参照阶段教学活动设计　266
第四部分　意图理解阶段教学活动设计　277

第一章
孤独症儿童概述

重点内容：

概念及其变迁

病因

诊断

第一节 概念及其变迁

近年来,孤独症(Autism,又称自闭症)一词越来越被广泛提及,2007年12月第62届联合国大会通过决议——从2008年起,将每年的4月2日定为"世界孤独症日",以提高人们对孤独症和孤独症患者,以及相关研究与诊断的关注。

孤独症的现象在其名称被提出之前就已经存在了,瑞士精神病医生伊根·布勒埃(Eagen Bleuer)于1911年把这一现象引入专业文献中。1943年美国儿童精神病医生利奥·坎纳(Leo Kanner)明确提出"婴幼儿孤独症"的概念,并报告了他本人从精神疾病角度观察到的11名儿童所具有的特点:他们拒绝交往,不说话或以自己的方式喃喃自语,对周围环境有着相当或极端固定的要求。坎纳把这些症状称为"情绪交往的孤独性障碍"及"婴儿孤独症"。时至今日,孤独症都是一个没有被全社会了解的病症,我们在此介绍它的基本概念及其变迁和出现率等。

一、概念及其变迁

"孤独症"一词主要在中国大陆的医学界和特教界中使用,因国家正式颁布的文件中使用的是孤独症一词,所以沿用至今。而在中国台湾和香港,以及日本、韩国则使用"自闭症"的说法。它在疾病诊断上属广泛性发育障碍(PDD)中的一类。

Autism一词源于希腊语Autor,原意为"自我",用来描述孤独症患者的突出特征——自我兴趣。这两个称谓实质是完全一样的,从字面意义上看,孤独症容易理解为被孤立,自闭症容易理解为自我封闭,这两种理解都有一定的局限性,为了避免产生更多的误解和歧视行为,很多学者建议把它统称为坎纳症,即以最早命名它的医生名字来称呼。因为1943年美国约翰·霍普金斯大学的利奥·坎纳医生首次总结了11名患儿的共同特点,并发表文章把这些症状称之为"情绪交往的孤独性障碍"及"婴儿孤独症",所以社会上有用该医生名字来命名的呼声,但目前还没有得到公认。随着孤独症被不断报道,社会对其的关注也逐渐增多。

我国最早一例孤独症诊断是1982年由南京脑科医院的陶国泰大夫做出的,此后这一称谓慢慢走进医生和特殊教育教师的视野;1994年,国家教委基础教育司开始委托北京市教委组织开展相关研究,随着其成果的推广,该称呼逐渐走进公众视野;2006年《中国残疾人事业"十一五"发展纲要(2006—2010)》的附件中明确提出要在全国建立省级孤独症康复中心,广大民众开始知道了这个病症,现在大家对它的认识更广泛了。

2010年卫生部下发了《儿童孤独症诊疗康复指南》(以下简称《康复指南》),这是我国迄今最全面地介绍孤独症的官方文件。《康复指南》指出,儿童孤独症(Childhood Autism)也称儿童自闭症,是一类起病于3岁前,以社会交往障碍、沟通障碍和局限性、刻板性、重复性行为为主要特征的心理发育障碍,是广泛性发育障碍中最有代表性的疾病。广泛性发育障碍包括儿童孤独症、阿斯伯格综合征(Asperger Syndrome)、瑞特综合征(Rett Syndrome)、童年瓦解性障碍(Childhood Disintegrative Disorder)、非典型孤独症,以及其他未特定的广泛性发育障碍。目前,国际上有将儿童孤独症、阿斯伯格综合征和非典型孤独症统称为孤独谱系障碍的趋向,因二者诊疗和康复原则基本相同。在《康复指南》发布的三年后,美国出版了《精神障碍诊断与统计手册(第五版)》(*The Diagnostic and Statistical Manual of Mental Disorders*,DSM-5),已将孤独症统称为孤独症谱系障碍(Autism Spectrum Disorder,ASD)。孤独症谱系障碍是一组神经发育障碍性疾病,其核心症状为生命早期即出现的社会交往障碍以及重复、刻板行为和狭隘的兴趣,临床表现及背景的异质性极大。用孤独症谱系障碍一词取代孤独症、阿斯伯格综合征等,其目的之一是强调孤独症个体之间差异很大,正如光谱中的每个点都不尽相同,也没有完全一样的孩子,这样描述更加人性化。

二、出现率

《康复指南》指出，儿童孤独症是一种日益常见的心理发育障碍性疾病。2006年第二次全国残疾人抽样调查结果显示，我国0~6岁精神残疾（含多重）儿童占0~6岁儿童总数的1.1‰，约有11.1万人，其中由孤独症导致的精神残疾儿童占到36.9%，约有4.1万人。目前没发布最新的完整的官方报道。美国孤独症网站2003年报道美国的出现率达到6‰，世界各国出现率大体在1‰~1.7‰为多，男女出现率也有差别。各国统计标准不一，有的只统计典型的孤独症类人群，有的还统计非典型的。美国的统计数字表明，从1987年开始，儿童孤独症出现率保持每年15%的增长，出现率高于儿童癌症和唐氏综合征。现在伴随着概念变化、标准变化，孤独症出现率的变化也很大。

美国疾病控制与预防中心（Centers for Disease Control and Prevention，CDC）根据孤独症与发育障碍性疾病监控网络在2012年公布的美国11个州8岁儿童的检测数据指出，孤独症谱系障碍的平均出现率为14.6‰，其中男孩为23.6‰，女孩为5.3‰。2015年美国CDC根据全国健康问卷调查的统计结果指出，孤独症谱系障碍的出现率不断提高，从2012年的1.25%上升到了2.24%。其他国家的流行病学统计患病率也在增高，2014年对韩国55266例7~12岁儿童的调查统计表明孤独症谱系障碍患病率达2.2%。

国内目前缺乏权威的统计数据，没有进行全国性的孤独症谱系障碍儿童的抽样调查，2012年由民间组织出台的一份《中国自闭症儿童现状分析报告》指出，目前我国孤独症患儿的数量约为164万，且出现率越来越高。英国剑桥大学公共卫生及初级保健中心分析了中国1987—2011年的患病报告，也认为孤独症谱系障碍出现率呈逐年升高的趋势。

儿童孤独症以男性患儿多见，学界普遍认为，其出现率与种族、地域、文化和社会经济发展水平无关，因此，世界各国都要重视这种逐渐高发的态势。

第二节 病因

《康复指南》指出,儿童孤独症是由多种因素导致的、具有生物学基础的心理发育性障碍,是带有遗传易感性的个体在特定环境因素作用下发生的疾病。遗传因素可能是儿童孤独症的主要病因。

孤独症有遗传性,同卵双胞胎同时患孤独症的可能性比异卵双胞胎要大,因为同卵双胞胎的基因有100%的重叠,而异卵双胞胎的基因却只有60%的重叠,与非双胞胎的基因重叠是一样的。在美国犹他州所做的一项调查中,父亲为孤独症患者的11个家庭的44个子女中,有25个被诊断为孤独症。其他研究也显示,当父母双方的家族中有孤独症病史时,子女有阅读障碍和抑郁的情况也相当普遍。

脑发育障碍也被认为可能是孤独症的成因之一。霍华德(M. A. Howard)应用MRI和PET技术检测发现,孤独症患者大脑颞叶内侧杏仁核发生损害,其体积非正常性地增大,细胞密度增加,发育不成熟,从而导致他们社会性认知出现问题,如缺乏视觉对视和面容记忆等;齐博维修斯(M. Zilbovicius)和同事发现76%的孤独症患者的颞叶功能不正常,在听觉皮层和多形态(multimodal)联合区存在明显的低填充(hypoperfusion)现象;哈丹(Antonio Hardan)等人发现,连接孤独症患者大脑两个半球的胼胝体前部面积较正常状况明显要少,主要是向额叶突出的部分,而额叶损伤将使人的空间工作记忆、计划执行能力、心理抑制能力、调控及适应变化等多种能力的发展受损。还有研究提到,孤独症患者小脑的神经通路有障碍,控制和协调功能紊乱等。从目前的仪器测量和尸检研究结果看,孤独症患者的确存在脑发育障碍,但这是什么原因造成的还有待进一步研究。

《康复指南》还指出,环境因素,特别是在胎儿大脑发育关键期接触的环境因素也会导致患病的可能性增加。

一、环境因素的研究

现在越来越多的研究指出，环境因素影响孤独症的形成，例如，重金属汞被某些肠道微生物甲基化后具有一定的毒性，可能损伤神经细胞；铅、汞含量过高会干扰神经递质的正常代谢，使大脑皮层出现异常放电的情况，导致脑损伤。

另有研究表明，被称作"第二大脑"的肠道，它的神经数量与大脑的相当，所有重要的神经递质在肠道神经系统中都广泛分布。肠道微生物通过血液、内分泌和神经系统影响大脑，进而影响人的行为。肠道微生物定植于胚胎中，一旦这种定植的微生物出现异常，其将随幼儿年龄增长逐渐达到高峰（3岁左右），而60%以上的孤独症患者伴有至少一种肠道疾病。肠胃不仅是重要的食物加工厂，也是神经系统的"调配站"，肠胃的问题会导致大脑的问题，如蛋白质过敏导致大脑分泌更多的多肽、谷啡肽等类神经递质物质，会干扰大脑神经递质的正常工作。因此，要特别重视孤独症儿童的饮食。2015年以来，我们曾先后让33名孤独症儿童去北京的三甲医院测试14种常见食物的IgG和IgE（两种被认为是过敏反应介质的免疫球蛋白），除1名患儿对牛肉过敏外，其他32名患儿全部对牛奶、鸡蛋过敏，因此要注意患儿对这些物质的摄取。

这方面的相关研究很早就有，布伊（Buie）对111名孤独症患儿的研究发现，50%以上患儿有胃肠道症状，如食物过敏，消化不良或吸收不良等，他怀疑患儿的消化道与脑功能异常之间有某种联系。卢卡雷利（Lucarelli）对36个牛奶喂养的孤独症患儿的研究发现，停用牛奶8周后，他们的异常行为有明显改善，同时血浆中出现IgA抗体（抗酪蛋白、乳白蛋白和仁乳球蛋白）和IgM抗体（抗酪蛋白）明显高于正常儿童的情况，因此他提出了儿童孤独症与食物（如牛奶）过敏有关系的假说。2002年，韦克菲尔德（Wakefield）也提出，胃肠道的病理改变可能对孤独症的发生及临床表现的改善起重要作用，这种脑功能障碍疾病很可能是由肠道这种颅外因素引起，正像肝性脑病由肝病引起一样，孤独症是伴随免疫介导的中毒性脑病,而孤独症儿童类阿片活性肽可能参与其中并引发症状。此外,维生素B、铁、钙、镁等有机物和矿物质都是神经递质的重要原料,如果缺少或过多都可能会影响神经递质的生成,进而影响脑发育,对儿童孤独症的发生发展起到推波助澜的作用。

研究证实,孤独症与某些元素代谢障碍有关,体内硫酸盐代谢异常(血液中该物质含量低)或叶酸受体缺乏可导致半胱氨酸缺乏,相应的某些酶的活性会降低,从而影响细胞分化、凋亡,60%以上的孤独症患者自身免疫系统都有问题。

二、神经心理学的研究

除了遗传学、神经科学方面的病因探索外,还有令人关注的神经心理学的众多病因研究,比较流行的有心理理论与镜像神经元学说、执行功能障碍学说、中枢统合不足学说。

(一)心理理论与镜像神经元学说

心理理论是指个体对自己或者他人心理状态(意图、愿望和信念)的认识和理解,对他人心理和行为进行解释和推理的能力,是个体共情产生的前提条件。研究者发现,孤独症谱系障碍患者存在明显的心理理论缺损,巴伦-科恩(Baron-Cohen)在对孤独症个体错误信念、理解能力损伤的研究中发现,他们在心理理论测试任务上是失败的。他们让孤独症儿童和普通儿童、智力落后儿童一起看木偶剧,木偶剧中的人物甲把自己的一个玩具放在盒子里就离开了,躲在一旁的人物乙等人物甲出去后把玩具调换到另一个同样大小的盒子中然后也出去了,这时人物甲回来找玩具,主试问大家:"他应该去哪个盒子找?"智力落后儿童和普通儿童都能说出在原先的盒子里找,只有孤独症儿童回答在第二个盒子里找。后续的错误信念实验结果相似,说明孤独症儿童心理理论能力偏低,站在他人立场上考虑问题存在困难。但后续研究也证实,部分孤独症患者能够通过一级错误信念任务而不能通过二级错误信念任务,说明孤独症个体心理理论并不是完全缺失,而是存在着缺损或发展迟滞。卡兰(Kaland)等采用眼部照片、奇异故事和日常生活故事来研究孤独症个体对他人情绪感受的判断,要求被试在接近现实的情境中对他人的心理和行为进行推测,结果发现,在情感反应、对他人情绪感受和意图理解能力上,孤独症个体的高级心理理论和共情存在缺损。比尔(Beal)等发现,与正常个体相比,孤独症个体在面对高兴和生气的表情时既没有机械模仿也没有情感反应,而在面对恐惧表情时表现出多种表情的混合,说明他们在情感反应方面存在缺陷,在理解他人情绪时有障碍,不能产生与正常个体类似的共情(empathy)。共情是个体分享他人情绪,理解他人想法、意愿和感受的能力,包括认知共情和情绪共情,涉及前额皮层、楔前叶、后扣带回(Posterior Cingulate Cortex)和颞上沟(Superior Temporal Sulcus,STS)等脑区。

镜像神经元(mirror neuron)是1996年佐拉蒂(Giacomo Rizzolatti)和同事们通过观测恒河猴得到的,其前运动皮质F5区域的神经元不但在其做出动作时产生兴奋,而且看到别的猴子或人做相似的动作时也会兴奋,它们是像镜子一样可以映射他人动作的神经元,因此被命名为镜像神经元。1998年进一步的研究证实,人类也有这种神经元,主要涉及额下回(Inferior Frontal Gyrus,IFG)和颞上沟等脑区。加勒斯(Gallese)和法迪加(Fadiga)等认为,镜像神经元系统内储存了特定行为模式的编码,这种特性不但让个体自动地执行基本动作,还让个体在看到别人进行同样的动作时能够感同身受,镜像神经元系统与其他的大脑结构,例如边缘系统、脑岛,共同组成了一个大型的神经环路,当个体要进行面部表情的表达、模仿和观察时,这个环路就会被激活。目前看来,完成镜像加工表达过程的神经环路组成镜像神经元系统,最好地解释了共情的生理基础。

孤独症儿童镜像神经系统的皮质厚度明显低于普通儿童(Ramachandran and Oberman,2006)。依据镜像神经元系统的假设,有学者提出了破镜理论(Broken-mirror Theory),来解释孤独症儿童在社会交流方面的障碍,该理论即指孤独症儿童的镜像神经元系统受损,影响其动作意图识别和共情能力发展等。有研究表明,高功能的孤独症儿童在进行模仿任务和观察情绪表达任务时,他们额下回的激活程度远低于正常发育的儿童,并且这种激活程度与他们患病的严重程度呈负相关,即越严重激活越差。

(二)执行功能障碍学说

执行功能(executive function)是负责控制高水平活动的能力,包括计划、抑制控制—转换等,是综合应用知识和信息的能力(徐云、柴浩,2016),它在完成复杂的认知任务时会对各种认知过程进行协调,从而保证认知系统能够灵活优化地对特定目标进行控制,从而使人产生协调有序的行为。

执行功能反映个体对思想和行动进行有意识控制的心理过程,其中抑制控制被看作是执行功能的核心成分,早期很多研究者把执行功能等同于抑制控制,抑制控制是个体在信息加工的过程中,关注和当前任务相关的信息,抑制无关信息(无法抑制先前习得)的反应,难以灵活转换规则就会表现出刻板行为。

孤独症儿童无论是在动作计划与控制,还是情绪行为调控方面都有明显障碍,这些都是执行功能障碍的表现。根据著名心理学家皮亚杰的观点,动作是认识的源泉,是主客体相互作用的中介;动作与知觉发展交互作用,动作发展与认知发展密切联系。动作与认知能力的关系早在儿童6岁以前便建立起来了,一个动作的执行,既需要大脑对动作的计划与控制,又需要身体各部分肌肉的协调,以及各种感知觉的配合和参与。因此儿童在完成体育运动或是其他精细动作时,需要对认知资源进行有序合理地分配,如果认知控制能力存在缺陷,对动作的控制便会显得力不从心,从而出现一系列动作问题。可见认知控制与动作控制是相互影响的。

由大脑前额叶担当的中央执行系统在儿童的高级认知加工过程中起着至关重要的作用,儿童对自己思维的调控、对外界干扰的筛选或排除、对一件事的计划都涉及此系统。人们在完成复杂的认知任务时,需要执行功能的各项认知成分相互配合,并有效抑制和监控干扰信息,产生协调的优势反应。认知成分包括计划、抑制控制、工作记忆,以及对活动序列的协调和控制、认知灵活性等一系列功能。孤独症儿童的执行功能明显弱于正常儿童,获得克氏孤独症行为量表(Clancy Behacior Scale,CBS)的评分越高,其执行功能越差;他们在双任务处理实验中,面对听觉干扰会显著表现出处理能力不足,不能很好地排除干扰继续完成任务,特别是5～6岁的孤独症儿童。观察他们的学习也会发现这个问题,如在简笔临摹简单物品(如有图案的长条毛巾、气球)时,70%的7～10岁的孤独症儿童都是看一眼就画,中间不再看第二眼,不对照原图思考构图、比例是否得当,也不进行任何调整,看似一气呵成,实则是缺乏计划、调控能力。

(三)中枢统合不足学说

1993年弗里斯(Frith)提出了中枢统合理论,该理论认为人的神经中枢统合系统能整合周围环境中所有有意义的信息,使这些信息有机关联,形成一个有意义的新信息,而中枢统合不足的人则容易"只见树木、不见森林"。很多孤独症患者就是这样,仅能关注到部分线索,无法对多重线索进行梳理,即会对刺激进行过度选择,如仅会对单词拼写产生注意而对其所描述的概念含混不清,进而影响他们的阅读、写作和语言表达。以语言技能为例,若老师拿着一张印有小狗图案的卡片,手指指着图案下相应的单词并念给孤独症儿童听,由于他们的中枢统合能力不足,不能同时注意图片、文字、声音等多维刺激,进而不能完全理解老师所说单词、指示图片和所指动物的概念(王永固、郭惠,2017),但语言能力丰富的孤独症儿童较少出现对刺激的过度选择(Kovattana and Kraemer,1974)。

总之,孤独症患者在信息处理方面,特别是情绪情感信息方面有与众不同的表现,这些表现都可能有一定的神经生物学基础,如镜像神经元损伤会导致他们解读他人心理状态和共情方面出现问题,会影响他们与人交往。此外,执行功能障碍学说、中枢统合不足学说也能部分解释孤独症患者的刻板行为、过度选择、认知缺少变通等问题。又如孤独症患者难共情,一方面是因为他们缺乏感同身受的身体体验,另一方面是因为即使他们有身体体验,但对身体体验与语言、表情动作、视觉表象的联合加工可能存在困难,此与镜像神经元受损、中枢统合不足有关,目前尚不能给出确切的病因解释,要不断进行相关的脑科学研究。

第三节 诊断与鉴别诊断

为了更清楚地了解孤独症的典型外显特征,有必要先了解相关诊断标准并鉴别诊断,再结合实践和外显特征进行判断。

一、孤独症诊断及鉴别诊断

孤独症的诊断有明确的诊断标准,《康复指南》中写明了诊断标准和诊断流程。只有通过规范的操作,才能做出准确的诊断。

(一)诊断标准

此标准主要参照《国际疾病分类第十次修订本(ICD-10)》(*International Classification of Diseases*,ICD-10)。现行的第十一次修订本(ICD-11)已于2018年6月问世,待今后普及应用。

1. 3岁以前就出现发育异常或损害,至少表现在下列领域之一。

(1)人际沟通时所需的感受性或表达性语言。

(2)选择性社会依恋或社会交往能力的发展。

(3)功能性或象征性游戏。

2. 具有以下(1)(2)(3)项下至少六种症状,且其中(1)项下至少两种,(2)(3)两项下各至少一种。

(1)在下列至少两个方面表现出社会交往能力实质性异常。

① 不能恰当地应用眼对眼注视、面部表情、姿势和手势来调节社会交往。

② (尽管有充分的机会)不能发展与其智龄相适应的同伴关系,共同分享兴趣、活动与情感。

③ 缺乏社会性情感的相互交流,表现为对他人情绪的理解有偏颇或有缺损;或不能依据社交场合调整自身行为;或社交、情感与交往行为的整合能力弱。

④ 不能自发地寻求与他人分享欢乐、兴趣或成就（如不向旁人显示、表达或指出自己感兴趣的事物）。

（2）交流能力有实质性异常，表现在下列至少一个方面。

① 口语发育延迟，不伴有以手势或模仿等替代形式补偿沟通的企图（此前常没有牙牙学语的沟通）。

② 在对方对交谈具有应答性反应的情况下，不能主动与人交谈或使交谈持续下去（在任何语言技能水平上都可以发生）。

③ 刻板和重复地使用语言，或别出心裁地使用某些词句。

④ 缺乏各种自发的假扮性游戏，或（幼年时）不能进行社会模仿性游戏。

（3）局限、重复、刻板的兴趣、活动和行为模式，表现在下列至少一个方面。

① 专注于一种或多种刻板、局限的兴趣，感兴趣的内容异常或对其异常地关注；或者尽管内容关注的形式无异常，但其关注的强度和局限性存在异常。

② 强迫性地明显固着于特殊而无用的常规或仪式。

③ 刻板与重复地进行怪异的动作，如拍打、揉搓手或手指，或涉及全身的复杂运动。

④ 迷恋物体的一部分或玩具的没有功能的性质（如气味、质感或其发出的噪音或振动）。

3. 临床表现不能归因于以下情况。

其他类型的广泛性发育障碍，特定性、感受性语言发育障碍和继发的社会情感问题，反应性依恋障碍或脱抑制性依恋障碍，伴发情绪/行为障碍的精神发育迟滞，儿童少年精神分裂症和瑞特综合征。

（二）鉴别诊断

儿童孤独症需要与广泛性发育障碍的其他亚型，以及其他儿童常见精神、神经疾病进行鉴别。

1. 阿斯伯格综合征

阿斯伯格综合征以社会交往障碍和兴趣、活动局限，以及刻板和重复为主要临床表现,患儿言语和智能发育正常或基本正常。和孤独症患儿相比,阿斯伯格综合征患儿突出表现为社交技能的缺乏,言语交流常常围绕其感兴趣的话题并过度书面化,对某些学科或知识可能有强烈兴趣,动作笨拙,运动技能发育落后。

2. 瑞特综合征

瑞特综合征几乎仅见于女孩,患儿早期发育正常,大约6~24个月时起病,表现出言语、智能、交往能力等的全面显著倒退和手运动功能丧失等神经系统症状。以下几点对鉴别诊断具有重要作用。①患儿无主动性交往,对他人呼唤等无反应,但可保持"社交性微笑",即微笑地注视或凝视他人。②患儿常有手部刻板动作,如"洗手""搓手"等。③随着病情发展,患儿手部抓握功能逐渐丧失。④患儿过度换气。⑤患儿躯干共济运动失调,如起坐不稳、上身晃动等。

3. 童年瓦解性障碍

童年瓦解性障碍又称海勒(Heller)综合征、婴儿痴呆。患儿在2岁以前发育完全正常,起病后已有技能迅速丧失,并出现和孤独症患儿相似的交往、交流障碍及刻板、重复的动作行为。该障碍与正常发育一段时期后才起病的儿童孤独症较难区分。主要鉴别点在于海勒综合征患儿起病后所有已有的技能全面倒退和丧失,难以恢复。

4. 言语和语言发育障碍

该疾病患儿的主要表现为言语理解或表达能力显著低于应有水平。患儿非言语交流无明显障碍,社会交往良好,无兴趣狭窄和刻板重复的行为方式。

5. 精神发育迟滞

精神发育迟滞患儿的主要表现为智力低下和社会适应能力差,但仍然保留与其智能相当的交流能力,没有孤独症患儿特征性的社会交往和言语交流损害,同时兴趣狭窄和刻板、重复行为方式也不如孤独症患儿突出。

6. 儿童少年精神分裂症

儿童少年精神分裂症多起病于少年期,极少数起病于学龄前,无3岁前起病的报道,这与儿童孤独症通常起病于婴幼儿期不同。

该症部分临床表现与儿童孤独症类似,如孤僻离群、自语自笑、情感淡漠等,此外,还存在幻觉、病理性幻想或妄想等精神病性症状。该症患儿起病后可能言语减少,甚至缄默,但言语功能未受到实质性损害,随着疾病缓解,言语功能可逐渐恢复。

7. 注意缺陷多动障碍

注意缺陷多动障碍的主要临床特征是活动过度、注意缺陷和冲动行为,但智能正常。孤独症患儿,特别是智力正常的孤独症患儿也常有注意力不集中、活动多等行为表现,容易与注意缺陷多动障碍的患儿混淆。鉴别要点在于:缺陷多动障碍患儿在社会交往能力上没有质的损害,以及没有刻板行为和兴趣狭窄的情况。

此外,需要与儿童孤独症相区别的疾病还有严重的学习障碍、选择性缄默症和强迫症等。

《康复指南》发布的诊断标准与美国现行的《精神障碍诊断与统计手册(第五版)》的主要不同有以下几点。①《康复指南》将后者中的核心症状缩减后合并为两条,即社会性交往障碍,受限的、重复的行为模式、兴趣或活动,并在受限的重复的行为模式和兴趣的具体表现上增加了对于感知觉异常的描述。② 取消了阿斯伯格综合征的称谓。③ 根据严重程度,综合两类症状进行了三级评价分类,三级为最重,定为"需要非常大量的帮助",一级为最轻,定为"需要帮助"。

2018年6月,世界卫生组织发布的最新的《国际疾病分类第十一次修订本(ICD-11)》(ICD-11)也引用了孤独症谱系障碍(条目6A02)的提法,并指出它属于神经发育障碍,下面分出8个子类,包括没有智力障碍、有或没有轻微功能性语言障碍的孤独症谱系障碍(条目6A02.0),有智力障碍、有或没有轻微功能性语言障碍的孤独症谱系障碍(条目6A02.1)等,此疾病分类标准也可以作为我国未来进行孤独症谱系障碍分类的重要依据。

孤独症谱系障碍诊断是一件非常严肃、科学的工作,不仅标准要明确,流程(见表1.1)还要规范,缺一不可。在有条件的情况下,要由专家小组合作进行诊断。

表 1.1 孤独症谱系障碍诊断流程与内容

诊断流程	主要内容	注意事项
病史询问	了解患儿生长发育史，以及异常行为出现的年龄、持续时间、频率和对日常生活的影响程度。同时收集孕产史、家族史、既往疾病史和就诊史等资料，还要了解家庭养育环境如何，患儿是否有过重大心理创伤或惊吓，是否上学或幼儿园，在校适应情况，是否有过严重躯体疾病，是否因躯体疾病导致营养不良、住院或与亲人分离的经历，有无癫痫发作，有无使用特殊药物，是否偏食，睡眠如何	要尽可能地详尽、准确
精神检查	观察患儿面对陌生环境、陌生人，以及当父母离开时是什么反应，患儿是否回避与人目光对视，是否会利用手势动作、点头、摇头或其他动作、姿势及面部表情进行交流。对于有言语能力的患儿应结合交谈，以确认患儿的言语理解及表达的发育水平是否与年龄相当，有无刻板重复言语、即时或延迟模仿性言语以及自我刺激式言语，是否能围绕一个话题进行交谈，以及遵从指令情况，患儿是否对玩具及周围物品感兴趣，玩具使用的方式以及游戏能力如何，患儿是否有刻板动作、强迫性和仪式性行为以及自伤行为	要注意儿童的初始就诊状态，在情绪稳定的情况下进行检查
体格检查	躯体发育情况，如头围、面部特征、身高、体重，有无先天畸形、视听觉障碍，以及神经系统是否有阳性体征等	
心理评估和其他辅助检查	可选用一些量表对父母进行访谈。(1)孤独症行为评定量表(ABC)：共 57 个项目，每个项目 4 级评分，总分≥31 分提示存在可疑孤独症样症状，总分≥67 分提示存在孤独症样症状，适用于 8 个月至 28 岁的人群。(2)克氏孤独症行为量表(CABS)：共 14 个项目，每个项目采用 2 级或 3 级评分。2 级评分总分≥7 分或 3 级评分总分≥14 分，提示存在可疑孤独症问题。该量表针对 2 至 15 岁的人群。总分＜30 分为非孤独症，总分 30～36 分为轻至中度孤独症，总分≥36 分为重度孤独症。其他可参考：孤独症诊断	应避免父母使用筛查量表先入为主下判断，要充分考虑到可能出现的假阳性或假阴性结果。诊断量表的评定结果也仅作为儿童孤独症诊断的参考依据，不能替代临床医师综合病史、精

续表

诊断流程	主要内容	注意事项
	访谈量表(修订本)(ADI-R)等,可配合智力测验量表:如韦氏儿童智力量表(WISC)、韦氏学前儿童智力量表(WPPSI)、斯坦福-比内智力量表、皮博迪图片词汇测验(Peabody Picture Vocabulary Test, PPVT)、瑞文渐进模型测验(RPM)等。可根据临床表现有针对性地选择实验室检查,包括电生理检查、影像学检查、遗传学检查、代谢病筛查等	神检查,并依据诊断标准做出的诊断;在条件许可的情况下要两人以上共同诊断

二、儿童孤独症的典型外显特征

在2013年以前,判断孤独症症状一般会依据三方面的典型特征:社交障碍,沟通障碍,兴趣狭窄和刻板行为,在2013年美国出版了《精神障碍诊断与统计手册(第五版)》后,症状判断主要依据两方面的特征:社交障碍和情绪行为问题。专业工作者要尽可能全面、深入地掌握孤独症患者的临床特征。

《康复指南》明确指出的临床表现有以下几方面。

(一)社会交往障碍

孤独症患者不同程度地缺乏与人交往的兴趣,也缺乏正常的交往方式和技巧,具体表现随年龄和疾病严重程度的不同而有所不同,以与同龄儿童的交往障碍最为突出。

1. 婴儿期。患儿回避目光接触,对他人的呼唤及逗弄缺少兴趣和反应,没有期待被抱起的姿势或被抱起时身体僵硬,不愿与人贴近,缺少社交性微笑,不观察和模仿他人的简单动作。

2. 幼儿期。患儿仍然回避目光接触,呼之常常不理,对主要抚养者常不产生依恋,对陌生人缺少应有的恐惧,缺乏与同龄儿童交往和玩耍的兴趣,交往方式和技巧也存在问题;不会通过目光和声音引起他人对其所指事物的注意,不会与他人分享快乐,不会寻求安慰,不会对他人的身体不适或不愉快表示安慰和关心,常常不会玩想象性和角色扮演性游戏。

3. 学龄期。随着患儿年龄增长和症状的改善，对父母、同胞可能变得友好而有感情，但仍然不同程度地缺乏与他人主动交往的兴趣和行为。虽然部分患儿愿意与人交往，但交往方式和技巧依然存在问题。他们常常自娱自乐、独来独往、我行我素，不理解也很难学会和遵循一般的社会规则。

4. 成年期。患者仍然缺乏社会交往的兴趣和技能，虽然部分患者渴望结交朋友，对异性也可能产生兴趣，但是因为对社交情景缺乏应有的理解，对他人的兴趣、情感等缺乏适当的反应，难以理解幽默和隐喻等，较难建立友谊、恋爱和婚姻关系。

(二) 交流障碍

患者在言语交流和非言语交流方面均存在障碍，其中以言语交流障碍最为突出。

1. 言语交流障碍

(1) 言语发育迟缓。患儿开始说话常常较晚，会说话后言语进步也很慢。起病较晚的患儿可有相对正常的言语发育阶段，但起病后言语逐渐减少甚至完全消失。部分患者终生无言语。

(2) 言语理解能力受损。患者言语理解能力不同程度受损，病情轻者也多无法理解幽默、成语、隐喻等。

(3) 言语形式及内容异常。有言语的患者的言语形式和内容常存在明显异常，常存在即刻模仿言语，即重复说他人方才说过的话；延迟模仿言语，即重复说既往听到的言语或广告语；刻板重复言语，即反复重复一些词句、述说一件事情或询问一个问题。他们也可能会用特殊、固定的言语形式与他人交流，并存在答非所问、语句间缺乏联系、语法结构错误、人称代词分辨不清等表现。

(4) 语调、语速、节律、重音等异常。患者语调常比较平淡，不能抑扬顿挫，不能运用语调、语气的变化来辅助交流，常存在语速和节律的问题。

(5) 言语运用能力受损。主动言语少，多不会用已经学到的言语表达愿望或描述事件，不会主动提出话题、维持话题，或仅靠其感兴趣的刻板言语进行交流，反复诉说同一件事或纠缠于同一话题。

部分患儿会用特定的自创短语来表达固定的含义。

2. 非言语交流障碍

患儿常拉着别人的手伸向自己想要的物品,但是其他用于沟通和交流的表情、动作及姿势却很少。他们多不会用点头、摇头或手势、动作表达想法,与人交往时表情常缺少变化。

(三) 兴趣狭窄和刻板重复的行为方式

患者倾向于使用僵化刻板、墨守成规的方式应付日常生活,具体表现如下。

1. 兴趣范围狭窄,感兴趣的事物常与众不同

患儿通常对玩具、动画片等正常儿童感兴趣的事物不感兴趣,却迷恋看电视广告和天气预报,旋转、排列物品,听某段音乐、某种单调重复的声音等。部分患者专注于文字、数字、日期、时间表、地图、绘画、乐器演奏等,并可表现出独特的能力。

2. 行为方式刻板重复

患者常坚持用同一种方式做事,拒绝日常生活规律或环境的变化。如果日常生活规律或环境发生改变,他们会烦躁不安。他们常反复用同一种方式玩玩具,反复画一幅画或写几个字,坚持走一条固定路线,坚持把物品放在固定位置,拒绝换其他衣服或只吃少数几种食物等;常会出现刻板重复、怪异的动作,如重复蹦跳、拍手,将手放在眼前扑动和凝视,以及用脚尖走路等;还可能对物体的一些非主要、无功能特性(气味、质感)产生特殊兴趣,如反复闻物品或摸其光滑的表面等。

3. 对非生命物体的特殊依恋

患者对人或动物通常缺乏兴趣,但对一些非生命物品可能产生强烈依恋,如瓶、盒、绳等都有可能让他爱不释手,随时携带。如果被拿走,则会烦躁哭闹、焦虑不安。

除以上核心症状外,患者还常存在自笑、情绪不稳定、冲动攻击、自伤等行为。他们的认知发展多不平衡,但音乐、机械记忆(尤其文字记忆)、计算能力相对较好,甚至超常。

这些临床表现十分具体,但比较复杂,一般典型的孤独症儿童

在18个月大以前就已有社交障碍行为,如"对周围环境反应淡漠"和"很难被声音、动作或玩具吸引注意"等,家长、教师、普通公众等非专业人士应该掌握基本的、典型的特征,及时发现他们的可疑表现,及早推荐就医;但也不能盲目怀疑,避免出现"不理人、不看人就一定是孤独症"的简单粗暴的非科学判断。通过长期实践,我们总结了三方面典型的行为表现,若1岁半到3岁的儿童同时出现这三方面的异常,则需要立即就医。

首先,互动时缺少注意对焦或共同关注的表现。用他喜欢的物品吸引他时,儿童注意力全部在物品上,在没有引导或要求的情况下,儿童不会在物品和人之间"切换"注意力,也很少在互动时出现引起大人注意的语言、动作等。

其次,互动时缺乏运用手势、表情或者眼神的表现。在他人的陪伴下玩玩具时,儿童自己的声音、动作不少,但基本上没有与他人交流的眼神、表情或任何用作交流的手势。

最后,持续的刻板行为表现。儿童摆弄、抚摸某个物品的方法保持不变,且不接受大人的改变建议,或者儿童连续地摇手、晃手、转圈一段时间,反反复复不停歇。

总之,教师和家长要认真观察儿童的行为,当同时出现上述三方面行为一段时间后应带儿童就医。在早期,家长应防止将语言、认知能力作为重要的判别指标的倾向,以避免误判和漏诊。

思考题:

1. 孤独症的主要判别标准有哪些?不理人、不看人的3岁儿童就一定患有孤独症吗?为什么?

2. 如何看待美国《精神障碍诊断与统计手册(第五版)》(DSM-5)中关于孤独症诊断标准的变化?

3. 孤独症诊断时需要与哪些病症进行鉴别诊断?

本章主要参考文献：

1. 艾戎,王宁,童雪涛.儿童孤独症的早期临床表现[J].实用儿科临床杂志,2010(12).
2. 杜芸芸.双任务情境下孤独症儿童执行功能研究[D].宁夏:宁夏医科大学,2017.
3. 段蕾,莫书亮.孤独症的认知障碍研究及其评述[J].心理科学进展,2010,18(2).
4. 段云峰,吴晓丽,金锋.自闭症的病因和治疗方法研究进展[J].中国科学:生命科学,2015,45(9).
5. 黄楠.发展性协调障碍儿童的工作记忆和中央执行功能研究[D].河南:河南大学,2016.
6. 静进.孤独症谱系障碍诊疗现状与展望[J].中山大学学报(医学科学版),2015,36(4).
7. 李忠励,叶浩生.自闭症谱系障碍的病因分析:来自镜像神经系统的启示[J].中国特殊教育,2014(8).
8. 刘艳丽,陆桂芝.自闭症谱系障碍个体共情缺损的产生机制与干预方法[J].中国特殊教育,2016(9).
9. 刘漪,张燕霞,禹顺英,等.儿童孤独症的遗传学研究进展[J].中国儿童保健杂志,2012(4).
10. 王永固,郭惠.孤独症儿童刺激过度选择感知障碍及其干预策略研究综述[J].现代特殊教育,2017(8).
11. 徐云,柴浩.孤独症儿童心智解读能力训练[M].北京:科学出版社,2016.
12. BARON-COHEN S, LESLIE A M, FIRTH U. Does the autistic child have a "theory of mind"[J]. Cognition, 1985, 21(1).
13. BUIE T, WINTER H, KUSHAK R. Preliminary findings in gastrointestinal investigation of autistic patients[R]. Current trends in autism conference, 2002.
14. GALLESE V, FADIGA L, FOGASSI L, et al. Action recognition in the premotor cortex/r[J]. Brain, 1996, 119(2).
15. KALAND N, CALLESEN K, MILLER-NIELSEN A, et al. Performance of children and adolescents with Asperger syndrome or high-functioning autism on advanced theory of mind tasks[J]. Journal of autism and developmental disorders, 2008, 38(6).
16. KOVATTANA P M, KRAEMER H C. Response to multiple visual

cues of color, size, and form by autistic children[J]. Journal of autism and developmental disorders, 1974, 4(3).

17. LUCARELL S, FREDIANI T, ZINGONI A M, et al. Food allergy and infantile autism[J]. Panminerva Med, 1995, 37(3).
18. RAMACHANDRAN V S, OBERMAN L M. Broken mirrors: a theory of autism[J]. Scientific American special edition, 2006, 295(5).
19. RIZZOLATTI G, FABBRI-DESTRO M. Mirror neurons: from discovery to autism[J]. Experimental brain research, 2010, 200(3-4).
20. WAKEFIELD A J, PULESTON J M, MONTGOMERY S M, et al. The concept of entero-colonic encephalopathy, autism and opioid receptor ligands[J]. Aliment pharmacol ther, 2002, 16(4).

第二章
孤独症儿童的特点

重点内容:
　　情绪行为特点
　　思维特点

第一节 孤独症儿童的情绪行为特点

儿童孤独症可谓是十分复杂的广泛性发展障碍，要了解它也不是一朝一夕，看看书、量表和拍片子就能做到的，需要经过较长期的观察、实践和反思。许多孤独症儿童的身体检查、头部 CT 检查结果并无明显异常，因此想要发现问题就需要多思考。

论述孤独症儿童特点的角度有很多，开篇先介绍情绪行为特点，主要是由其重要性决定的。孤独症人士通常有明显的情绪行为障碍，并且此障碍严重影响了他们及其家庭的平静生活，甚至影响邻里关系和自身社会性发展，这直接阻碍了他们的能力发展。此后再论述思维特点，它们都是孤独症儿童发展学习能力必不可少的重要方面。

一、情绪相关概念及发生机制

情绪是主体对客观事物是否满足自身需求的反应，客观事物满足自身，主体就有愉悦的情绪，此被视为积极情绪（正情绪），如愉快、乐观；若客观事物不能满足自身，主体会有不愉悦的情绪，其被视为消极情绪（负情绪），如恐惧、仇恨、愤怒。情绪还可以分为基本情绪和复杂情绪，相对基本情绪（高兴、难过、恐惧）而言，忧郁、警惕、内疚、惭愧、害羞、自豪、厌烦、憎恨、惊奇、沮丧、满足等情绪通常属于复杂情绪。与复杂情绪紧密联系的是情感，它反映社会需求满足与否带来的情绪体验，如幸福感、愉悦感、仇恨感等，比情绪表现得更稳定、更复杂。

研究孤独症情绪问题还需要理解下列相关概念。

共情，一种能深入他人主观世界，了解其感受并做出适当回应的能力，通俗理解为能将心比心。日常交谈中所谓"懂事"主要指沟通双方能在共情的基础上表达出体谅对方的言语、表情或行动。在心理咨询中，专家能够正确地了解当事人的主观世界，并且能将有意义的信息传达给当事人，这就是产生了共情。共情与心理理论阐述的问题性质基本一致,但其更强调情绪反应上的共通性,比如看到身边人在悲痛地哭泣,自己内心也会产生难过的感觉,它是人们深入交往必不可少的能力。镜像神经元系统功能障碍和本体觉刺激的缺失都影响共情能力的发生与发展。

移情(transference)原是精神分析的一个用语,本意指把一种应该是对父母(或兄弟姐妹、配偶等)的情感和态度转移到分析者身上或者分析者把对父母(或兄弟姐妹、配偶等)的情感和态度转移到来访者身上,这种移情可能使分析者与来访者一同陷入情感的漩涡,产生错综复杂的关系,影响咨询的质量。这里指把一种应该对父母(或兄弟姐妹、配偶等)产生的情感和态度转移到交往对象身上的能力,通俗理解为爱屋及乌,比如听父母夸奖某同伴,自己就对某同伴产生好感;某同伴喜欢谁,自己就喜欢谁。移情是扩大交往范围必不可少的能力。

情绪调整指个体通过一定的策略和机制,使情绪在生理活动、主观体验、表情行为等方面发生一定的变化,该变化包括修正、维持、增强,如情绪激动时自然的呼吸加速,为缓和这种情况而进行的几个回合的深呼吸。情绪的产生与外界环境刺激息息相关,但情绪调整主要是在大脑神经系统指挥下发生的,孤独症儿童情绪行为表现和情绪调节能力都存在异常。有研究表明,63名高功能孤独症患者预感到要面对不良的刺激情境时往往不躲避,会尖叫、击打,以及重复动作和语言增多(Pouw et al.,2013),他们右前额叶抑制反应调控区域存在缺陷,而左前额叶激活增多,在情绪事件中自我刺激行为多发(Levitt et al.,2003;Hollander et al.,2005)。

情绪是人在大脑皮层活动的主导下,皮下中枢和内脏器官协同作用的结果,包括机体内部变化机制和中枢过程机制,下丘脑、隔区、杏仁核、海马核、边缘皮层、前额叶皮层和颞叶皮层等均是情绪产生和表达过程的重要中枢,特别是下丘脑在情绪的产生和表达过程中都起了重要的作用。关于情绪产生的机制问题一直众说纷纭,早在1927年,坎农(Walter B. Canon)就提出了情绪的丘脑学说,他根据丘脑受损伤后或丘脑的活动在失去大脑皮层的控制时,人的情绪变得容易激动或发生病理性变化等事实,认为丘脑在情绪的发生上起着最重要的作用。他认为神经冲动传入丘脑,并在丘脑获得一定的"情绪特性",然后具有情绪特性的神经冲动一方面传入大脑皮层引起情绪体验,另一方面激发植物神经系统,引起相应的情绪反应。美国心理学家阿诺德(M. B. Arnold)1954年又提出了评定情绪的"兴奋学说",她认为个体情绪与其在大脑皮层上进行的对客观事物的评价相联系。由于情绪发生机制比较复杂,目前关于此的研究仍在继续,但已明确下丘脑与情绪的关系。20世纪60年代,耶鲁大学的弗林(Flynn)发现刺激猫的内侧下丘脑,可诱发其情绪性的攻击、厮杀和发怒的表现,如怒叫、毛发竖立等,刺激停止它就迅速平静下来,蜷缩至入睡。下丘脑不仅是生理调节的重要中枢,而且是情绪调节的关键脑区之一,下丘脑结构、激素水平、神经肽的改变都对情绪变化有显著影响。总之情绪的产生与调节和下丘脑的功能密不可分,而国内外关于孤独症催产素受体基因异常而引发下丘脑异常反应的研究已屡见不鲜。

    情绪产生过程会伴有一系列的生化反应,它与神经系统、内分泌系统、消化系统、免疫系统等都有着千丝万缕的联系。如孤独症儿童的神经系统中兴奋性神经递质谷氨酸系统和抑制性神经递质GABA系统失衡(Hussman,2001),小脑存在谷氨酸的AMPA受体亚型和谷氨酸转运体异常(Purcell et al.,2001),其自身免疫缺陷导致髓鞘脱失(韩钰,2017),与普通儿童相比,孤独症儿童尿液代谢物中甲基甲酰胺(2PY)、甲基烟酰胺(NMND)的浓度明显更高,而马尿酸的浓度明显更低,说明他们内分泌反应异常。此外他们普遍存在食欲不振、饮食谱窄,以及消化系统自主神经反射、胃肠道疾病的问题(Potts and Bellows,2006;Lockner et al.,2008),这些系统障碍会影响情绪的发生和调控,同时不良情绪也会反过来影响这些系统的正常工作,因此,孤独症儿童的情绪行为反应自然也会表现出异常。

二、情绪行为特点

情绪在人的生活中扮演着无比重要的角色,直接影响着人的身体健康、学习能力和学习效率等。放松的精神状态和愉悦的心情可以促使人的交感神经产生兴奋,从而增高下丘脑神经元的发放率,人的免疫功能得到提高,患病概率降低,康复能力增强。反之,消极的情绪会通过下丘脑—脑垂体分泌促肾上腺皮质激素和促肾上腺皮质激素释放因子,促使肾上腺皮质分泌过多的糖皮质激素,致使淋巴组织缩小,从而使机体免疫功能被抑制,诱发疾病的概率增加。消极情绪还容易使一些人陷入一种越来越消极的自我挫败的恶性循环中,从消极情绪中恢复过来很慢(Adetunji et al.,2005),很多人为了使自己在回忆时不那么烦躁不安,就选择了分心,分心是躲避不悦情景的"法宝",分心和焦虑是"朋友",因此,消极情绪多的人在注意力方面的问题也多。

情绪与行为是密不可分的,美国心理学家马斯洛在《人性能达到的境界》一书中指出,喜欢刻板(同一性)的人的特质是焦虑、胆怯;而喜欢不熟悉的东西、喜欢创造的人的特质是有勇气和自信,一个人的行为表现与内在情绪状态分不开。

有关孤独症患者情绪表现的研究很多,涉及情绪和情感的方方面面。

在情绪表现上,孤独症患者多见大声哭闹、发脾气、伤害自己或者对他人进行攻击等消极情绪(如恐惧、悲伤、愤怒等),且优先对其加工(刘鼎、姚树桥,2006;Williams et al.,2012)。在外界刺激经视觉通道(颜色和形状)输入杏仁核的过程中,蓝斑区会对其中的害怕信息进行充分评估,对消极情绪产生快速反应,优先激活(刘鼎、姚树桥,2006;Liddell and Rasmussen,2005),而积极情绪要激活它则需要更高的条件。高度焦虑个体对威胁性视觉刺激投入更多的视觉加工,占用更多的注意资源,还影响触觉反应,使触觉反应迟钝(罗跃嘉 等,2012)。他们容易出现恐惧、害怕等负向情绪,对害怕的表情、威胁性动作等负性目标具有搜索优势,对全威胁的负性环境图片产生注意固着现象(林云强,2012)。研究者通过放录像进行测试后还发现,在攻击对象为人的情境下,高功能孤独症儿童普遍缺少情感反应,他们在情感判断上与常人有很大差异(林锦玲,2014)。

这种情绪情感表现有一定的生物学基础,在研究高功能孤独症患者进行两难选择判断时发现,前扣带回(Anterior Cingulate Cortex,ACC)明显被过度激活(通过功能性磁共振成像分析),右侧颞顶联合区则没有相应的反应,这些脑区与移情有关,脑区的特殊损伤影响社会交往(李占星、朱莉琪,2015)。

总之,孤独症儿童在情绪行为上的表现不容乐观,他们消极情绪多发,易出现哭闹、发脾气、伤害自己或者攻击他人等较冲动的行为,他们自我调控困难。只有一少部分患儿情绪紧张、焦虑但不冲动。孤独症儿童普遍缺少复杂情绪或复杂情绪发展较晚,与人交往时会误解他人的情绪,不能考虑他人感受,移情和共情困难,不能自发地融入群体活动,常伴有同一性行为,兴趣比较狭窄。带有这些情绪问题的患儿自身感觉欠佳,因此很难正常地与外界交流,而越缺少交流,情绪问题可能越积越多,恶性循环。这些情绪行为问题与他们身体系统功能多异常,如肠胃疾病、感知运动异常、部分脑功能等异常有一定的关系,对此应予以高度重视并在干预中优先、重点解决。

第二节 孤独症儿童的思维特点

情绪是影响学习的非智力因素,思维是与学习密切关联的智力因素,它们都在人的学习过程中起着至关重要的作用。思维是人脑对客观世界的本质特征和规律性联系的间接、概括的反映,是智力的核心成分。学习活动与思维发展紧密相连,思维又与语言发展息息相关,因此要想了解学习特点,应先了解思维活动特点。

一、普通儿童的思维发展

研究普通儿童的思维发展有助于帮助孤独症儿童发展学习能力。很多家长十分重视儿童的语言发展,实际上,语言发展受到思维发展的影响,发展学习能力的重点是发展思维能力。

思维与语言关系的争论由来已久,有人认为思维决定语言,代表人物有皮亚杰、维果斯基等,也有人认为语言发展在思维之前,即语言决定思维,代表人物有洪堡特、萨丕尔、沃尔夫等。而我们按照儿童心理发展的规律,研究儿童语言发展的不同阶段,分析影响儿童思维和语言发展的各种因素可以发现,儿童在1岁前就具有思维活动,但此时没有产生有词句的语言,这说明语言不先于思维。思维发展是语言发展的基础,理清两者的关系有助于以思维发展为纲看待儿童的学习活动。

思维有三种表现形式:动作思维、形象思维、抽象思维。动作思维通常表现为直观的、具体的实际动作。3岁前的儿童在活动中思考离不开触摸、摆弄物体,他们的思维属于动作思维。动作思维是人类各种思维形式演变和发展的基础,这种伴随着直观的、具体的动作而进行的思维活动,又被称为直观动作思维。儿童通过拿、咬、扔、走、跑、跳等活动不断认识外界事物的各种属性,感知身体疼痛、乏力、舒服……都离不开动作思维。动作思维是以具体的感知觉(痛觉、温度觉、触觉、本体觉和视听觉等)为媒介的一种思维形式。

思维发展心理学指出,直观动作思维有两个发展方向:一是逐步消退,逐渐让位于儿童期的具体形象思维;二是走向成熟,逐步发展为成人期的高度发达的直观动作思维,成人期动作思维发展好的人的本体觉会很好。本体觉是指肌、筋腱(含筋膜)和关节等运动器官本身在不同状态(运动或静止)时产生的感觉。如我们拿起杯子,本体觉即提供了对杯子粗细、轻重、质地的感受,有了这种经验的积累,才可能建立相应的日常概念,并在此基础上建立科学概念。本体觉好的人动作灵巧、学习新动作快、对身体内部感受反应敏锐。

形象思维主要是凭借获取事物的具体形象或表象来进行的,而不是凭借对事物的内在本质或关系的理解,或凭借概念、判断和推理来进行,因此又称具体形象思维,是3~6岁幼儿思维的主要形式。儿童完成简单的过家家、数手指、画图等游戏活动都会运用到具体形象思维。到成人期,具体形象思维好的人会生动地描述遇到的人和事,特别是对颜色、形状、细节等的描述都很清晰,参与摄影摄像、环境布置、服装销售等活动会很积极。

抽象思维则是以概念、判断、推理的形式来反映客观事物的本质特征和内在联系的思维,又称抽象逻辑思维。小学生的思维水平是从具体形象思维向抽象逻辑思维过渡,小学低、中年级仍是具体形象思维占优势,在小学高年级到初中阶段,抽象思维日渐成熟。

在思维发展领域研究颇深的皮亚杰是近代著名的儿童心理学家,主要代表作有《建构主义》《教育科学与儿童心理学》等。他关于儿童思维发展阶段的理论影响深远,他提出儿童在0~2岁处于感知运动阶段,在2~7岁处于前运算阶段,在7~11岁处于具体运算阶段,而到了11~13岁则进入形式运算阶段,这样的阶段划分与前面的思维形式亦可呼应。感知运动阶段、前运算阶段以直观动作思维表现为主,具体运算阶段以形象思维表现为主,形式运算阶段则以抽象逻辑思维表现为主。

思维发展从低到高,动作思维离不开自身本体觉。如果本体觉有缺陷,则直接影响人的直观动作思维发展,进而影响其他形式的思维发展。

二、孤独症儿童的思维特点

(一) 思维发展水平低

孤独症儿童较擅长机械式记忆,特别是视觉、听觉复制型记忆较好,视觉型往往优于听觉型(McLennan et al.,1993),但有意义的回忆能力较差(Delong,1992;Frith,1989),因为有意义的回忆往往需要语言和表象的配合。

他们思维发展水平低、个体差异大,多非常排斥没有固定线索的动脑筋活动,较喜欢抄写、画画、背诵等看似有益的活动(逃避动脑筋的活动),这些活动基本依靠机械记忆、重复练习就能掌握。根据以往有关记忆的研究,颞下回皮质的损伤会影响视觉的辨识和联想记忆,也会损害听觉识别记忆。杏仁核与海马区负责事件、日期、名字等的表象记忆,也负责情绪记忆。大脑前额叶参与思维过程中的信息提取,而单纯的图像、词汇信息提取主要在海马区、杏仁核和颞叶区域完成;小脑会参与动作回忆,与参与复杂思维活动的脑区是有区别的。

思维发展的重要指标是表象的形成和发展,而推理能力的发展往往离不开语言与空间关系表象建立联系。视觉表象是一种对具体物体产生的生动的表象,它与人们的真实知觉十分相似,当我们想到苹果时,苹果的颜色、形状以及大小都会被准确地表征出来。而空间表征则远远没有这么具体,它表征的是一种抽象的空间关系,是一种"示意图"式的表征,比如当我们说"苹果在橘子右边,梨在橘子左边"的时候,我们有可能将苹果等具体物体简化为一个抽象的圆圈或者点。克瑙夫等(Knauff et al.,2003)认为,人们的推理过程真正依赖的是抽象的空间表征而非具体的视觉表象。视觉表象非但不能对推理过程有所促进,反而会干扰推理,因此,在容易形成视觉表象,但不容易形成空间表征的条件下,推理的反应时间反而长。有人对20名大学生被试进行脑成像(FMRI)研究后发现,4种推理任务的反应时长从高到低依次为:容易形成视觉表象,但不容易形成空间表征的推理;既不容易形成视觉表象,又不容易形成空间表征的推理;既容易形成视觉表象,又容易形成空间表征的推理;容易形成空间表征,但不容易形成视觉表象的推理。空间表征对于发展推理是至关重要的。而孤独症儿童恰恰视觉符号感觉强,本体觉符号感觉和语言符号感觉弱,因而理解空间表征就会出现困难。他们联结抽象化词语与表征物异常,如我们多将"巍峨"一词表征为字形和高大的山峰,而他们只表征为字形,即孤独症儿童语言的原始表征与一般儿童不同,他们的具体形象思维发展缓慢,因此形成三段论式的推理就会有困难。

依据皮亚杰的认知理论视角提出的太田阶段评量法的相关研

究也揭示了孤独症儿童的思维发展水平低的事实,其划分阶段如下。

1. 阶段1:无法认识符号表象阶段

阶段1-1:几乎没有表达要求的手段,只是哭闹或发脾气。

阶段1-2:不具有有意义的语言,也没有用手指示的动作,表达要求时采用的手段为"起重机式",即把他人的手当作起重机的长臂一样来使用,抓住别人的手够东西。

阶段1-3:会使用多种要求手段,有指示、语言、姿势等,6岁之前的孤独症儿童多处于该阶段。此阶段的儿童思维多为直观动作思维。

2. 阶段2:符号表象萌芽的阶段

开始明白物体有名称,但对事物的理解比较肤浅,只停留在名词的字面意思,掌握了一些常见物品的名称,能执行常见指令,此阶段的孤独症儿童处于直观动作思维向具体形象思维过渡的阶段。研究发现,6~8岁的孤独症儿童大部分处于该阶段(郭云,2008)。

3. 阶段3:符号表象形成阶段

阶段3-1:符号表象清楚认知阶段。掌握很多单词,但不能作为人际交往的手段而很好地运用它,无法实现真正意义上的交流。

阶段3-2:概念形成的萌芽阶段。能比较眼前没有的物体的大小(如回答口头提问"椅子和铅笔哪个大?"或"汽车和杯子哪个小?"或"三轮车和飞机哪个小?"),能用简单句交流,具体形象思维初步建立。8~10岁的孤独症儿童有30%左右能培养出该能力。

4. 阶段4:基本的关系概念形成阶段

此阶段虽处于具体形象思维阶段,但抽象思维开始萌芽,能初步理解数的守恒问题,如能回答"小明有2个苹果,小东有3个苹果,小东给小明1个,现在小明有几个苹果"的问题。研究发现,60名孤独症儿童被试中只有1名9岁的儿童达到了该阶段,而6岁正常儿童全部通过该阶段测试(郭云,2008),该阶段也仅是处于具体形象思维的高级阶段,可见孤独症儿童的思维发展水平远远低于普通儿童。因此要大力发展他们的思维能力,并把思维能力应用于人与人的互动中,这就自然发展了交往能力。要注意,思维能力不是机械地记忆知识、会说成百上千个词语、会模仿说很多句话,就表示已经获得了。这时的思维可能还处于动作思维或处于感知运动阶段,这一阶段的儿童无法完成对一般句子意思的理解加工,更不用说理解比喻句、拟人句、双关语了。

此外,绘画研究也可揭示孤独症儿童的思维发展,有研究发现,幼儿对单个几何体的视觉写实性发展早于遮挡的写实性,5岁已基本形成;遮挡的写实性到5岁半都还没有完全形成,到7～8岁基本形成;色彩感促进了5岁幼儿的画所见事物的能力。形体捕捉的能力(即把看到的实物概括加工出形状的能力)是影响视觉写实性的因素之一,而形体捕捉能力与思维发展关联密切,一般儿童7～8岁时已具备这种能力,而临摹画能力则在5岁左右就已发展起来。我们通过让34名平均年龄10岁的在培智学校就读的孤独症儿童临摹和写生绘画发现,只有三分之一的学生具备了临摹简单画的能力,但空间比例结构很差,空间表象能力与普通儿童差距大,而与手眼协调能力相关的线条控制能力发展也不好,只有一人具备了实物写生能力;与之对照的小学一年级普通儿童全部具有完成实物写生画的能力,但尚未掌握透视关系(见图2.1)。从总体看,孤独症儿童的捕捉形体的能力发展明显落后。

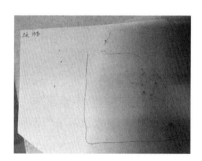 

图2.1 普通儿童和孤独症儿童写生绘画对比图

(左为13岁孤独症儿童作品,右为7岁普通学生作品)

(二)思维过程简单

思维过程简单,主要指思维过程浅显、持续时间短且缺乏元认知过程,以及联系已有经验进行推理存在困难等。一般认为,思维过程至少包括概念形成、原理形成和综合理解,概念形成又分几层,有具体层面、识别层面、类别层面和书面层面。达到概念的具体层面是能用某概念指代某种物品,达到识别层面是能将该物品和其他事物区分开来,达到类别层面则是能把一个具体概念归类到另一概念中,达到书面层面则是能用自己的语言概括性地解释某概念。如当老师问:"我们怎么知道准确时间呢?"学生能独立自主地、不需提示地回答"看看表",说明学生达到了具体层面;而能指称戴在手上的显示数字的表为电子表、有指针的表为机械表,说明达到识别层面;能把挂在墙上、戴在手上的各种表都归为钟表,则说明达到了类别层面;接下来则是能去除概念的非本质属性而能解释钟表概念,即达到了书面层面。孤独症儿童能使用一些名词、动词词汇,但往往只理解词汇代表的具体事物,基本处于具体层面和识别层面,个别能达到书面层面,但仅限于常用名词、动词,对于表示感情、性格、品行等抽象的形容词词汇,基本靠死记硬背,很难理解概念的内涵,达不到书面层面。

从利用眼动设备进行的图片理解测试也能看出,孤独症儿童靠直观逼真的形象理解事物,如他们看到超市的匾额马上说出这是超市,但看到摆放整齐的蔬菜水果货架、放着食品的一排排冰柜,却说不出这是超市。往往是"眼见为实",进一步理解和联想记忆有困难(李梦霞,2014)。在佩戴眼动仪进行图片理解测试时,95%的孤独症儿童依靠头脑中记忆存储的图片回答问题,当图片场景与孤独症他们头脑中已形成固定模式的某生活化情景一致时,他们不对所给图片仔细分析、反复回视寻找答案,而是凭借记忆给出答案。如将三套(每套四张)与"做饭""洗衣服""称重"有关的图片,有序或无序呈现,问孤独症被试:"他在干什么?"大多数7~10岁的孤独症儿童只看一眼就回答,不管对错,被要求再看看时也不会看,而是盯一眼感兴趣的画面,时间持续很短。这与普通的3~5岁的儿童差别很大,普通儿童3岁后在阅读图画书时,随年龄增长,他们注视区域内主要事物间的回视次数呈上升趋势,年龄越大,他们在阅读时思考的时间越长,不断地寻找事物之间的关系,发展具体形象思维;而孤独症儿童看到或认出某场景或事物就停止深入思考,没有回视的眼动轨迹,即很快停止加工。在图片理解测试中,43名平均年龄9岁的孤独症儿童不管对错,回答问题时间不超过3秒,回答正确率不足20%,思考时间和正确率与5~6岁的普通儿童差别很大(王梅 等,2016;王梅 等,2018),而在这么短的时间也是不可能进行元认知的。元认知指对认知的认知,包括对思维活动的认识和控制,有元认知的学生通常能说出"我是怎么想的",有了元认知能力,能使自己的思维更加可控、更加优化,缺乏此能力则难以改善思维。

前面论述的推理能力也是孤独症儿童的弱项,一般推理都要涉及空间表征、语言表征,涉及联系已有经验,与本体觉的发展、表象发展息息相关,孤独症儿童在此方面存在困难,而道德推理能力更是缺乏。道德推理是重要的社会认知能力,涉及对社会行为进行区分,判断是否存在道德违背和习俗违背。孤独症个体进行道德推理时,眶额皮层、杏仁核、脑岛、额下回、前扣带回、内侧前额叶皮质、默认网络模式、右侧颞顶联合区等部位的激活程度与常人存在着显著差异,这些部位同时也是产生心理理论或移情能力的重要脑区。孤独症个体在句子加工任务中,言语功能联合区的激活程度低,与常人存在差异,他们在对道德推理进行解释时存在困难(李占星、朱莉琪,2015)。

思维过程简单与脑功能不足相关。中医认为脑为元神之府,脑失其养,则脑髓空虚,以致神志失聪,谋虑失常,思维不灵。身心疾病必然伴随人体气机的失调,脾胃为气机升降枢纽,调理脾胃,可使气的升降出入趋于正常,另外脾胃与脑的关系密切,通过调理脾胃也可以调节情志。脑为髓之海,脑部气血不足,则不足以支持孤独症儿童深入、长时间思考问题。他们多表现为能不动脑筋就不动、能少动脑筋就少动。当气血充盈、情绪稳定后,儿童能稳当入座、眼神聚焦、呼吸均匀有力、说话速度放慢,这时才可能做到较长时间思考、进而提升概括推理能力。

(三) 缺乏情绪识别能力

情绪的识别离不开自身的体验,本体觉体验不足(可能由迟钝或过敏导致)的孤独症儿童情绪识别能力发展缓慢,这与其认知水平相关,且个体间有明显差异。在学习活动中,孤独症儿童对物体的认知优于对面孔的认知,其对识别物体非常感兴趣且认知的准确率高,而对人的面部却表现不出兴趣且认知的准确率低,即使会辨认表情,也无法联系真实的体验,因此情绪识别往往是机械的认知——高兴、生气、难过的外在样子,而不能产生内在共鸣。他们以"非情感"方式识别表情,当面部表情与情境线索不同时,其倾向于运用面部表情而非运用情境线索判断(刘艳虹 等,2015)。利用情境线索的情绪识别不仅需要依赖思维能力的发展,需要空间知觉与表象加工参与,还需要内在本体觉感受的参与,以及前额叶的统合加工。

从加工方式看,孤独症儿童多采用局部加工方式进行面部表情识别,回避对眼睛的注视,将注意力集中在人面部的下半部分,如嘴巴和下颚,这样就忽略了很多的情绪情感信息,因此也影响了加工内容的完整性。利用真实情景体验发展思维才可能发展真正的情绪识别能力。

总而言之,孤独症儿童具有与众不同的情绪行为和思维特点,且个体差异较大,他们自身多种感受能力(尤其是本体觉、前庭觉、触觉)不足、情绪不稳定,思维发展水平低,推理困难,受思维发展影响的交往能力发展不足……进行康复训练首先要了解这些特点,要明确稳定情绪、发展思维、力争做到自我调控的总的康复方向,同时有针对性地去选择、设计与调整康复训练的方法手段,这样有助于孤独症儿童的能力发展。智力开发就需要发展思维能力,发展思维能力就要本体觉感受丰富(发展动作思维和形象思维都需要),并能进行表象加工,即发展配合语言的动作体验和空间知觉体验——参与式活动,并以此作为主要的康复训练课程形式。而现今许多训练课程、手段都是"用能力"而不是真正"发展能力",如有些患儿分不清大小,教师却出示大小不同的两个玩具给他看,指出哪个是大的,哪个是小的,患儿通过机械记忆后答对了,教师就认为他会了,但下次换了别的物品他还是不能主动说对,教师就再告知、再问……总是陷入告知、记忆的循环中,患儿并没有发展直观动作思维,而只是强化机械记忆。实际上,分辨大小与身体感觉息息相关,患儿抱大球时手臂、手指自然张开,筋腱被大大地拉伸,而抱小球时手臂、手指的筋腱被拉伸很小。在抱球(不一定看)并听到"抱大球"的语音时,大脑中概念加工区(额叶)、身体直观感受区(顶叶)、语言区(颞叶等)三者能建立联系,分辨大小的能力才能真正发展起来;而只看出示的实物或图片,多是枕叶、颞叶参与加工,少了高级整合加工。按照中央统合不足理论,孤独症儿童本身就缺乏整合加工,加之训练方法不当,在此情况下,只能是"雪上加霜"。因此,分辨大小训练需发展直观动作思维,需要自身本体觉参与。还有些老师用串珠等活动发展患儿手眼协调能力,实际手眼协调能力强的患儿自然串珠快,因此也属于"用能力",即已具有这项能力,再练习可以提高效率,但如果没有完全具有该能力,往往是多次失败,还会使患儿产生不好的情绪,情绪打击和能力欠缺叠加,只能是事倍功半。真正发展能力就要从完成该活动的各个相关能力入手,然后等各种相关能力都具备后再练习。手眼协调能力的养成需要患儿的核心稳定肌群正常发展,需要手臂和肩关节相应肌群稳定性好,手腕和手指肌群灵活性高,因此发展手眼协调能力需要患儿能够独立且较好地完成仰卧缩腿、肘支撑、拍球等活动。从源头调整开始,康复训练能起到事半功倍的效果。

教育训练是为了"发展能力",而不是在模仿下使用能力,发展能力即把完成某活动的相关能力培养到位,让患儿在主动参与活动时自发地思考、整合已有经验,最终独立地完成该活动。如认读水果卡片,看到某常见水果卡片说出名字的活动,主要涉及视觉表象(把实物与图卡联系)、知觉配对(把看的图卡与词语符号联系)和记忆能力,如果只靠老师或家长边举着图卡边说,然后患儿死记硬背,几遍下来也能说对,但少了表象加工的参与,少了真正的已有经验的获取,得到的是一堆不会用或只会机械重复的符号,这样完成的活动对发展能力不利。但若是让患儿自己动手摸、挑并说出自己想吃的水果名称,边吃水果边说出水果的味道并做出某种表情,用手比画水果的形状并挑出该水果的图片,最后用语言概括吃到的水果的名称、味道、大小等,如此一步步建立知觉—动作联结,以及味觉、视觉和声音表象的联结,逐步学习抽象概念,才可能获得理解并自主使用某水果的概念,此后在现实生活中主动地、适时地应用。但凡孤独症儿童出现"胡乱"自言自语、答非所问的情况多,都与没有获得概念、只会机械照搬有关。

思考题：

1. 孤独症儿童的情绪行为特点有哪些?
2. 孤独症儿童的思维特点有哪些?
3. 举例说明如何区分"用能力"和"发展能力"。
4. 举例说明处于具体形象思维发展水平的儿童在学习上有哪些具体表现?分辨以下行为体现了思维发展处于何种水平:能模拟写字但不明白意思;能首次独立比较大小;能自己打开盒子取物;能首次独立完成两步指令(无任何提示);能基本画对简单写生画。
5. 孤独症儿童推理能力发展迟缓的影响因素有哪些?

本章主要参考文献：

1. 范盈杉. 皮亚杰与乔姆斯基语感发展思想比较研究[D]. 荆州：长江大学,2016.
2. 郭云. 太田阶段法在孤独症儿童认知发展评估中的适用性分析[D]. 辽宁：辽宁师范大学,2008.
3. 韩钰. 孕期环境危险因素暴露、机体转硫代谢异常及免疫功能失调与孤独症谱系障碍关系的研究[D],天津：天津医科大学,2017.
4. 嵇雅迪. 从儿童心理学角度看语言与思维的关系[D]. 黑龙江：黑龙江大学,2016.
5. 李梦霞. 自闭症儿童工作记忆研究综述[J]. 湖州师范学院学报,2014,36(2).

6. 李文姣. 认知能力发展对儿童绘画表现的影响研究[J]. 陕西学前师范学院学报,2016(32).

7. 李占星,朱莉琪. 自闭症个体道德推理的心理机制及其脑机制[J]. 生物化学与生物物理进展,2015,42(12).

8. 李祖扬,汪天文. 思维类型辨析[J]. 南开学报(哲学社会科学版),2007(1).

9. 林锦玲. 高功能自闭症儿童的道德敏感性及其相关因素研究[D]. 上海:华东师范大学,2014.

10. 林云强. 自闭症谱系障碍儿童威胁知觉的实验研究[D]. 上海:华东师范大学,2012.

11. 刘宝根. 4—6岁儿童图画书阅读中文字意识发展的眼动研究[D]. 上海:华东师范大学,2011.

12. 刘鼎,姚树桥. 杏仁核对情绪显著性长时记忆巩固过程的调节[J]. 中华行为医学与脑科学杂志,2006(7).

13. 刘艳虹,霍文瑶,胡晓毅. 自闭症儿童面部表情识别研究综述[J]. 现代特殊教育,2015(8).

14. 罗劲,应小萍. 思维与语言的关系:来自认知神经科学的证据[J]. 心理科学进展,2005,13(4).

15. 罗跃嘉,吴婷婷,古若雷. 情绪与认知的脑机制研究进展[J]. 中国科学院院刊,2012(S1).

16. 齐星亮. 工作应激、恢复需要和慢性疲劳与头发皮质醇的关系[D]. 南京:东南大学,2016.

17. 乔磊.《医学正旨择要》心脑系统心身疾病致病机理及证治规律的研究[D]. 昆明:云南中医药大学,2012.

18. 汪俊萍,于春水. 催产素受体变异在正常人群及孤独症患者中社会认知调节作用的研究进展[J]. 医学综述,2017(14).

19. 王梅,王晨雪,张海丛. 孤独症学生图片理解能力及其眼动的研究[J]. 中国康复理论与实践,2018(5).

20. 王梅,张海丛,张群,等. 基于眼动的孤独症儿童词语理解特点的研究[J]. 中国康复理论与实践,2016,22(3).

21. 王萍.《思维维度论:课程与教学框架》翻译报告[D]. 昆明:云南师范大学,2014.

22. 王晓乐,王东林.下丘脑异常与抑郁症[J].心理科学进展,2015,23(10).
23. 魏玉龙.具象思维的形成、发展和研究[J].中医学报,2009(6).
24. 张曼,刘欢欢.社会交流中人际神经同步的认知机制[J].心理科学,2018.
25. 赵滢.抗生素诱导小鼠菌群变化与宿主代谢组相关性的研究[D].武汉:华中科技大学,2013.
26. ADETUNJI B, MATHEWS M, OSINOWO T, et al. Risperidone for the core symptom domains of autism[J]. American journal of psychiatry, 2006, 163(3).
27. BEADLE-BROWN J. Elicited imitation in children and adults with autism: the effect of different types of actions[J]. Journal of applied research in intellectual disabilities, 2004, 17(1).
28. COLLINS A L, MA D, WHITEHEAD P L, et al. Investigation of autism and GABA receptor subunit genes in multiple ethnic groups[J]. Neurogenetics (Heidelberg), 2006, 7(3).
29. DELONG G R. Autism, amnesia, hippocampus, and learning[J]. Neuroscience and biobehavioral reviews, 1992, 16(1).
30. FRITH U. A new look at language and communication in autism[J]. The British journal of disorders of communication, 1989, 24(2).
31. HIGASHIDA H, YUHI T, AKTHER S, et al. Oxytocin release via activation of TRPM2 and CD38 in the hypothalamus during hyperthermia in mice: Implication for autism spectrum disorder[J]. Neurochemistry international, 2017(7).
32. HOLLANDER E, ANAGNOSTOU E, CHAPLIN W, et al. Striatal volume on magnetic resonance imaging and repetitive behaviors in autism[J]. Biological psychiatry, 2005, 58(3).
33. HUSSMAN J P. Suppressed GABAergic inhibition as a common factor in suspected etiologies of autism[J]. Journal of autism and developmental disorders, 2001, 31(2).
34. JOORMANN J, GOTLIB I H. Is this happiness I see? Biases in the identification of emotional facial expressions in depression and social

phobia[J]. Journal of abnormal psychology, 2006, 115(4).

35. KNAUFF M, FANGMEIER T, RUFF C, et al. Reasoning, models and images: Behavioral measures and cortical activity[J]. Journal of cognitive neuroscience, 2003, 15(4).

36. LEVITT J G, O'NEILL J, BLANTON R E, et al. Proton magnetic resonance spectroscopic imaging of the brain in childhood autism[J]. Biological psychiatry, 2003, 54(12).

37. LIDDELL G A, RASMUSSEN C. Memory profile of children with nonverbal learning disability[J]. Learning disabilities research and practice, 2005, 20(3).

38. LOCKNER D W, CROWE T K, SKIPPER B J. Dietary intake and parents' perception of mealtime behaviors in preschool-age children with autism spectrum disorder and in typically developing children[J]. Journal of the American dietetic association, 2008, 108(8).

39. POTTS M, BELLOWS B. Autism and diet[J]. Journal of epidemiology and community health, 2006, 60(5).

40. POUW L B C, RIEFFE C, OOSTERVELD P, et al. Reactive/proactive aggression and affective/cognitive empathy in children with ASD[J]. Research in developmental disabilities, 2013, 34(4).

41. PURCELL A E, JEON O H, ZIMMERMAN A W, et al. Postmortem brain abnormalities of the glutamate neurotransmitter system in autism[J]. Neurology, 2001, 57(9).

42. WEISS L A, PURCELL S, WAGGONER S, et al. Identification of EFHC2 as a quantitative trait locus for fear recognition in Turner syndrome[J]. Human molecular genetics, 2006, 16(1).

43. MCLENNAN J D, LORD C, SCHOPLER E. Sex differences in higher functioning people with autism[J]. Journal of autism and developmental disorders, 1993, 23(2).

44. WILLIAMS B T, GRAY K M, TONGE B J. Teaching emotion recognition skills to young children with autism: a randomised controlled trial of an emotion training programme[J]. Journal of child psychology and psychiatry, 2012, 53(12).

第三章
孤独症儿童的教育安置、培养目标与课程

重点内容:

    教育安置政策

    教育安置形式

    培养目标

    课程标准

    自主交往课程

第一节 教育安置政策与形式

2017年5月1日正式实施的《中华人民共和国残疾人教育条例》第一章第三条明确提出：残疾人教育应当提高教育质量，积极推进融合教育，根据残疾人的残疾类别和接受能力，采取普通教育方式或者特殊教育方式，优先采取普通教育方式。这个条例的出台进一步为残疾人教育安置指明了方向。

一、孤独症儿童教育安置政策

近年来，随着我国孤独症儿童日益增多，孤独症儿童的教育安置已引起政府和社会的高度重视。据不完全梳理，情况如下。2004年9月30日国务院办公厅发布《国务院办公厅关于开展第二次全国残疾人抽样调查的通知》，定于2006—2007年开展第二次全国残疾人抽样调查，"孤独症"被作为"精神残疾"的一类加以明确并予以调查。2009年《国务院办公厅转发教育部等部门关于进一步加快特殊教育事业发展意见的通知》指出，要积极创造条件，以多种形式对重度肢体残疾、重度智力残疾、孤独症、脑瘫和多重残疾儿童少年等实施义务教育。2014年1月，《国务院办公厅关于转发教育部等部门特殊教育提升计划（2014—2016年）的通知》提出，到2016年，全国应基本普及残疾儿童少年义务教育，视力、听力、智力残疾儿童少年义务教育入学率达到90%以上，其他残疾人受教育机会明显增加，支持现有特殊教育学校扩大招生规模、增加招生类别，明确提出要鼓励有条件的地区试点建设孤独症儿童少年特殊教育学校（部）。这是目前所见政策文件中明确提出建设孤独症儿童少年特殊教育学校（部）的法规表述。

以北京市为例，2009年10月，北京市教委、市政府教育督导室、市发展改革委员会等九个部门联合发布的《关于贯彻落实第四次全国特殊教育工作会议精神进一步加快首都特殊教育事业发展的意见》提出要以多种形式对重度肢体残疾、重度智力残疾、孤独症、脑瘫和多重残疾儿童少年等实施义务教育,不断满足残疾儿童少年多样化的特殊教育需求。2013年1月,北京市教育委员会、北京市人民政府教育督导室、北京市残疾人联合会共同发布的《关于进一步加强随班就读工作的意见》,特别明确了随班就读对象"包括脑瘫、孤独症及其他类别",将孤独症儿童纳入政策保障范围。

纵观北京市残疾儿童教育文件,可从以下三个方面梳理相关政策细点。

(一)入学政策

为了使残障儿童能和普通儿童一样享有受教育的权利,保障残障儿童的受教育权利,北京市政府在相关文件中提出政策要求,保障残障儿童"进得来"。2013年出台的《北京市中小学融合教育行动计划》在"随班就读主体工程"部分提出工作目标:促进全市每一所公办义务教育学校接收随班就读学生,使义务教育阶段有能力的残疾儿童少年均可就近进入普通学校学习。拓展残疾儿童少年义务教育年限,稳步扩大残疾少年高中阶段随班就读规模,积极为逐步实现"同班就读"创造条件。

2013年北京市教育委员会、北京市人民政府教育督导室、北京市残疾人联合会共同发布的《关于进一步加强随班就读工作的意见》第五点提出:随班就读儿童少年,应当与普通儿童少年一样免试就近入学;普通学校要依法接收本校服务范围内经检测符合规定的残疾儿童少年随班就读。2013年出台的《北京市残疾儿童少年随班就读工作管理办法(试行)》第四条提出:随班就读对象是指具有接受普通教育能力的视力残疾、听力残疾、言语残疾、肢体残疾、智力残疾、精神残疾、多重残疾儿童少年,包括脑瘫、孤独症及其他类别的残疾儿童少年。

2018年出台的《北京市特殊教育提升计划(2017—2020年)》中第九条提出:高标准高质量普及残疾儿童少年义务教育。完善残疾儿童少年就近入学优先保障机制,巩固零拒绝、全覆盖成果。有了零拒绝、全覆盖的承诺,相信孤独症儿童免试就近入学比例会越来越高。

(二)就学政策

孤独症儿童入学后能不能坚持,能不能不断进步是关键,"留得住"是比接收他们更难解决的问题。对此,以北京为例,《北京市中小学融合教育行动计划》提出:应当把发展随班就读教育作为提高残疾儿童少年教育水平的主要形式和重点工作,统筹规划,加强领导,规范建设,强化管理,提升质量,使有能力在普通学校就读的残疾学生能够平等接受义务教育。本着合理便利、通用设计的原则,对全市所有公办义务教育学校进行无障碍环境改造。开展融合教育示范学校和示范区创建工作,三年内市级支持100所随班就读工作突出的义务教育学校建立软、硬件完备的示范性资源教室,创建20所市级融合教育示范学校。促进融合教育,提高随班就读教育质量。注重残疾儿童少年生活自理、与人交往、融入社会、劳动和就业等能力的培养,积极发展以职业教育为主的残疾学生高中阶段教育,形成专业特色,打造品牌专业。对随班就读学生的鉴定、教学、考评和管理提出要求,开展发展性评估。为每个随班就读学生建立就学档案、进行有针对性的教育教学和康复训练。

2013年,北京市教育委员会、北京市人民政府教育督导室、北京市残疾人联合会共同发布的《关于进一步加强随班就读工作的意见》第二大点第六条提出:随班就读学生的学籍在接收其随班就读的普通学校,其档案在学籍所在学校和区县特殊教育中心同时备案并进行跟踪管理。第七条提出:各区县教育行政部门和接收随班就读学生的学校要保障随班就读学生完成九年义务教育。随班就读学生因身体健康、治疗等原因休学、复学,按照本市中小学生学籍管理办法办理。

《北京市残疾儿童少年随班就读工作管理办法(试行)》第三章第八条提出:市、区县教育行政部门要整体规划随班就读工作,明确接收随班就读学生的学校、特殊教育学校、特殊教育中心各自的工作职责,建立健全规章制度,规范对随班就读工作的组织、管理和指导。第九条指出:区县教育行政部门要设立具有单独编制和管理人员的特殊教育中心,可建立在当地特殊教育学校内。特殊教育中心应设专职负责人和巡回指导教师。建立专、兼职巡回指导教师队伍，原则上按照每10所接收随班就读学生的学校配备1名巡回指导教师的标准。

《北京市特殊教育提升计划（2017—2020年）》"重点工作"条目下的第二方面第四点：构建融合教育专业服务网络。完善办学条件、师资配备、课程教学、学校管理标准体系，加强特殊教育中心标准化建设，开展个性化支持与指导。依托融合教育发展基础较好的普通学校建设学区融合教育资源中心，依据需求以特殊教育学校外派、政府购买服务等方式为学区内有特殊教育需求的儿童少年配备语言治疗、物理治疗、行为矫正和心理辅导等专业教师，为学区内普通中小学开展融合教育提供支持。各区政府要合理规划、统筹建设融合教育资源中心和标准化资源教室，逐步为有特殊教育需求的儿童少年配备具有特殊教育专业知识的班主任和专业教师。

（三）相关配套政策

《北京市中小学融合教育行动计划》"特殊教育教师队伍建设工程"的第二点提出：推进巡回指导教师队伍建设。特殊支持教育中心设立专门巡回指导教师，指导区域内随班就读和送教上门等工作。制定岗位条件，加强巡回指导教师培训和定期考核。巡回指导教师享受特教津贴。第三点提出：加快资源教师队伍建设。建立资源教室的学校配备资源教师，加强特殊教育和医疗康复等方面的培训，促进随班就读工作实现医教结合、康教结合。资源教师享受特教津贴。第四点提出：完善随班就读教师队伍建设。把随班就读教师的培训纳入教师继续教育培训计划，实施市、区分层培训制度，市特殊支持教育中心组织重点培训，区县负责对随班就读教师全员培训，不断提高随班就读干部教师的专业化水平。完善随班就读教师专业发展标准体系。将承担随班就读教学人员的工作列入岗位绩效考核内容，承担随班就读工作的教师给予一定岗位补助。在现有北京市优秀教师、优秀教育工作者等评选表彰和特级教师、骨干教师、学科带头人评选和职称评定方面对从事随班就读的干部教师给予适当倾斜。

北京市教育委员会、北京市人民政府教育督导室、北京市残疾人联合会共同发布的《关于进一步加强随班就读工作的意见》第三大点的第十条提出：随班就读教学执行普通学校课程方案和课程标准，学校可以根据随班就读学生的实际情况，在保证教育质量的前提下，对其教学内容和教学要求作适度调整。教育教学中充分考虑随班就读学生的特殊教育需要，在座次安排、集体活动、教学具准备、助学伙伴配备等方面加以关注和落实。第十一条提出：建立个别化评价体系。根据随班就读学生实际，制订个别化教育计划。研制适合不同类型、不同年级随班就读学生知识学习、社会适应等不同方面的评价工具和评价标准，逐步建设随班就读学生发展评价数据库和评价参照体系，提高随班就读教育教学质量。第十二条提出：在接收5名及以上随班就读学生的学校建立资源教室，或建立区域资源中心。安排专职或兼职资源教师，配备适当的教具、学具、康复训练设备、器材和图书资料等，为随班就读学生得到针对性辅导和训练创设必要条件。建立资源教室的长效服务机制，保障资源教室的功能发挥。第十三条提出：健全家校沟通交流机制。学校应主动邀请随班就读学生家长参与学生的个别教育教学训练。要注重发挥康复、医学、特殊教育机构等专业人员的作用，争取社区、社会相关团体和机构的关心与支持，形成学校、家庭、社会教育的合力。

《北京市残疾儿童少年随班就读工作管理办法（试行）》第十七条提出：接收随班就读学生的学校应为随班就读学生提供专业化教育训练的个别化教育计划，并根据随班就读学生的教育需求制订明确的发展目标和具体的学习任务指标，发展目标和学习任务指标应具有较强的操作性并便于评估监控。第十八条提出：个别化教育计划须按如下程序制定。（一）由班主任收集随班就读学生的基本情况（残疾状况、家庭情况和家庭教育状况、性格特点、认知水平以及不同残疾类型学生的学习方式、特殊教育需要等）；（二）由资源教师（或巡回指导教师）、任课教师等相关人员共同研讨，分析诊断确定其教育需求；（三）制订出教育目标（分长期目标和短期目标）及实现目标的具体措施;(四)明确目标达成情况的评估方法。第十九条提出:个别化教育计划制订后,经家长和相关人员(班主任、任课教师、资源教师、家长以及主管领导)同意,由家校共同实施并加以落实。个别化教育计划原则上每学期制订一次,并定期对其实施情况进行评估。个别化教育计划在实施过程中应根据实际情况做必要的调整或修订。第二十条提出:个别化教育计划的实施要体现在课堂主渠道、个别训练以及家庭和社区教育中。通过个别化教育训练使随班就读学生更好地适应普通学校的学习。第二十一条提出:学校应为每名随班就读学生建立《随班就读学生个人成长档案》,用以保存和记录随班就读学生残疾检测结果、个案分析、个别化教育计划和教育评估、辅导记录、学业考查和能力发展等方面的文字、照片和音像资料等。第二十二条提出:学校应做好随班就读学生的个案管理,规范档案要求,做到专人专柜保管,严格保密,在学生升学、转学时做好交接,毕业时上交区县特殊教育中心统一保管。第二十三条指出:针对随班就读学生的教学原则上应执行普通学校课程方案和课程标准。对于智力无障碍的视力残疾、听力残疾和肢体残疾等学生在教学中原则上不得降低标准和要求,应加强有针对性的教学方式、方法和康复教育支持服务;对于智力有障碍的随班就读学生,学校可根据实际认知水平,对教学内容和教学要求作适度调整,但也要体现发展性要求。第二十四条提出:随班就读学校应针对随班就读学生的特殊教育需要,设置适合其需要的特殊课程。对有特殊需求的随班就读学生要配备所需的辅助材料。第二十五条提出:随班就读学生以班级学习为主,任课教师要研究随班就读课堂教学策略,在教学目标的设置、教学内容的安排、教学方法的选择以及教学评价等方面关注随班就读学生的特殊学习需要,实施针对性教学。第二十六条提出:各学科教学要结合本学科特点,在传授文化科学知识的同时,注重培养随班就读学生适应社会生活的能力,重视缺陷补偿和潜能开发,使其综合素质得到提高。

《北京市特殊教育提升计划(2017—2020年)》"重点工作"的第二部分"坚持内涵发展,提高育人质量"的第五条"深化特殊教育课程和教学改革"提出:落实国家特殊教育学校课程方案和课程标准,制定并实施《北京市特殊教育学校课程实施指导意见》。完善特殊教育三级课程和教材体系,丰富融合教育学校个性化课程资源,建设多种形态的课程资源库,加强教具、学具和辅助技术的开发与应用。完善市、区、学区、学校四级教研网络,将特殊学生的学习需求纳入普通教育教研机构的教学指导和专业支持中。探索义务教育阶段特殊教育学校质量监测与评价机制。第六条"建设高素质专业化特殊教育教师队伍"提出:鼓励市属高校在师范类专业中增加特殊教育课程,支持师范生在实习期内安排一定时间到特殊教育学校实习。根据特殊教育事业发展,扩大特殊教育师范专业招生规模,支持市属高校增设特殊教育相关专业。优化中小学教师继续教育内容,在普通中小学教师继续教育课程中增加一定比例特殊教育通识课程。特殊教育教师继续教育要单开系列、单列规划、单设课程,实施全员培训,逐步提升特殊教育教师专业化水平。建立特殊教育骨干教师交流制度,鼓励特教教师跨校任教,跨区合作开展教学研究。如果这些措施实施到位,孤独症教学的质量可以得到更好的保障,使孤独症儿童不仅有学上,而且能持续上好学。

二、孤独症儿童教育安置形式

自1988年以来,在总结全国特殊教育经验的基础上,国家教育部门提出,坚持多种形式办学,逐步形成以一定数量的特殊教育学校为骨干,以大量的特教班和随班就读为主体,构建残疾儿童少年教育的新格局。截至目前,国内大中城市基本都已形成上述格局,以北京市为例,形成了以特殊教育中心为指导,以融合教育为主体,以特殊教育学校为骨干,以特教班及送教上门为补充的特殊教育格局。结合北京市教育发展状况,可以将孤独症儿童的教育安置形式变化分为以下三个阶段。

第一阶段(1982—1998):北京市于1982年在西城区建立了第一所培智学校,即西城区培智中心学校,之后北京市各区逐步建立了培智学校,主要招收智力障碍学生、孤独症儿童、脑瘫学生等。在这一发展阶段,孤独症儿童的教育安置形式以特殊教育学校为主。

第二阶段(1998—2013):1998年,北京市开始做残疾儿童随班教育安置的试点工作,例如,房山区尝试视力障碍学生的随班就读,原宣武区开展轻度智力障碍儿童的随班就读实践,海淀区探索视力障碍学生在中学阶段的随班就读模式。自此以后,残疾儿童少年的教育安置形式以逐步实现随班就读为发展趋势。

第三阶段(2013年至今):2013年出台的《北京市中小学融合教育行动计划》明确提出推进融合教育、促进教育公平。至此残疾儿童少年的教育安置总体呈现以普通学校为主的趋势。

目前,根据孤独症儿童的不同类型和患病程度等,教育安置形式也主要分为以下三类。

第一类是孤独症学校及特殊学校等专业化环境,其中包括以培智学校为主的特殊学校所开设的单独的孤独症班,特殊学校的孤独症与其他残疾儿童(主要是智障儿童)混合班,以及孤独症儿童学校。

第二类是随班就读形式,包括普通学校的普通班、特殊班和资源教室。这几年普通学校招收了越来越多的本区域内的孤独症儿童入学。

第三类是送教上门,有部分时间的机构训练或部分时间的专业人员入户训练。主要是为满足运动、生活自理、语言沟通都发展迟缓的残障儿童所设置的教育安置形式。

这三种形式目前在北京已普及到18个区县,全国其他很多省市也有这样的安置形式,其中随班就读安置的比例日渐增高。

三、国外常见教育安置形式及现状

国外孤独症儿童的教育安置经历了从隔离安置形式到隔离与融合安置形式并存,再到当今呈现多样化的教育安置体系。

隔离式教育安置:在20世纪90年代之前,孤独症儿童大多被安置于隔离的环境,如专门学校及托养机构。由于缺乏养护方面的专业培训,家长并不懂得如何教育孤独症儿童,最终不得不把他们安置于较大规模的机构,或将孩子安置于为情绪障碍儿童设立的学校等隔离的环境当中接受治疗。如美国，1975年颁布的《残疾人教育法》将孤独症儿童纳入公立学校之内，根据最少受限制环境原则，为孤独症儿童提供了多种安置形式，但因为法案并未提及孤独症儿童必须在普通教室接受教育，只有较少普通学校愿意接纳孤独症儿童。在英国，孤独症儿童也是在特殊教育学校、特教班等隔离的环境中学习，当时只有很少的孤独症儿童能够进入公立学校。20世纪80年代，随着融合教育的逐步推广，大众对接纳包括孤独症儿童在内的发展性障碍儿童入学就读的意识才开始提升，然而当时进入普通学校就读的孤独症儿童很少。

普通学校教育安置：美国于1990年颁布的《残疾人教育法》正式确定孤独症是残疾中的一个类别，需在最少受限制环境接受特殊教育服务，至此孤独症儿童真正被纳入普通学校。英国于2002年出台的《泛自闭症障碍家长和监护人知识手册》特别指出，应将大多数孤独症儿童安置于普通学校，并为其提供不同程度的支持。日本于2006年正式将孤独症作为残疾类别之一，并于2007年为患病儿童提供融合教育服务。

多样化的教育安置形式：目前各国都通过提供多样化的教育安置形式以满足孤独症儿童不同的教育需要。如美国教育部数据显示，在2011年仅36%的孤独症儿童有80%~100%的时间能够在普通班级接受教育，18%的孤独症儿童有40%~79%的时间在普通班级接受教育，36%的孤独症儿童只有0~39%的时间在普通班级接受教育，而10%的孤独症儿童则完全在隔离的环境中接受教育和干预。这些隔离的教育环境主要是指经过政府审批合格的，由私人或各种慈善基金会创办的孤独症干预机构与学校，一些机构组织和个人还提供入户服务。很多家长也非常愿意孤独症子女在接受普通教育的同时，在专业化的机构中接受密集性的干预。在英国，孤独症儿童大多被安置于普通学校，剩下的多数被安置于特殊学校以及由英国孤独症协会等专业组织创办的自由学校；当然还有少数被安置在民办机构，如情绪行为障碍学校和重度学习障碍学校，以及专为孤独症儿童开办的寄宿学校。

总之,各国经过30多年对孤独症儿童教育安置形式的探索,力图通过各种安置形式满足多样的孤独症教育需要,最终形成了当今多样化的教育安置体系和多元化的办学主体。孤独症儿童的各种特殊需求都表明,单一的教育安置方式并不能满足所有的孤独症儿童,需要为孤独症儿童提供可供选择的、合适且能从中受益的、符合其多样化意愿的教育安置形式。

第二节 培养目标

广义上的教育是一种培养人的社会活动。狭义的教育指按要求和教育对象特点为社会培养建设者。教育训练指以教育和训练手段补偿缺陷、提升功能,促使人适应社会的一种活动。这些活动都需要有目标指引,培养目标规定了培养人的方向和规格。

在方向和方法的重要性上,方向永远重于方法。本节重点解决方向性问题,可谓本书的重中之重。很多家长和教师重视方法学习、总想着解决好眼前的某个行为问题,没有想过培养目标问题,实际上,如果大方向错了,学生达成的都是短、近的小目标,就好比低头走路,看似一步步前进,实际最后走入死胡同,得不偿失。如果大方向没有错,掌握一点儿就前进一点儿,最后才可能到达幸福的彼岸。因此,明确孤独症儿童的培养目标,是每个教育工作者的首要责任。我们经过20多年的研究发现,孤独症儿童教育训练的两大基石:了解学生和认清培养目标,前者是根本,后者是关键。

一、培养目标的制定依据

通常制定培养目标的依据包括以下几方面。

首先是遵循教育总目标,2014年《教育部关于全面深化课程改革落实立德树人根本任务的意见》特别指出要培养德智体美全面发展的社会主义建设者和接班人,这是近年来不断明确提出的教育总目标,任何教育形式都需要遵守,特殊教育也不例外。

其次,特殊教育还要遵循有关残疾人教育的法令法规的要求,

2017年颁布的《中华人民共和国残疾人教育条例》中指出,要根据残疾人的身心特性和需要,全面提高其素质,为残疾人平等地参与社会生活创造条件。此条例针对残疾人的特殊性提出了全面提高其素质的要求,其中包含了道德品质的形成和基本技能的培养,也提出了社会性的发展要求。社会性是指,作为社会的一员在活动时所表现出的有利于集体和社会发展的特性。人的社会性主要包括利他性、服从性、依赖性以及更加高级的自觉性等。

特殊教育制定培养目标离不开对教育对象特点的把握,即要遵循孤独症人士的身心发展特点。本书第二章已详细叙述了孤独症群体的情绪行为和思维发展特点,与普通儿童有很大不同,他们自身多种感受能力(尤其是本体觉、前庭觉、触觉)不足、共同关注力缺失、情绪不稳定、思维发展水平低且排斥没有固定线索的思维活动,推理困难、缺乏元认知、交往能力发展不足,因此盲目照搬对其他类型残疾人的培养目标也是不现实的。要依据相关文件规定、社会发展需求和孤独症患者自身发展特点统筹考虑培养目标,补偿上述缺陷,使其成为情绪稳定的社会人。

二、培养目标的具体内容

明确了制定依据不一定能制定出合适的目标,定出合适的目标不一定能守住目标、执行目标,因此要思想上真正理解目标的中心性、科学性、合理性,教育者要时刻提醒自己:不忘初心、方得始终,初心易得、始终难守。

结合孤独症儿童身心发展特点和社会化发展需求,在遵守与教育相关的法律法规的前提下制定孤独症的培养目标是相对合理的。孤独症儿童有严重的情绪行为问题,社交能力发展明显受阻,在社会化的过程中培养行为调控能力又是重点,这些都是培养目标需要重点考虑、分层实现的。因此,对孤独症儿童的培养目标可以定为:在情绪稳定的前提下发展其交往能力,使其成为遵守道德规范的社会公民。这一目标的关键词包括情绪、社交、调控。

这一目标需分阶段培养,儿童期可以将重点放在使其基本情绪稳定地参与家庭和学校生活,与人有一定的主动交流;学生期的重点是使其有一定的交往能力,能基本遵守道德规范,在活动中能调控自己的情绪行为;成人期的重点是使其能遵守道德规范,积极参与社会活动,努力掌握一技之长,提高生活质量。

三、培养目标的选择及其实现途径

有了正确的培养目标还要有相应的实现路径。实现培养目标应该做什么?多教知识、死记硬背是否能培养出利他性、服从性、依赖性以及更加高级的自觉性呢?这些行为怎么养成?

毋庸置疑,靠复制性学习无法实现社会性的发展,靠一次次在旁人带领下的社会实践,缺乏自己头脑的分析加工也还是不行,只能习得应答能力和机械应对能力,集体活动氛围和模仿也培养不出这些品质,反而会减低其主观能动性。按照评估量表一条一条教是否可行?我们从基本言语和学习能力评估(Assessment of Basic Language and Learning Skills,ABLLS,源于斯金纳的《言语行为》一书)中摘录节选以下评估指标以说明该问题。

ABLLS节选摘录如下:

- 提"谁/谁的"的问题
- 提"哪个"的问题
- 问"怎么"的问题
- 问"为什么"的问题
- 对将来的事情提要求
- 根据步骤命名活动

……

假设患儿掌握了上述所有目标,能说明他们会交流吗?是不是能问"为什么"、能概括命名活动,他们就懂事了?即使掌握了上述每个目标,学生的语言技能有了一定提高,但"会交流"能等同于这些目标的总和吗?当然不能。交流是随时随地根据交往对象特点而调整、变化的语言活动,再详细的评量指标也不能穷尽交流活动的现实情况。

有些学习能力强的孤独症人士可以读完大学,但在社会生活中却屡屡出现被人笑话、情绪失控的行为,使他们面对社会寸步难行,这主要是只针对使孤独症儿童获取知识,而对其自主交往、调控能力的培养严重缺失导致的。很多人陷入了只要掌握知识,特别是会写、会念文章就可能懂事的怪圈,他们认为普通人就是这样越来越懂道理的,但忽略了普通人的思维能力强大,大脑反应和调控能力正常这一前提。对于一个擅长复制、不易迁移,只被动接受、不会主动思考,只会单一反应、很难统合调配的人用这种机械学习、刻板重复的手段是达不到普通人的效果的。一个大字不识的文盲的社会性也可以发展得很好,甚至可能好过博士毕业的人,即社会性的发展是以自我感受正常前提下大脑对情绪行为的调控为基础的,与死记硬背知识无关。

两个老师,一个以让患儿认识厕所、卫生间、盥洗室等字为培养目标,一个以让患儿看见厕所前立着"停止使用"的牌子后思考应该怎么办(发展思考能力)为培养目标。这两种目标引导的患儿的成长结果一样吗?答案是不一样。在第一位老师的熏陶下,患儿学会了写字、画画、做泥塑、背诵、数数,这些机械性重复活动都是孤独症儿童相对喜欢参与的,患儿的情绪基本稳定,家长、老师比较满意。但当他们长大了,要参与多样化的社会生活,不再考试、不用写字,需要控制自己的一言一行之时,人高马大的他们却举步维艰,总需要有人陪伴、有人帮助化解"危机",如果没有人陪伴怎么办呢?而另一个老师在上课时经常面对患儿的不配合,见招拆招,组织患儿参与各种体验活动,教出的患儿有一定的独立思维能力,会自己分析一些人与事,能基本应对环境变化,会求助,可以基本独立参与社区生活,若再掌握一技之长,便可能独立在社会上生活。

要实现培养自我调控的社会人的目标,基本路径必须明确。首先要发展正常的自我感觉和自我意识,并在此基础上发展直观动作思维,通过运动、营养干预、心理预先满足等稳定情绪;其次是借助声音(语言)、手势、表情发展表象能力和具体形象思维,并通过多种情绪体验变化,在明确简单情绪体验的基础上发展复杂情绪,为移情和共情打基础;再次要借助表象符号化、层次化发展抽象逻辑思维和简单推理能力,同时增加两难、三难等多重复合的情境体验,激发伴有情绪体验的想象力,使其大脑前额叶在情绪脑(下丘脑、边缘系统)的配合下能部分调控自己的情绪行为,在独立解决问题的过程中成长为社会人。具体做法可参考本书第四章到第七章的内容,以及附录二。

第三节 教育训练课程

课程对于一个人、一个社会的发展都十分重要,是实现培养目标必不可少的中间环节,但社会对它的认识始终不够充分,在研究领域也常有争议,容易与教学计划和活动混为一谈。理解并认清课程的概念、作用十分重要。

一、概述

课程的定义很多,且有广义、狭义之分,有的指教学活动,有的指教学文本,有的指所学习的学科及其进度安排,有的指获得的经验,林林总总。这里从学习者角度出发,把课程定义为学生在教师(和/或家长)引导下获得的经验总和。3岁以后的儿童几乎每天都在上课,从这个角度说,上课质量决定了一个人的发展,孤独症儿童的教育训练效果也取决于课程。目前,有很多机构、学校开设了感统训练课、沟通课、认知课、交往游戏课等,看似全面而丰富,实际上每门课程都没有明确的一年以上的课程目标引领,课程内容之间、目标与内容之间的关联性都很差,没有能力发展线索(很多目标都是识记类的,在一个层级上,没有形成梯度),有些内容在不同课上反复教。要提高孤独症儿童的训练质量,改善课程首当其冲。

建设一套行之有效的课程并不简单,绝非一个机构、一个学校的几个人可以胜任,它是一套系统工程。要依据培养目标(教育目的)、一定的课程理论、学科特点、学生身心发展特点,在分析国内外以往课程成败经验的基础上,经过团队反复讨论,试行一段时间,再经课程专家、行业或学科专家、管理人员、家长代表等进行论证而初步完成,然后需要进一步的实施和调整、再调整,一套课程至少需要经历一个成品周期(特殊儿童9年成长期)的检验才能面世,它是衡量一个机构或学校办学质量的标尺。如果一个机构或者学校没有人懂课程,没有明确的课程指导思想、分层培养目标及实施路径,没有课程标准和课程纲要,就不是一所合格的办学单位。

虽然教材不等同于课程,但体系化的教材能反映课程的总体目标,普通教育人才培养质量依托于一套完整的课程方案,以一系列的教材(一年至少两册)为蓝本,用什么方法教、由谁教、怎么教都是次要的,其虽会影响人才质量,但只要依据教材教就不会影响培养目标的根基。没有它,人的培养就失去了方向,没有了根基。而目前国内很多训练机构缺乏培养总目标、一年以上分科课程标准,最多只有教学计划和实施方案,而且往往与课程目标还是脱节的,因此教学质量提升应从此入手,而不是宣传使用了多少种方法、聘请了哪位名师。

很多人把课程和上课混淆,觉得某老师上课好,就是有好课程了,这是严重的误区。上课是教学层面的师生双方的活动,上一节或几节好课并不难,难的是要有整体性的、能实现培养目标的课程架构,并按照课程架构去实施。课程架构包括课程目标、内容、评价手段和实施纲要等,而上课只是课程实施中的一个组成部分。有好的课程是前提,没有好的课程,实施再好也达不成目标。以"如何做合格的父母的课程建设"为例,一部分人说只要爱孩子就是合格的,具体做法就是多陪孩子、尽量满足孩子的需求,一部分人认为以身作则就是合格的,一部分人认为严格要求孩子、别让孩子学坏就是合格的……实际上多陪孩子、满足孩子的需求或严格要求他们都只是具体做法或实施原则,课程是为实现某个培养目标(如"使孩子成为自食其力的社会人")而做的规划。以身作则的引领行为、适当的支持手段等,通俗地说都是在目标指导下规划好引领孩子前进的具体过程,想做合格的父母离不开规划和一步步的引领。很多父母只做了具体层面的设计,上什么补习班、学外语还是学钢琴等;也定了目标:考上名牌大学、成为什么"家"等,有上层设计(如培养目标)和底层设计(如学钢琴和外语),唯独缺少了中间层的"课程",就会出现定了目标却不知怎么实现,别人学什么我就让孩子学什么,或做了很多具体事、付出很多时间精力却发现培养了考高分却不懂事的孩子,也找不到原因等问题。由此可见,课程对于一个人的成长作用巨大,对于特殊儿童也不例外。

课程设计的基本理论很多,如实用主义课程理论、要素主义课程理论、结构主义课程理论、人本主义课程理论、实践论、多元智能课程理论、建构主义课程理论等,它们之间有的有传承关系,有的则对立,因此在培养目标确定后,选择什么样的理论支撑也是需要慎重考虑和认真学习的。不同的课程理论支持的培养目标、模式都不同。例如,人本主义课程鼓励学生的自我实现,允许学生自由表达、做实验、犯错误、获得反馈、发现自我。建构主义课程论强调学习者自己建构自己的理解,学习者必须是主动的,重视学习者之间的交互作用。在这两种课程观中,儿童学习者都是主动的参与者,要体现这种课程观就不能采用行为主义的训练方法。行为主义的训练方法是成人对儿童评估后形成成人的看法,按照成人的看法设计活动,儿童是被动的接受者、配合者,不是主动的发起者,问题回答错误就必须被纠正,不鼓励儿童有独立的自己想法和做法,儿童之间的自由互动也很少。

在培养目标、理论依据、现实依据都明确以后,制定和实施好一套课程标准是保障培养质量的关键。

二、课程标准

课程问题主要涉及目标、内容和评价三方面,其中课程目标是核心。在有了明确的培养目标之后就要明确课程目标。课程目标不是培养目标、不是课程目的、更不是教学目标和教学内容,它是某课程要达到的要求。课程目标体系化后即形成了一套课程标准。

课程标准是规定某一学科的课程性质、课程目标内容、实施建议的教学指导性文件,描述了全体学生在任课教师带领下需达到的基本要求,也可看作是培养目标能否达成的一系列分阶段的评价标准。

(一)指向性依据

当今比较盛行的课程标准的指向性依据是成果导向教育（Outcome Based Education, OBE,亦称为能力导向、能力目标导向教育），它最早是由美国学者斯派迪（Spady）于1981年提出。这个理论的前提条件是："不论学生的基础如何，每个学生都能够学会"，学校应当是为每个学生找到成功方法的教育机构，它关注的重点不是学生的学业分数，而是学生在取得成果过程中经过的历程和在此历程中自动自觉所掌握的技能。这种成果最终由学生所表现出来的能力来衡量，即学生在学习结束后能够展示出的综合应用所学的能力，也就是说，课程要促进学生学习能力的发展。成果导向教育已成为美国、英国、加拿大等国家教育改革的主流理念之一。

需要注意其最初的核心指向为毕业生拥有的学术能力，而不是全人发展，虽后来其研究者也提出了未来生活导向，但毕业生的能力要求与真正的生活角色仍有一定差距。以学术能力还是生存能力为发展指向目前尚有争议，但以能力发展为线索已达成共识。根据这个共识，课程标准要有明确的从低到高的多种能力发展线，即能力线，不是知识线。

(二)现行的课程标准

为贯彻落实《国家中长期教育改革和发展规划纲要（2010—2020年）》和《特殊教育提升计划（2014—2016年）》的有关部署，适应新时代办好特殊教育的要求，进一步提高特殊教育质量，教育部2016年年底发布实施了《盲校义务教育课程标准（2016年版）》《聋校义务教育课程标准（2016年版）》《培智学校义务教育课程标准（2016年版）》，并要求各地把三类特殊教育学校义务教育课程标准培训作为提高特殊教育办学质量的重要契机，纳入教师培训计划，组织开展专题培训。该标准同样适用于义务教育阶段就读培智学校的孤独症儿童。该课程标准指明了培养人的方向、要达到的能力水平，而不是课程的内容。下面以"生活语文"课程为例，按照成果导向的要求进行课程标准使用分析。

"生活语文"·低年级学段目标（摘录）

第一部分　倾听与说话

1. 能在别人对自己讲话时注意倾听。
2. 能听懂常用的词语,并做出适当回应。
3. 能听懂简单的句子,并做出适当回应。
4. 能听懂生活中的常用语言。
5. 能模仿运用生活中的常用语言。
6. 能用简短的语言表达个人基本需求。
7. 能使用人称代词(例如:你或你们、我或我们、他或他们)。
8. 能做简单的自我介绍(例如:姓名、班级、主要家庭成员等)。

该课标明确了"生活语文"在倾听和说话方面的三年级的最高能力要求是能用人称代词进行简单的自我介绍,特别注意,不是背诵一段自我介绍的内容。

明确了阶段最高能力目标后,要依据成果目标(阶段能力目标)进行目标分解和填充。要达到上述最高能力,需要的支撑能力从低到高就要包括:能关注他人语言、理解动作和语言的连贯性、理解完整表达的意思、会用主要的人称代词等。涉及的思维能力要达到具体形象思维水平,要从直观动作思维发展到具体形象思维,这是该课程标准指出的能力线索。只有在连续完整地做了一些动作变化,并能用几个动词描述动作后才能发展连续意识,只有对动作的空间知觉变化有认识后才能建立人称代词的转换意识,只有把自己的各种特征、学校、家庭信息整合加工后才能完整介绍自己,这需要表象的同时加工。因此要完成该"生活语文"课标就应发展直观动作思维能力和具体形象思维能力,要能把课标蕴含的能力目标分析清楚,其他科目的课程标准也是如此。

在能力分析完成后,还需要依据班级学生具体情况和能力现状选取以上目标进行一年级、二年级、三年级分层的课程目标设计、内容选取、评价指标选取等工作,最终形成可操作的课程目标和内容纲要。

三、自主交往课程

各地都有自己的人才培养目标和模式、课程理念等,不能简单照搬。1994年,北京就率先开始了课程研究和试验,经过20多年的努力,终于有了本土化的创新型课程方案。

(一)课程的由来

北京联合大学特殊教育学院的老师们一直致力于孤独症训练课程的探索与实践,他们从1994年开始在原位于北京方庄的丰台培智中心学校和原西城区育红幼儿园、原海淀培智中心学校等地进行了最初的训练课程实践研究,主要以各种动作训练为主要内容,以结构化教学为主要模式,但实践后发现培养的孤独症儿童虽然比较听话、情绪问题有所缓解,但灵活思维、主动交往的能力都明显不足,核心缺陷很难消除。经过十多年的反复实践,他们终于认清了课程的主要问题:缺少课程目标,课程内容不系统、无梯度,于是老师们开始反省、思考,同时多次走访成年孤独症患者的家庭,最终明确了"主动交往和发展社会性"的培养目标。在此后,他们不断学习建构主义理论、人本主义课程论,学习人际发展干预技术,研究交往能力的发展脉络,最终提出了一套初步的课程方案。

从2006年开始,北京联合大学特殊教育专业的老师们与北京朝阳区实验小学新源里分校(原朝阳区新源西里小学)老师一起使用自行研发的自主交往训练法为普小随班就读和特教班的共十多名孤独症儿童进行训练,后来又扩充到北京海淀区、丰台区、东城区等特殊学校。3年后他们合作出版了《孤独症儿童情绪调整与人际交往训练指南》一书,在此基础上继续扩大研究对象的范围,并据此研究开发出了一套新的课程——自主交往训练课程,在北京的多个特教班进行实践研究,实践研究成果体现在2014年出版的《孤独症儿童课程与教学设计——兼论特殊教育的课程》一书中。

2015年伊始,老师们并没有满足于有了可教的课程,他们还在不断探索,理清课程目标体系,充实课程内容,逐渐形成清晰、完善的课程体系。此课程体系以情绪调整为先导,以从低到高的交往能力发展目标为线索,以丰富和完善学生自身感受为重点,以自主自愿与人有效交往、最终成为社会人为目标。该体系的主要科目有以下几个:运动和康复课(含推拿按摩、营养干预相关操作)、生活适应课、生活语文和生活数学课,在运动训练、营养干预的基础上对孤独症儿童进行情绪调整,在情绪稳定、自身体验较丰富的前提下按阶段发展自主交往能力。

(二)课程的依据

自主交往课程是在教师、家长共同引导下,在发展孤独症儿童自身感觉体验的基础上提升孤独症儿童社会交往能力、丰富其社会经验的课程体系。

课程的理论依据是马斯洛的需要层次理论、建构主义学习观和课程观。1968年,美国心理学家马斯洛提出需要层次理论,他把人的需要从低到高分成5个层次,分别是生理需要、安全需要、爱与归属的需要(又称交往需要)、尊重需要和自我实现的需要,这些需要逐渐被满足、逐渐升级,个体把注意力转向较高层的需要之前,较低层的需要应得到基本满足,这里的需要满足是一种主观体验。在层次论中值得特别关注的是安全需要和爱与归属的需要。安全需要是人在生理需要满足的基础上产生对生命、财产的安全秩序、稳定的需要,以及免除恐惧和焦虑的需要。人都渴望生活在安全有序的环境中。感到有人保护自己、拥有自由的心理氛围,人就能有安全感。有了安全感后,人会渴望交真心朋友,期待获得别人的接纳和认同,这就是爱与归属需要的体现。有了安全感的孩子,自我发展的需要得到提升,3岁以后就有了明显的亲近行为,独立自主的意识萌芽,此为以后交往需要的发展奠定了重要的基础。这种需要如不能被满足,就会感到孤独和寂寞,精神生活可能会越来越痛苦,总觉得得不到理解和支持(认同),交往动机受到影响。此理论揭示了人的交往需要的来源,及其与生理需要、安全需要的关系,重视主观感受,为发展孤独症儿童的交往能力(课程目标)指明了方向、路径。

建构主义学习观与需要层次论一样重视人的主体作用,认为学习是学习者在一定环境作用下主动建构的过程,主动参与式学习的效果远远大于被动听讲,在真实任务情境下的社会交互式学习才能更好地促进学习者的发展。建构主义的课程观认为知识的获得是认知主体在特定情境中,按照自己的目的对意义的重新建构,学习过程既有对新信息的意义建构,也有对原有经验的改组,学生要能在新情境下灵活地联结已有经验,即将新旧经验结合在一起并活学活用。该理论为课程内容设计、实施过程等提供了坚实的理论基础。

自主交往课程的现实依据是本书第二章阐述的孤独症儿童的发展特点。

课程的目标与本节提到的总的培养目标是一致的,以在情绪稳定的前提下发展学生独立、自主的交往能力,培养遵守基本道德准则的社会公民为目标,要做到这个目标就要求学生能自行有效地调控自己的情绪行为、思维活动,因此本课程的目标核心词有:情绪稳定、思维能力、调控能力。情绪稳定是前提,从低到高发展人际互动中的思维能力是手段,只有情绪稳定了、思维理解能力达到了初步的抽象逻辑阶段,才可能做到自我调控,调控能力是最终要取得的重要成果。

相关课程内容包括身体调理(推拿、按摩,同时控制过敏源、高卡路里食物摄入等)、核心稳定动作训练、肌筋膜拉伸训练、共同关注力训练、相互参照能力训练、意图理解练习、想象力拓展练习等。

课程的评价基本采用课程本位评量,按照培养目标和培智学校课标编制总测试纲要,再按照学段目标、学期目标从测试纲要中选取实操测试目标、操作题,依据不同学科要求进行细化,编制具体的测试题。测试有个别测试和全班测试两种形式,分别赋予不同的权重,每学期末由任课教师分别测试,最后写出课程评价报告。

(三)课程的特点

1. 教师、家长是能发挥引导作用的交往对象,不是指挥者,在充分调动学生自身感觉运动体验的基础上引导学生自主、有效地交往。

2. 贯彻成果导向的教育理念,为实现培养目标,按照交往能力发展阶段由低到高循序渐进,能力目标之间层层递进、不跃层。只要班级学生的整体差距保持稳定,差距不扩大,就能始终保持班级集体授课形式。同时在目标不差层的前提下,重视广泛参与的教学活动形式,教学中基本克服了"一人被提问一人回答、其他人无所事事"的常见的低效教学状况。

3. 在充分考虑学生兴趣和现有经验的基础上选取课程内容，多以活动课程形式组织实施，能力目标紧贴学生的已有经验，学生参与度高。除情绪调整、共同关注阶段外，一个班级（学生 7 人以下，其中孤独症学生 3 人以下）只需安排一位老师独立授课，因为越高年级学生越没有严重的情绪行为问题。

4. 该课程体系属于多学科整合课程，运动学、营养学、心理学等都参与课程内容建构。只靠教育学的教学原理不足以促进孤独症儿童的全面发展，要进行学科整合。

5. 与现行的培智学校课程标准高度吻合。本课程强调了分层实现交往能力目标，即思维能力目标在交往活动中的提升，与现行的教育部 2016 年颁布的生活语文、生活数学、生活适应等课程的标准存在能力目标的内在一致性，都是发展思维能力。按照该课程的六阶段的能力线索选取课程内容并培养的学生同样可以达到现行课程标准的要求。如本章提到，"生活语文"在三年级的最高能力要求是能用人称代词进行简单的自我介绍，按照本课程能力目标要求，具备了相互参照能力，并向意图理解过渡的学生就算达标；而要发展到意图理解阶段，就需要有共同关注力、相互参照力等（见表 3.1）。

表 3.1 自主交往课程的主要阶段及操作要点一览表

认知发展阶段	自主交往阶段	操作要点	能力举例
感知运动	共同关注	相互用声音、身体引逗，少用各种物品，特别是外在物质类强化物	能在动作、语言、表情提示下完成互动，有一定的连续意识
前运算	相互参照	在变化过程中激发一步思考，少用语言提示	思维更加灵活，有一定的空间转换意识
具体运算	意图理解	重视表象加工，激发多步思考	有较为完整的表象的同时加工，会简单换位思考
形式运算	拓展想象	多设计面对两难情境和情绪变化的学习，加大随意性沟通训练	能跨时空、多角度、较全面考虑问题，思维灵活

总体看,当学生身心舒服或对环境熟悉,没有了紧张感以后就会对外界感兴趣,并开始对自身的反应进行重新加工,此时要放大这种体验。而他们感到安全,会进一步产生亲近感,就有了进一步互动的主张。要顺着学生的体验有条不紊地循序进行互动。

思考题:

1. 在我国,6岁有语言的孤独症儿童适宜的安置方式有哪些?在不同安置方式中应提供的支持手段有哪些?
2. 孤独症儿童的培养目标是什么?它的制定依据有哪些?
3. 怎么理解实现孤独症人士培养目标的基本路径?
4. 培智学校课程标准中生活语文课、生活数学课的培养目标是什么?自主交往课程体系是如何贯彻培智学校课程标准的?
5. 自主交往课程有哪些特点?

本章主要参考文献:

1. 申天恩,斯蒂文,洛克. 论成果导向的教育理念[J]. 高校教育管理,2016,10(5).
2. 王梅. 孤独症儿童课程与教学设计——兼论特殊教育的课程[M]. 北京:北京大学出版社,2014.
3. SPADY W G. Outcome-based education: critical issues and answers[M]. Arlington: American Association of School Administrators, 1994.

第四章
孤独症儿童的训练方法

重点内容：

  地板时光疗法

  人际关系发展干预疗法

  结构化教学法

  回合教学法与关键反应训练

  自主交往训练法

第一节 常见的训练方法

孤独症病因不清、病症复杂、个体差异大,以致其训练方法五花八门,良莠不齐。作为负责任的长期从事该领域研究的人,要不断丰富自身的学识,从中找出可能有效的训练方法,并进行至少几年的探索,反思其合理与不合理之处后再分享,同时也必须不断修正、完善。

一、地板时光疗法

20世纪90年代末,美国格林斯潘(Greenspan)和威德(Wieder)设计出一种新的特殊儿童干预方法,经过几年的实践验证和理论升华,正式将该干预方法命名为"基于儿童发展、个体差异和人际关系的特殊儿童干预模式"(The Developmental, Individual differences, Relationship-based model, DIR)。这是一种系统的、以家庭环境和人际互动为主的孤独症干预和治疗模式,该模式包括家居课程、学校课程、治疗服务和药物治疗四个模块,以培养患儿的沟通互动能力为主,旨在训练照顾者和教师通过进入患儿的世界去体会患儿的情绪后与其互动,在互动中提升他们的交往经验。

DIR训练体系家居课程的核心是地板时光(floor time)疗法。它倡导在家庭环境中,父母和患儿通过共同参与的创造性活动,以儿童独特的知觉和兴趣作引导,促进患儿情感体验的形成,提高他们象征性的表达能力,促进他们人际关系和智力的发展。内容涵盖以各种感知觉体验为主的地板活动、体能活动、解决问题的活动。

与以往的干预模式不同,地板时光疗法不主张使用权威式的、注重外显行为改变的固定化程序,而是强调患儿的情感体验和想象力培养,强调人际关系的互动、个人主动性和大量而密集的运动游戏干预。其团队的研究报告指出,经过治疗,30%的孤独症儿童在人际互动、情感表达、思考推理、解决问题的能力方面有显著的进步。夏寅于2013年的研究表明,接受DIR训练相比于接受应用行为分析理论模式的训练,更能提高孤独症谱系儿童在指向他人的象征性游戏中表现出的水平。

地板时光疗法的操作要领如下。

第一,建立亲密关系。该方法秉承简简单单、实实在在与患儿在一起相处的理念,不装出一副关怀备至的样子,而是达成一种介于如胶似漆与漠不关心之间的和谐,这种自然的干预观会让孤独症儿童感到放松、舒服,容易与人建立真正的联系。

第二,形成双向沟通能力,根据患儿的特点设计活动。认真地了解他们的身体需求、兴趣特点,从患儿的角度出发设计他们愿意从事的活动,才能使他们主动参与,这是双向沟通的基础。

第三,学会象征性的意义表达,利用象征性游戏发展患儿的想象。莱斯利(Leslie)早在1987年就提出孤独症患者具有表征的变换能力缺陷。为了避免在象征性游戏中对物体特性产生迷惑,人们需要对相同的物体产生另外一种表征,这就是表征变换。原始表征与将物体与其真实属性分开的表征变换过程是不相关的。孤独症患者在表征变换能力上也存在缺陷,所以在象征性游戏能力上存在缺陷。也有人认为,孤独症患者缺少探索欲和早期的探索行为,从而影响了象征性游戏的产生。虽然原因各异,但地板时光疗法认准了通过象征性游戏培养患儿想象力的做法,在象征性游戏中,患儿的行为越来越不依赖于对物体的感觉和物体原有的功能,头脑中的关于人与人关系、人与物关系的表征越来越多。例如,在玩黏面团的过程中让患儿手插入黏黏的大面团,拔出来时带出很多黏面,一起搓着玩,在许多小面球下落时说"下雨了""下小雨了",或者是"小球球跑了""快来接球球"等,在亲身体验的基础上拓展想象。

第四,发展情感与观念相联系的逻辑智慧。要协助患儿以合乎逻辑的方式表达观念和感受:跟患儿一起讨论怎样做事情,或探讨隐藏在观点后面的情感。创设问题情境,让患儿自己想办法,或帮助患儿认识情境中的人物以及人物的想法;让患儿参与各种类型的活动,发展自己的兴趣等。要做到这点,需要有较好的逻辑思维能力,需要花费大量的时间去创设情境、设计活动,这对家长和教师提出了更高的要求。

二、人际关系发展干预疗法

由美国儿童心理学家美国临床心理学史蒂文·古特施泰因(Steven Gutstein)博士在长期临床实践的基础上提出了"人际关系发展干预疗法(Relationship Development Intervention,RDI)",旨在培养孤独症儿童及其他有交往障碍的儿童与人交往的能力。

该方法是着眼于提高孤独症儿童及其他有交往障碍的儿童人际交往的动机和技巧的干预方法,常以家长引导的方式进行,通过简单的互动诱发患儿沟通的主动性,并使患儿觉察乐趣并非来自玩具和游戏本身,而是来自与交往同伴分享经验的过程。该方法以发展交往能力为最终目标,提出交往技能有静态、动态之分,并具体提出了儿童交往发展的6个等级,包括调谐、学习互动、即兴变化与共同创造、分享外在世界、分享内心世界和联结自己与他人等,系统化地阐明人与人之间互动的发展情况。每等级分为4个阶段,按阶段设计游戏活动,低层游戏活动是高度结构化的。

该方法先对孤独症儿童进行评估,然后制订为期八周的人际关系发展干预训练计划,每周训练5天,每天训练2个小时,于训练前、训练后分别采用孤独症行为评定量表(Autism Behavior Checklist,ABC)对儿童进行训练效果的评估和反馈。

杰西卡(Jessica)等人通过探讨儿童孤独症的严重程度和亲子互动之间的关系,研究了患儿接受以社会互动为重点的RDI的时间,通过评级变量发现,有证据表明,在治疗过程中亲子互动质量发生了变化,RDI促进了孤独症儿童人际交往能力和个体的主动性和灵活性。

三、结构化教学法

结构化教学法(structured teaching)是1972年由美国北卡罗来纳州立大学的修普勒(Schopler)和赖克勒(Reichler)等人率先明确提出并推广使用的,其来源于一份研究计划,即"自闭症及交流障碍儿童的治疗与教育(Treatment and Education of Autistic and Related Communication Handicapped Children,TEACCH)"。该计划可看作是一套教育方案,其特点为"结构化教学"。结构化主要指物理环境结构化(包括学习生活环境的物品摆放和环境中的功能分区等)、作息时间结构化(包括学习工作的时间安排表)、工作制度结构化(包括学习任务的步骤图和个人工作系统安排等)和视觉结构化(包括图卡提示,记事表等)等四种。结构化教学法是为儿童营造一个具体、清晰的学习环境,利用简单的时间安排表协助他们建立常规,又特意利用视觉安排设立合适的工作系统,并以视觉作为教学的主导,使儿童对环境和事物有较好的掌握,减少他们对环境的混淆感,从而减少其行为问题的一种操作思想或方法。

结构化教学法的主要特点:①提出了定量的评估:用心理教育评定量表(Psycho-educational Profile,PEP)对儿童进行全面评估;②创设视觉提示清晰的各种环境;③为学生设计明确的个人工作系统。这些特点可以部分解决孤独症儿童在新环境中容易产生茫然、混乱的问题,顺应他们视觉性学习手段多、能进行简单的常规学习和机械性学习的特点,但不太能解决预知或适应环境变化、及时建立正确的环境表象等问题,可能容易造成孤独症儿童拒绝环境变化,缺乏组织计划性,缺乏迁移能力和主动观察能力等问题。在培智学校特教班使用结构化教学法要慎重,避免不良影响。

四、回合教学法与关键反应训练

这两项技术源于应用行为分析理论(Applied Behavior Analysis,ABA),是20世纪六七十年代由美国心理学家洛瓦斯(Ivar Lovaas)等人根据行为理论发展演变出的一套较完整的行为训练方法或操作系统,应用较为广泛。

回合教学法(Discrete Trials Teaching,DTT)是由指令、个体反应、结果(强化或辅助)、停顿四个基本要素构成的教学与训练方法。干预通常在一个比较封闭的环境中进行,它可以帮助患儿注意到刺激,建立刺激与反应之间的联系。但其指令内容繁多,完成指令与目标指向之间的关系不明确,教学形式比较机械,很难使刺激和反应泛化(灵活应用于其他场合)。认识到这些问题后,该领域的学者不断提出改进策略。

关键反应训练(Pivotal Response Training,PRT)是罗伯特·凯格尔(Robert Koegel)和施赖布曼(Schreibman)提出的改进方法,其理论根据依然是应用行为分析中的"刺激—反应联结说",但它强调通过自然情境及提高动机帮助儿童习得关键技能,并借由关键技能的提升进而对其他行为产生影响。PRT目前专注于四个关键领域的干预:动机、自我发起、多线索的反应、自我管理。干预始终贯彻动机策略,其策略包括:①遵循患儿的选择;②强化患儿的努力;③新旧任务穿插;④自然强化。在应用行为分析的原理指导下,该训练以游戏为基础、以养成关键行为为目标,通过关键领域的变化影响扩散到其他领域并形成一个有效途径,使孤独症儿童行为得到改善。

PRT与DTT在操作上有些不同。PRT在自然环境中进行,考虑到学生的动机状态,教学材料和许多指令混合在一起来训练识别能力,教学内容更加随机和丰富。比如教具是一辆玩具车和一个球,治疗师会考虑儿童喜欢玩哪个,再考虑与之匹配的动词教学,用同样的动词"推"来指令"推车"或"推球",之后再换动词"滚",以避免DTT的死板性和重复性。但现实生活中的交往是灵活多变、千差万别的,如果忽视自身的思维发展而一味强调按指令执行,其效果恐难理想。此外,其训练内容多为在情境中使用能力而不是形成(发展)能力,比如过马路时教孤独症儿童认识红绿灯、斑马线以及红灯停、绿灯行等简单的交通规则,告诉儿童应该怎么做,然后带领儿童反复操作,做对一次马上给予表扬,这样教完却并不敢让十多岁的孤独症儿童自己过马路。因为真正自己过马路时需要对整个马路周边情况进行观察,形成整体印象,需要对空间知觉、距离知觉、时间知觉的把控,以及情绪控制,需要现实情境下的规则意识,此意识的产生需要儿童具有逻辑智慧,既明白不遵守规则的害处,又能适时调整遵守规则的程度,这绝非被人带着过10次、20次马路能学会的,当这些能力都具备时,带儿童过马路才有实际意义,不再是为教而教。

此外,在现实训练中还常见感觉统合训练法,它的提出者是美国艾尔斯(Ayres)博士。艾尔斯认为感觉统合是一种神经活动过程,用以组织来自体内和环境的各种感觉信息,使个体可以有效运用其肢体与环境互动,其主要理论包括以下几点。①儿童由各种感官统整信息,接收的感觉刺激的大小不是主要的,把不同渠道的信息统整起来才是主要的。②个体适应行为的发展是以感觉统合的发展为基础的,由脑神经功能失常导致的学习问题可由感觉统合训练来解决。③感觉统合训练的效果视其大脑的可塑性而定,故越早实施越好。艾尔斯博士还专门开发了一些训练器具,如滑板、大笼球、专用秋千、旋转盘、触觉刷等。但此种方法在国际上一直有争议,从已发表的学术文章中即可获知,赞同者认为此法对改善儿童的注意力、多动行为和身体协调性有帮助;反对者认为其理论基础不能成立,且就算不利用感觉统合训练器具也同样能发展身体协调能力和改善注意力等。因此应慎重选用,并科学地测试儿童是否存在感觉统合问题,再做计划,训练的项目、时间、数量都应因人而异,不可由非专业人员随意操控。另外,应当清楚该方法不能等同于感知运动训练。

第二节 自主交往训练法

目前国内外关于孤独症儿童的教育训练方法很多,依据的理论基础各不相同,甚至相互冲突,且与目标不匹配,有时刚开始见效,但越使用,离最初定的目标越远。因此要依据教育目标和儿童发展现状选取训练方法。

一、自主交往训练法的出发点

以什么标准衡量方法的适切性呢?我们认为出发点和落脚点都是孤独症儿童自身的主观幸福感,也可以说是一定的生活品质,其判断标准是儿童情绪行为的持续稳定、积极,而不是父母、教师、专家等其他人的感受。很多方法是父母、教师、管理者或专家看着适合的,但实施后发现患儿情绪越来越差、主动性越来越差、思维能力没有变化,并且刻板机械的重复行为越来越多。孤独症儿童虽不会表达,但如果他们自身感觉难受或反应缺失,或缺乏心理支持,他们就不可能有持续积极的交往反应。

怎么衡量并夯实孤独症儿童的主观幸福感呢?虽然孤独症儿童语言、非语言表达能力欠佳,但他们的情绪行为表现是有目共睹的,衡量时主要通过认真、持续地观察,并记录他们的情绪行为来进行确认,不能仅是通过量表评分,因为量表评分时效性强,且情绪行为的指标通常不精细,思维能力变化指标的梯度、指向性都不明确。如认识常见物品、常见颜色、基本形状等对很多孤独症儿童而言都可以凭借机械记忆中的再认完成,即家长教很多遍,他们记住了,为了得到奖励而再认出来,反应具体形象思维的评量指标变成了记忆评量指标。并非记住了就会应用了,能说对基本形状的名称但实际没有发展到具体形象思维阶段的孤独症儿童比比皆是,换个活动或道具,他们就又不认识了,还需要再教。所以这些指标不宜作为衡量思维发展和主观幸福感的标准,衡量主观幸福感的适宜办法是做好观察记录,记录孤独症儿童交流的形式(口语、手势、眼神、书面语、图画等)是不是多样了,主动且适合的口语表达是不是多了,烦躁的情绪是不是少了,思维反应是不是更及时了——老师、家长、专家学者需要持续地观察他们情绪行为的变化,才能准确判断。

此外,衡量方法的适切性还要注意重要的操作指标,应衡量该方法是发展能力还是利用、使用能力,避免采取仅使用能力而不形成和发展能力的方法,如一些教儿童记住某种规则、某些知识的方法,主要靠死记硬背手段,这不是发展能力,也不是发展记忆,是使用或利用记忆。发展能力强调把从事某一活动的相关能力培养到位,再从事该活动时患儿可以自主完成,开始可能效率低,但能自己完成,不需要十多遍、几十遍的反复教、反复练,只要是反复练还不会的,一般都是不具备相关能力。

自主交往训练法是在自主交往课程引领下的一套操作方法的总和,是北京联合大学特殊教育学院的老师与北京多所特殊教育学校合作开发,实践应用12年后推出的、针对思维和交往能力发展的行之有效的训练方法。该方法的目标体系由相互串联的六个阶段(能力)组成,包括情绪调整、共同关注、相互参照、意图理解、拓展想象、合作分享。该方法特别强调在教师、家长引导下,以发展孤独症儿童自身体验为基础,分层次、按步骤提升孤独症儿童的一系列社会交往能力,从训练他们交往变为"使交往成为孤独症儿童自身需求,因愿意体会分享经验带来的快乐而自主交往",最终使他们成为被社会接纳的人。此方法的独特之处在于,研究者从儿童自身体验出发,认识到孤独症儿童有感觉反应、情绪反应、语言反应多方面缺失或不同寻常,要让儿童主动交往就必须针对他们的反应模式提供支持,有了支持和引领后,儿童才能主动地实施交往行为,并且在实施过程中先行调整情绪。将情绪调整至比较稳定才可以谈更深入的干预,情绪行为稳定是该方法的出发点,要持续稳定,思维能力与交往能力必须步调一致地发展。

二、自主交往训练法的内涵

自主交往训练法在尊重患儿的基础上提出将情绪调整作为首要目标,在情绪调整之后,患儿会主动出现"关注外界"的行为,我们借助这个契机顺水推舟地培养他们的参照能力,让患儿看别人怎么做自己就怎么做,然后还要让患儿知道别人为什么这么做,这就是"意图理解训练"的主要目的。在理解当前意图的基础上,该方法通过拓展想象力的训练培养患儿对今后事情的预知力、对以前事情的联想力,患儿愿意与专家、老师合作分享,最终达成患儿自我接纳和主动调控的目标。这就是这套方法的主要内涵。

自主交往训练法主要解决的问题有以下几方面。

1. 稳定的情绪行为从何而来?

简单通俗地说,身体舒服了,内心的需要满足了,情绪才能稳定,因此情绪调整的主要策略就是做各种有针对性的、密集的运动,同时做到预先、适当满足需求。但稳定的情绪不会自动带来"懂事"的结果,情绪一旦平静下来,儿童会寻求更多的外界关注、关爱,没有一定的情绪调控能力,他们会一味地索取关注,这对他们的发展不利,一旦遇到不顺心的事情,其情绪就不能持久地保持稳定,因此要培养他们的情绪调控能力。

2. 情绪行为调控能力从哪来？情绪忍耐和控制能力、甚至是意志力从哪来？

调控都来源于大脑,来源于我们各种运动,大脑接收自身运动带来的各种位置信息、触觉信息、肌肉筋腱拉伸信息等,有舒服的,有难受的,特别是当皮肉、内脏感觉不舒服时,如腿磕破流血了,人会自然产生持续的疼痛感,这时岛叶和前额叶开始持续工作,也许患儿会哭、会叫,但实际不得不忍着疼痛,这种持续忍着疼痛的感觉(已含有情绪的变化)是控制力和意志力的萌芽,之后不断感受被抓、拍、捏、抱、亲等持续动作带来的各式各样的痛、痒、舒服感等,人会不自觉地自我调控。只有身体各部分感觉正常,才能在一定量的刺激下产生相应的感受,身体感觉迟钝的人很难培养调控能力。

3. 情绪怎么丰富起来？高级情感怎么发展？

情绪的丰富同样来源于身体感觉的丰富,身体感觉丰富来源于参加、体验各种活动,而痛觉体验必不可少,如持续用力拉筋、按摩不通穴位等,痛体验在临床上主要表现为恐惧、焦虑、愤怒和抑郁,其他如挫折感、懊悔感等。痛觉情绪丰富了则可发展出高级情感,有了不好的体验,自然能对比出好的体验。在身体舒服、内心满足的前提下持续给患儿提供美妙的声音、赞美的语言、鼓励的手势和亲密的搂抱,让他们观赏辽阔清新的景色等,愉悦、满足、美好的情感自会产生。多重体验交替还能促发人不自觉地遐想,使拓展想象成为可能。

4. 怎么做到意图理解？

当患儿情绪稳定,参加活动有了积极性,感觉日渐丰富以后,他们内在的表象也丰富起来；供他们大脑加工的材料足够丰富,同时大脑气血是充盈的,这时就能把自己的视觉、听觉、味觉、本体觉、情绪(表情)信息整合加工了,镜像神经元对多种动作意图便可以解读了。具体形象思维有了初步发展,才可能看懂别人的动作、听懂别人的话里有话。

5. 主观幸福的体验如何越来越多？

主观幸福感来源于自己的持续的美好体验，不只是一两次成功。而其最重要的来源是身体持续舒服、与人互动持续有效，在有效互动中，患儿的思维能力也能持续不断地发展，控制能力在美好与痛苦的交替体验中发展起来。这时在别人要求下，患儿可以在一定程度上控制甚至压制自己的欲望也不会产生很多的负面情绪。患儿身体舒服了、生活能自理了，与亲人、同学、老师有了一定的有效互动，负面情绪能够少产生或及时调控出去，主观幸福感自会越来越多，这种幸福感成为他们持续发展的动力。

思考题：

1. 请比较并列举出四种训练方法的理论基础、核心内容、适用人群。
2. 自主交往训练法的干预目标？各阶段的关系？
3. 从情绪行为稳定到实现能调控自己情绪行为的手段有哪些？
4. 自主交往训练法的内涵是什么？
5. 以"声音"为媒介，自选教学对象，设计情绪调整、共同关注、相互参照、意图理解和拓展想象各个阶段的为期两周的活动。

本章主要参考文献：

1. 樊江琴. PRT动机程序促进自闭症儿童社交发起的成效检验及成分分析[D]. 浙江：浙江师范大学，2016.
2. 雷留根. 痛厌恶"情绪"的神经机制——相关的中枢结构及谷氨酸受体[D]. 上海：中国科学院研究生院（上海生命科学研究院），2004.
3. 夏寅. 孤独症谱系儿童象征性游戏特点及康复训练多基线实验研究[D]. 南京：南京师范大学，2013.
4. 杨广学，尤娜. 自闭症"地板时间"疗法（Ⅱ）：象征游戏和逻辑智慧[J]. 中国特殊教育，2008，12.
5. 赵斌，马小卫，王承雍. 关于地板时光理论及应用的思考[J]. 现代特殊教育，2015(18).

第五章
孤独症儿童的动作发展与训练

重点内容：
    动作发展特点
    动作训练的理论基础
    动作训练方法

众所周知,好身体是一切生活、学习的基础,也是情绪稳定、智力发展的基础。体育锻炼不仅能使人产生一系列积极的行为改变,改善身体多个系统的机能,还能弥补镜像神经元系统的功能不足。镜像神经元系统在执行动作时会产生兴奋,在观察他人动作时也会产生兴奋,因此镜像神经元系统在动作学习中有着重要作用。人脑中有两个主要的镜像系统,为顶额镜像系统和边缘镜像系统,布洛卡区为顶额镜像系统的重要组成部分。研究发现,孤独症患者的病情越重,镜像神经元相关脑区的激活程度就越低,犹如"破碎之镜";而通过动作练习、观察和想象动作来激活镜像神经元促进康复的手段,其疗效已被众多研究证实,可见运作发展训练必不可少。

第一节 孤独症儿童动作发展特点

动作发展对儿童各方面的发展都会产生重要影响。皮亚杰等人从认识论的角度指出,动作为一个幼儿提供认知经验,使其能从事物的外在表现鉴别出其本质的特征,进而认识事物的本质。

从中西医结合角度看,经筋与神经的关系非常密切,全身的肌肉紧张与松弛是和肌肉中的神经分不开的。运动可活动经脉,通过神经活动让经络系统可顺利滋养经筋系统。十二经筋是人体筋肉系统,十二经脉之气、结、聚、散、络循行于筋肉间,两者是相互关联的体系。其主要作用是约束骨骼,调控关节的屈伸活动,以保持人体正常的运动功能。从神经解剖来看,经络系统中经筋行走路线与神经走行很类似。从手三阴、手三阳在前臂的经筋与臂丛神经的关系来看,手太阴、手阳明经筋归属于桡神经的范畴,手厥阴、手少阳经筋与正中神经分布极为一致,手少阴、手太阳经筋与尺神经的关系则完全相符。

李斐等人于2005年的研究表明,儿童早期精细动作技能的发育水平能够显著促进儿童大脑认知功能的发展。格里斯莫尔于2012年的研究表明,儿童精细动作技能发展水平,比基础知识对小学数学和阅读表现出更高的预测效应。另一项研究(Yan et al.,

1998)实验对象为 4～144 个月的 1029 名儿童(男 510 名,女 519 名),研究发现儿童的年龄越大,动作对他们空间搜索行为的影响越大;动作状态、动作帮助是影响空间搜索行为的重要因素,动作练习活动可显著提高儿童的空间搜索能力。

在言语方面,声带、舌与唇精确协调运动是语音知觉产生的重要条件。巴甫洛夫指出,言语器官的动觉刺激是第二信号的基本成分、抽象思维的感性基础。

个体的社会适应性也是在与周围环境互动过程中发展起来的。儿童动作发展与其和同伴之间的关系显著相关,动作表现较差的儿童无论是在户外游戏还是教室环境中都很难被同龄人接受。在许多动作技能习得的过程中,儿童可以得到积极的情感体验,收获自信和成功,认识社会规则,习得良好社会行为,减少攻击行为。儿童大肌肉动作中的位移性动作发展与自尊水平的相关性高于操作性动作发展与自身的相关性。此外,儿童动作发展水平常被视为评价儿童身心发展的重要指标。

总之,儿童大肌群动作和精细动作的发展对促进其注意力、记忆力和思维力等认知能力,促进依恋等情绪发展以及合作、交往语言等社会性发展具有重要的作用。

一、孤独症儿童动作发展特点

(一)基本动作特点

孤独症儿童多有基本动作障碍,主要在步行、爬、上下楼梯等方面,如步姿存在问题,用脚后跟走路、速度慢、拖着脚走路、脚尖走路等状况多发。出生后第一年,他们的粗大动作发展迟缓,如仰卧、俯卧、坐等动作的习得都比同龄普通儿童晚,特别是翻滚、爬的能力更为迟缓;到了第二年,有些儿童行走能力迟缓,有些能走但大腿内收、走不快。部分儿童基本动作发育迟缓或顺序不当,有的会走了但还不会爬,有的能跳了但不会蹲。

在抛、接物体,准确扔球,伸手拿物品,敲击、旋转门把手等物体操控和书写方面,孤独症儿童存在困难,他们在手部灵活性、精确度方面存在不足。

巴特在2011年的研究表明,7~32岁的孤独症患者在视觉运动和手工灵巧任务中,表现出上肢动作不协调;在平衡、敏捷和速度的任务中,表现出下肢动作不协调。斯特普尔斯在2010年的研究表明9~12岁的孤独症患者不仅肢体两侧不协调,上肢和下肢也都表现出不协调。有些孤独症患者跑步时身体僵硬,不会手脚协调地骑车、跳绳;有些与同龄普通人一样会骑车,但躲避障碍能力远远落后。

(二)核心区肌肉力量发展特点

多数孤独症儿童核心区肌肉力量不足,主要体现在姿势怪异和躯干部分肌肉力量不足等方面,有的孤独症儿童站姿和坐姿较为奇怪,不能挺直;有的在站立时左右摇晃,很难维持稳定的姿势;有的全身肌肉松软无力,整体懒懒散散,躯干部分肌肉力量明显不足。姿势控制是人体基本运动技能之一,姿势不稳定,限制了儿童其他运动能力的发展与提高,严重影响孤独症儿童掌握其他动作技能。

(三)运动执行能力发展特点

动作执行能力是对动作任务的理解、准备和完成过程中机体的控制能力,反映个体运动的速度、协调和运动反应等特性,是一种受个体意识支配的动作能力,受练习或实践的影响。运动执行障碍是孤独症儿童动作发展的一大特点,克莱尔(Claire)于1996年的研究表明,孤独症儿童在执行目标导向的动作时存在困难,如开冰箱取物时,如果需要边后退边开门就会存在困难,他们往往是站在侧面打开且不能控制动作力度;他们在接抛球时因想让对方接到而用力忽大忽小,即不能在前一次用力小、差一点儿接到的基础上稍加力,而往往是加了过大的力。患儿的动作连续缓慢,运动变化有困难。

二、与动作相关的感知觉发展特点与训练要点

动作是儿童与外界环境相互作用的主要媒介,是锻炼感知觉能力的主要手段。由于儿童早期动作发展不成熟,其个体认知主要来自感知觉能力;随着年龄增加,他们的动作与感知觉交互作用加强,

动作熟练程度对他们认知的影响逐渐提高,并且会对感知觉信息加工过程产生一定影响。3～5岁幼儿的动作学习可发展幼儿的身体意识和空间意识,在提供视听技巧学习机会的同时,促进幼儿专注能力的提升,例如,幼儿在聆听节拍移动身体时,能逐渐形成基本的时间感。利用物体制造的听觉和视觉信息,指导幼儿动作行为时,幼儿会增加对这些信息的关注;丰富的视觉信息(如光线、颜色等)与自由的身体移动,可以提高幼儿搜索目标的实际表现,在让幼儿警觉外界各种刺激变化的过程中,动作使感知觉更加精确。韦斯滕多尔普等人(Westendorp et al.,2011)研究发现,学习困难越显著的儿童,其大肌肉动作表现越差,可能大肌肉运动和学业表现有潜在的共同信息加工过程,但这有待神经科学的进一步研究证实。

(一)触觉

触觉是压力和牵引力作用于体表触觉感受器而引发的感觉。孤独症儿童常对感觉刺激过度敏感或过度迟钝。

有的孤独症儿童常常逃避身体接触,对洗浴、梳头等活动会做出反抗,不喜欢他人接近,拒绝拥抱、握手等身体接触;有的孤独症儿童则非常喜欢亲亲和拥抱,特别是紧紧的搂抱,喜欢把自己紧紧裹在一条毯子里,或者钻进一个特别挤的地方。触觉系统问题严重的孤独症儿童还伴有严重的偏食、睡眠差、易被激惹等状况,以及打人、坐不住、躁动不安等行为。如果触觉和本体觉都出现问题,孤独症儿童则容易出现过度恐惧和焦虑、过度依赖视觉记忆、对复杂的动作顺序记忆差、动作计划性差等表现。

练习触觉的方法有很多,多为不同方式的抚触、深压按摩和拍球等。如家长抚触儿童手臂,可以让儿童平躺,家长右手握住儿童右手手腕,用左手从手腕至肘关节按揉,并搓揉儿童小臂等。

(二)本体觉

本体觉是指肌肉、筋腱、关节等运动器官本身在不同状态运动或静止时产生的感觉,包括位置觉、运动觉和振动觉,主要表现为对躯体的空间位置、姿势、运动状态和运动方向的感觉,通过本体觉给我们的反馈,我们可以感觉自己全身各个关节的伸弯角度、方向,以及肌肉的松紧程度、力度,以了解自己目前的身体姿势与动作状态。本体觉的刺激来源于人体的肌肉、骨骼系统,可将本体感受器定义为肌肉骨骼系统中专门感受并传输机械性刺激信息的传入神经末梢。该传导通路还传导皮肤的精细触觉,如辨别两点距离和物体的纹理粗细程度等。本体觉对于儿童整体运动能力的提升和动作稳定性、计划性,肌张力水平,以及运动表象的发展都至关重要。

本体觉系统主要通过两种方式对躯体运动进行干预。一种是通过运动前期的预兴奋提高参与肌肉的力量,在做主动动作时产生。除了有信息送到肌肉,刺激肌肉收缩产生动作外,还会由大脑计划动作中心输出另一个复制的动作信息给大脑感觉中心,作为对比动作是否正确回馈的参考,这种内参考也是一种针对本体觉的神经元模式,人体有时依这些内参考("动作基模")为调整姿势和承受外部负荷做好准备,并组织动作。另一种是在运动的过程中通过肌梭和腱器官反馈调整肌肉的力量并协调不同肌肉之间的用力,解决躯体的稳定、稳定程度和在稳定与不稳定之间交替转换的问题。

孤独症儿童本体觉问题,首先表现为自我刺激行为多、本体觉刺激不足,如打头、撞头、甩手、拍手等;其次表现为明显的动作预感、动作计划有问题,如打羽毛球时不能预判球的落点,做操时初始动作启动很慢,动作连贯性差。

通常本体觉专项训练主要分为体感刺激和体感辨别,方式有主动和被动运动两种。训练方法有以下几种。

1. 振动训练

振动训练属于体感训练的一种,有研究表明,振动频率超过每秒 30 次时,体感刺激对运动功能的恢复最有效。孤独症儿童本体觉不足,不能很好地感受和控制身体,会产生自我刺激行为和不精准的动作。此时,他们可以被动地用手或专业拍打棒进行拍打,拍打的部位和方法需要专门学习,也可以趴在大笼球上做被动按摩,还可以在木地板上拍球、跳舞等。

2. 动态平衡训练

动态平衡训练一直是运动疗法中平衡及本体觉训练的重要方

法,平衡垫训练是典型代表之一。平衡垫是一个充气的圆形软垫,当练习者站立在平衡垫上时,由于支撑面的角度和状态在不断地改变,为了保持身体平衡,练习者必须不断地调整身体姿态和重心,以适应不稳定支撑面的无规律变化,从而不断地在不平衡和平衡之间摇摆。在这个过程中,下肢的各关节,尤其是膝关节和踝关节的肌力、本体觉等都能得到很好的锻炼,而关节稳定性、反应速度、灵活性会在长期的练习中得到增强。

3. 攀爬训练

平地的四脚爬行(俗称"熊爬")或双手、双脚并用攀爬垒木、绳梯、特制的攀岩墙都有助于孤独症儿童的体感辨别和肌张力提升。注意要在专业人员的指导下做专项训练。

(三)前庭觉

前庭主要感觉人体在运动中的速度变化。半规管感受到头部旋转时角速度的变化,椭圆囊、球囊感受重力和直线加速或减速的变化。前庭觉传达视、听、嗅、味等信息。前庭平衡的发展水平与孤独症儿童的认知、专注力等发展水平密切相关。存在前庭问题的孤独症儿童会表现为两种状况:一是感觉敏感,端物走或下楼梯时不稳、格外小心翼翼,身体不敢有大的位移;二是比较迟钝,前后晃动、旋转、蹦跳不停,很难安静。两种状况都存在观测距离不准、左右分辨不良、空间感和方向感不明等问题。

前庭觉功能的改善主要依靠躯体运动产生的加速度实现,包括旋转加速度和直线加速度等。前庭觉训练举例如下。

(1)旋转:全身或身体局部绕一相对固定的轴转动。

(2)滚动:身体在旋转的同时有水平位移的活动。

(3)摆荡:身体以一固定支撑点,绕矢状轴或冠状轴的摆动。

(4)起落与振动:身体的跃起和下落或身体的上下振动,如蹦床上的上下蹦跳、大笼球卧位上下震荡、弹跳球上原地蹦弹等。

(5)骤起急停:身体水平方向上产生加速度的活动,如起步立定、跑步中即停、折返跑、跳高、跳远、跳水等。

(6)反射性调正:当儿童身体突然受到外界影响,如儿童在平衡木上时突然叫他的名字或轻微拉拽他等,儿童本能地对失衡做出的调整反应。

前庭觉训练可以改善儿童的肢体协调能力,使他们的运动速度和稳定性都得到提高,使他们的中枢神经系统对运动的协调能力增强,这对提高儿童精细操作能力、视觉辨别能力、反应能力、运动协调能力均有明显作用。特别是由前庭信息及平衡感协调而成的前庭平衡能力会直接影响运动协调能力及语言能力的发展。段可欣 2016 年的研究表明,经过前庭觉训练,孤独症儿童在手眼协调能力、主动沟通能力、情绪控制能力与模仿能力等方面都得到了许多进步。赵卫芳 2013 年的研究表明,改善孤独症儿童的平衡能力会使他们的大小肌肉群得到完善和发展,并使其空间感知觉能力得到不同程度的提高。

除针对每种感觉进行的单项训练外,还要注意对孤独症儿童进行综合功能性训练,它主要涉及前庭觉和本体觉的合作。

本体觉与前庭觉的整合是运动的重要组成部分,当前庭觉侦测到重心的改变时,信息传到中枢神经系统,中枢神经做出动作的平衡反应决定,由运动神经传到相应的肌肉关节部位,做出平衡反应,而当动作发生后立即将关节角度、肌肉收缩的感觉经由本体觉的感觉神经通路回馈给大脑,大脑再做出修正动作的决定传给相应的肌肉、关节部位。因此,如果前庭觉和本体觉无法成熟地传导与互通信息,并在中枢进行整合,人便无法做出自如的功能性动作。

综合功能性训练依据人体筋膜链走向,强调对完整运动链上的关节和肌肉进行全面发展,使能量能够协调流畅地完成衔接、传递和整合过程,形成一个完整的发力通道,减少能量损耗,提高使用效率。首先是功能性动作模式的学习,使儿童认识自身关节结构与对应功能,例如,多轴关节(肩关节和髋关节)的外展、内收、内旋、外旋的功能。美国功能性训练专家马克提出人体动作模式为"推、拉",而身体功能表现大师桑塔纳(Santana)先生在前者的基础上提出"弓箭步、转体"动作模式,而美国春田学院致力于儿童动作发展的刘展教授提出动作模式的分类应是人们日常工作、学习或运动等动作表达的基础,提出"上举""弯身""下蹲"等动作模式;我国的周喆啸在总结前人思想的基础上提出要先练习以下 8 种动作模式:"推撑""提拉""旋转""翻滚""弯身""爬行""下蹲"和"摆动"。其次,再开始进行多关节、多平面,遵循人体筋膜链特点的练习。例如:跑、跳或滑步等,都是在多平面内完成,并且不仅是单侧肢体完成,而是双侧肢体或上下肢共同完成。再次学习基本动作技能,其内容为位移性动作、控制性动作和操作性动作,它们是进行运动项目技能学习的基础,如学习滚动、停步、屈体摆动、钻爬、攀登等。

总之,有针对性的动作训练可以建立和改善三大感觉功能,三大感觉功能的提升又有助于动作训练质量和效益的提升,两者相辅相成。具体以哪方面为主、为先,要视儿童的具体情况而定。

第二节 孤独症动作训练的理论与方法

孤独症儿童在动作发展过程中存在很多问题,以致其身心发展和康复的进程受到影响,需要长期的专业干预。

一、常用的理论与方法

（一）波巴斯疗法

波巴斯(Bobath)疗法是由英国物理治疗师伯塔·波巴斯(Berta Bobath)根据长期的临床经验创立的,并由卡雷尔·波巴斯(Karel Bobath)给予理论的补充。自 20 世纪 40 年代起,伯塔·波巴斯将她的方法应用在临床偏瘫患者运动功能的康复训练中并取得了较好的效果。自 20 世纪 70 年代起,伯塔·波巴斯开始著书教学,在世界各地成立波巴斯中心,使得波巴斯疗法广为流传。

波巴斯疗法主张在肌张力异常或腱反射亢进的情况下纠正姿势、学习正常的运动模式是不可能的,其治疗原则是让患儿被动地处于反射性抑制姿势以抑制异常的肌张力。

研究者发现,一些患者的运动功能障碍与大脑高级中枢对低级中枢失去控制、低级中枢原始反射失去抑制有关,表现为异常的张力、姿势、协调性、运动模式和功能行为等。他们主要的问题是运动控制障碍,肌张力异常也是运动控制障碍的表现,而不是简单的肌力问题。正常的运动模式是不可能建立在异常的运动模式的基础上的,只有抑制异常的运动模式,才有可能诱导正常的运动模式。因此,治疗的重点在于改变患者的异常姿势和异常运动模式。

孤独症儿童的动作训练借鉴该方法改善儿童的动作控制能力,并提升他们的肌张力,使他们更多地采用主动运动方式从事功能性活动,如改善儿童的行走姿势等。

(二) 神经平衡疗法

我国台湾资深物理治疗师叶仓甫老师在传统的波巴斯疗法的基础上创建的一套以脑瘫康复为主的适用于各类心智障碍者的康复方法,命名为神经平衡疗法。它以神经发育理论和学习理论为基础,强调康复中神经、肌肉和骨骼三者的密切关系;以感觉通路的建立、肌肉张力的形成、活动体能的增加和神经反射的发展为学习基础,引导患儿在良好的心理情绪下获得平衡发展。作为一种物理治疗方法,神经平衡疗法着重强调训练肌张力、前庭觉、动作控制的平衡以及对不适当动作模式的矫正。为了达到训练效果,该疗法需抑制高张肌肉、抑制与促进肌张力平衡、促进控制肌力活动、维持姿势稳定和实现动态重心转移。在波巴斯疗法的基础上,神经平衡疗法遵循儿童运动发育规律,促进运动发展,在抑制异常运动模式的同时,提出了进行正常运动模式诱导的思想,使患儿获得保持正常姿势的能力,促进他们左右对称的姿势和运动,诱发和强化目标运动模式,逐渐完成运动的协调性。

神经平衡疗法认为,人体的动作发展遵循着一定的顺序、方向、和阶段,发展顺序依次为头—颈—肩—躯干和手臂—骨盆和手—下肢,手指;发展方向为由头到脚,由近端到远端,由粗大动作到精细动作。神经平衡疗法将人体动作的发展分为头颈控制、躯干控制、上肢控制、骨盆控制和下肢控制5个阶段,发展各阶段的能力分为抗地心伸直控制、屈曲、侧弯和旋转4个步骤。例如,"直立站立—行走—高跪—向前跪走—交替半跪"时处于骨盆控制阶段。"半跪站立起—双脚跳—蹲姿—向前蹲走—向前蹲跳—单脚站—单脚跳"时处于下肢控制阶段。训练安排一定要循序渐进。

孤独症儿童经常出现肌张力异常的现象，表现为：臀肌与髂腰肌肌张力低，影响骨盆发展，常见为坐姿时陷入沙发里，或习惯性地跷二郎腿；股四头肌肌张力低，代偿的作用导致孤独症儿童腓肠肌与比目鱼肌肌张力过高，影响下肢发展，常见的动作为后脚跟抬起无法完成蹲姿，走路时膝盖抬不起来或向前弹腿。较多的孤独症儿童还会出现膝反张的现象，表现为双侧或单侧出现膝反张，且存在左右腿差异。

神经平衡疗法提出的处理原则是全面性抑制异常肌张力摆位，抑制高张力肌群，促进低张力肌群发育；减少引发不当情绪产生的刺激，增加障碍部位活动和控制机会，多样摆位以调节全身肌张力的分布。

矫治膝反张要注重骨盆和下肢近端肌肉的训练，训练包括：跪走、交替半跪、蹲走。已有相关研究证实，跪走、交替半跪、蹲走对运动功能的改善有良好的效果。叶仓甫、陈庆亮等人提出可利用高跪走训练下肢屈肌肌力来改善膝反张。

神经平衡疗法不应局限于肢体上的康复，而应强调促进情绪、自理能力、沟通能力等的全面发展，将儿童的康复成果回馈到其学习和生活中去，即全人的平衡发展；减轻孤独症儿童的残疾程度，提高他们的生活自理能力、工作能力及社会适应能力。

（三）动作—知觉发展阶段理论

美国学者凯伯早在20世纪五六十年代就提出动作的发展是概念学习的必要基础；动作和知觉发展，不同发展阶段的重点不同。他认为，知觉与动作息息相关，二者共同发展是概念学习的必要基础，输入—输出系统也是自成一体的活动，知觉活动与动作活动不是截然分开的，动作—知觉这个术语也必须是一个相连的名词，动作—知觉的发展是个体获得知觉作用与完成概念学习的前奏。通过研究动作—知觉关系，人们认为学习过程应划分为以下几个阶段。

1. 大肌肉动作阶段。儿童认识环境源于接收感官信息，感官信息的建立又必须依靠正确与灵活的动作,因此大肌肉动作以及各类肌肉的发展为产生某些特定的动作、提供有效的感觉打下了基础。如果儿童在早年缺乏控制肌肉的能力,则容易走不稳,无法把周围的事物转化成正确的运动感觉信息,阻碍运动的发展与知觉作用的产生。很多孤独症儿童在早期缺乏有效的大肌肉运动,只是一般性的站立、走、跳,缺乏爬、蹲、快跑、单脚站等多种姿势的体验和由此引发的感觉输入。

2. 动作－知觉阶段。这个时期的学习过程以动作探索为先导,经过动作的信息收集之后,将信息构成若干知觉印象。如在室内爬行、碰触四壁才能知觉意识墙壁、房子的材质、空间的大小等。很多孤独症儿童在此阶段出现了问题,导致动作体验不足,动作与知觉的联结缺乏,对事物的认识多是视觉形象,没有大小、软硬、轻重、空间关系等对应的触觉、本体觉的认识。

3. 知觉－动作阶段。这是知觉作用与动作学习的配合阶段,由认知信息来指挥动作,并以动作来验证,同时通过验证也稳定了知觉表象,这是认知发展过程中很重要的一个阶段。凯伯认为如果两者配合不当就会使个体生活在两个不同的世界里:一个是五感构成的世界,一个是个体自己产生反应的动作实践世界,势必使儿童产生知觉作用的障碍。很多孤独症儿童就在此阶段出现了问题,他们"看一眼、听一耳朵"就说,没有加工其他体验配合思考,答案往往很片面、零散。

4. 知觉阶段。此时期的学习已经发展到无须动作全部介入即可产生知觉表象的阶段,如无须用手去触摸就能把多种真实的三角形、正方形积木归类,这是知觉表象的作用。孤独症儿童对图像的分类多依靠视知觉而不是知觉表象,很容易出错,特别是实物和图片相差较大时,如可以识别实物和照片上的毛巾,但不一定能认出简笔画和图画书上的毛巾。

5. 知觉－概念阶段。

6. 概念阶段。

这一发展顺序十分明确。

达到第一阶段的学生就能够拥有一定的运动控制能力,能够坐稳听课、做操;达到第二阶段的学生能够做到"做一个动作数一个数",在课堂上表现为能够完成点数,在完成动作后说出动作名称;第三个阶段是知觉—动作阶段,在此阶段,学生能够做到"数一个数做一个动作",在课堂上表现为先叙述过程再操作,如简单叙述数学算法和实验程序等;第四个阶段是知觉阶段,学生能够做到"边数数边做出动作",在课堂上表现为学生能够做到边说步骤边进行实验;第五个阶段的学生做到在计时 1 分钟内数出自己做动作的个数,在课堂上能够做到标出自然段等;第六个阶段是概念阶段,学生能够做到在 3 分钟内为自己制订一份运动计划,在课堂上表现为能够做到如看算式编应用题、说作文提纲等。该理论再次明确了动作与学习的关系。

该理论明确了儿童早年的肌肉发展与动作反应是一切学习行为的开端,有了动作上的探索活动,儿童方得以了解自己与认识环境,动作是智慧发展的一大要素。该理论可适用于初步形成数概念的低、中年级特教班学生的动作教学、认知学习,与皮亚杰的认知发展阶段理论、自主交往阶段划分都不冲突,可以贯通使用,也可用于普通学校低年级资源教室教学。如某特教班孤独症儿童只有数前概念、认识常见物品名称,认知发展阶段处于前运算阶段,按照凯伯学习理论,其处于知觉—动作阶段,自主交往阶段中只达到动作参照水平,如此分析可以看出发展这名学生认知能力和交往能力的起点和阶段终点。

(四)肌筋膜理论

肌筋膜理论是近年来在物理康复领域比较常用的一种康复手段。这套理论首先是由著名手法治疗师艾达·罗尔夫(Ida Rolf)提出,然后由她的学生托马斯·迈尔斯(Thomas Myers)通过解剖手段来证实,而又不断被很多罗尔夫学派的学生在实践中验证。我们可以根据这套理论的特点来探索它在竞技体育、体育康复等多方面的应用。

肌筋膜理论对传统的解剖理念提出了挑战。传统的解剖理念认为,每一条肌肉都有特定的起止点。比如说,胸大肌起于锁骨内侧半、胸骨体和1~6肋软骨,以及腹直肌鞘前壁,而止于肱骨大结节。实际解剖中不是这样的,肌肉只有一部分起于或止于骨膜上,还有一部分是以筋膜的形式与相邻的特定肌肉相连的。比如胸大肌和腹直肌就会以筋膜的形式在腹直肌鞘前壁处相连。传统的解剖理念容易使对人体组织的认识分解化或条块化,忽视了它整体的功能。而肌筋膜理论则避免了这一点。

此外,该理论还有助于解释人体代偿功能。当我们左脚扭伤,走路的时候右脚就会更多地用力,来代替一部分左脚的功能,这种现象就叫作代偿。这是人体为了完成任务而"聪明"地选择替代路径的一种方式,它会让我们在特殊环境下完成必需的任务,但同时也会让我们人体的某些部分被过度使用,从而造成过度疲劳。酸痛、劳损、筋膜炎、骨赘等的产生就是代偿的结果。肌筋膜理论给出了20条筋膜链,就像地图一样,我们可以循着它指引的路径来找到引发代偿的原因,从而解决疼痛、劳损问题和避免不当代偿。它还有助于提高关节灵活性,如当腘绳肌非常紧张,而且做了各种腘绳肌拉伸却没有起到很好的拉伸效果时,我们进一步分析肌筋膜理论就会发现,腘绳肌属于身体"后表链"的一部分,"后表链"就像一整条肌肉一样,只需对其中的一部分进行松解,整条"链"都会伸展——只需要松解一下足底筋膜或者是枕后肌群,腘绳肌会"莫名其妙"地伸长,相应的,我们髋关节的灵活性也会大大提高。这个方法同样适用于其他的关节。该理论也与传统中医理论有相通之处,都十分强调经筋的作用,而经筋是包含软组织系统和神经系统在内的、能够完成人体运动功能的综合体。

肌筋膜理论还告诉我们,肌张力低、肥胖、经络不通都严重影响肌筋膜的系统功能,因此做康复运动至少要使孤独症患者保持合理体重、减脂、通经络,使运动成为孤独症患者终生的生活方式。

二、动作训练的内容与应注意的问题

(一)评估应注意的问题与内容

评估是动作训练必不可少的工作,科学的评估是运动训练的起点。在评估中应注意以下问题。

1. 选择较舒适的评估环境

孤独症儿童面对陌生的环境和评估师时,心理防御较强,情绪容易紧张,不容易配合做出评估动作。在选择评估环境时,尽量挑选安静、宽敞明亮、有安全措施、不受其他人干扰、不易出现磕碰的环境,在评估前可以引导儿童在评估环境中自由活动、熟悉环境,等患儿适应了环境,再尝试引导患儿进行评估。在孤独症儿童熟悉环境的过程中初步了解和记录其语言能力、行走姿态和兴趣点等。

2. 询问家长患儿在生活中的表现,保证其身体安全

在评估前评估师有必要询问家长通常的养育方式、患儿在日常生活中的表现、有没有原发的基础性疾病,如先天性心脏病、癫痫等,还要询问评估当天及其前后的饮食、睡眠、情绪状态等情况,以便能够更全面地了解患儿的情况、保证他们的身体安全。

3. 优先评估患儿的自然姿势

孤独症儿童第一次参与评估时,出于防御心理,对评估师下达的指令配合度较低,很难正确完成指令,因此影响评估效率。评估师可以在患儿自然姿势下对其出现的异常姿势进行记录,例如,其在走路过程中出现踮起脚尖、弹腿、膝盖抬不起来、外八字、双脚落地过重等现象,以及在坐姿姿势下双腿自然分开、膝盖外展,或展现"W"形坐姿等。

4. 在与患儿的互动中评估其动作现有能力

在评估过程中,尽量加强互动,通过小活动或小游戏激发患儿主动展现出自己真实的动作现有能力水平。如评估师在"小火车"活动中评估患儿跪走的现有能力,指导患儿在跪坐姿势下与教师在最高处拍手,引导患儿由跪坐姿转变为高跪姿,测试患儿由跪坐转换成高跪姿的能力,并评估他双手上举的动作现有能力,观察他拍手的情况,初步了解并记录儿童手眼协调和上肢运动控制的能力,通过患儿拍手的力度初步评估其的上肢本体觉情况等。

5. 按照评估工具要求和流程进行评估

现在普遍使用的动作评估工具有美国的皮博迪运动发育量表。

美国于 1975 年颁布的《残疾儿童教育法》中明确提出要为残疾人提供"个体化家庭服务计划"与"个别化教育计划"的服务,提供这些服务要有专门的评测工具,于是皮博迪运动发育量表(Peabody Developmental Motor Scales,PDMS)应运而生。该量表的第 2 版(PDMS-2)及其配套的训练方案在美国已得到普遍应用,在世界范围内也有着广泛的影响。PDMS-2 由 6 个亚测验组成,包括反射、姿势、移动、实物操作、抓握和视觉—运动整合等,共 249 项。测试结果最终以粗大运动、精细运动和总运动等的发育商来表示。作为一种专门的运动发育量表,其在评测项目的选择、方法的可操作性和易用性、评分标准的明晰性等方面都有独到的优点。该评估工具已被引进国内,应用时可根据孤独症儿童的运动现状观察并从中选择评量的项目起点,然后一项项地由专业人员测评。

此外,我国台湾叶仓甫老师依据神经平衡疗法也创编了一套评估方案,其后由重庆江津向阳儿童发展中心和原北京市海淀区培智中心等学校的老师们使用并推广。该方案需要由专业人员在培训后使用。

该方案能力评估分为四大部分,分别是在站姿、跪姿、蹲姿和爬姿下完成活动,四大部分的评估项目共 26 项。为了减少患儿变换动作的次数,从而减少患儿对评估动作的厌烦情绪、提高评估的效率,在评估时依次按照由站姿到跪姿到蹲姿再到爬姿的顺序进行评估。

特殊说明:

在评估之前,有两个项目需要进行前测,根据患儿完成情况对评估项目进行筛选,提高评估的效率,如果低阶评估项目不通过,则更高阶的评估项目不予评估。

第一项,评估患儿进行向前跪走 10 步,如果患儿向前跪走项目不通过,则只评估项目(1)(2)(9)(13)。

第二项,评估原地蹲姿 10 秒,如果患儿原地蹲姿项目不通过,则评估项目(1)至(18)。其中项目(15)至(18)如果患儿完成困难可以跳过。

在评估中,每一个评估项目都要有相应的评估标准,评估师必须熟练掌握每一个评估项目的标准,严格按照评估标准评估,各项评估标准如下(摘录)。

在站姿下完成的评估项目如下。

(1) 独立行走 10 步

该项目是较基础的衡量机体功能性活动的综合性指标,重点在于记录患儿在独立行走过程中表现出来的典型的独立行走姿态。常见的典型行走姿态有:单侧承重、甩腿、踮脚尖、不抬脚、外旋、内旋等。

(2) 稳定直立站立 20 秒

该项目是较基础的衡量全身稳定性的指标,在评估中要求患儿稳定直立站立达到 20 秒,并做到双腿并拢,双脚并齐,上身不摇晃,身体不向一侧倾斜,不挺肚子或者弯腰。其中任何一项没通过则记为不通过。

(3) 侧平举 10 秒

该项目要求儿童完成稳定侧平举达到 10 秒,在评估中要求做到手臂伸直,手指伸直,肘关节无肘反张,双臂处于水平高度,且呈一条直线,不摇晃。其中任何一项没通过记为不通过。

(4) 肩上举 10 秒

该项目要求患儿完成稳定肩上举达到 10 秒,在评估中要求做到手臂伸直,手指伸直,肘关节无肘反张,双手垂直向上,上臂贴紧耳朵,不摇晃。其中任何一项没通过记为不通过。

(5) 前平举 10 秒

该项目要求患儿完成稳定前平举达到 10 秒,在评估中要求做到手臂伸直,手指伸直,肘关节无肘反张,双臂处于水平高度,且双臂平行,不摇晃。其中任何一项没通过记为不通过。

(6) 独立原地单脚跳,左右腿各 5 次

该项目是评估动态高阶伸直、弯曲控制能力,以及协同配合能力,强调动态单侧支撑。要求患儿在原地稳定完成单脚跳左右腿各 5 次,且连续完成单脚跳动作。其中任何一项没通过记为不通过。

在跪姿下完成的评估项目如下。

(7) 独立高跪姿 10 秒

该项目是评估儿童背—臀—腿（骨盆）伸直、支撑能力及小腿—膝—踝弯曲控制能力的基本指标。要求患儿独立完成稳定高跪姿 10 秒，且做到双腿并拢，上身挺直。其中任何一项没通过记为不通过。

(8) 前进跪走

该项目是评估动态的骨盆伸直、弯曲协同控制能力（伸直能力的作用大于弯曲能力）。

在准备动作中，患儿要做到稳定高跪姿，双腿并拢，身体挺直；当患儿完成前进跪走项目时，必须做到膝盖抬起向前跪走，并完成 10 步，切忌双腿膝盖蹭着垫子移动；跪走时不能出现用脚掌撑地或双腿弹脚的动作；跪走时身体不能摇晃或前倾，不能出现双手撑地的动作。其中任何一项没通过记为不通过。

(9) 倒退跪走

患儿在准备动作中同样保持高跪姿。该项目要求患儿在倒退跪走时，稳定完成 10 步，不能出现脚掌着地、弹脚的动作，不能出现身体左右扭动并向后看的动作，身体保持直立。其中任何一项没通过记为不通过。

(10) 独立完成交替半跪，左右腿各 10 次

该项目是评估高级的骨盆伸直弯曲协同控制能力。患儿在准备动作中，做到稳定高跪姿；在完成交替半跪动作时保持上身稳定直立，双手不撑地；出腿时上身不摇晃，出腿不外撇，脚尖向前，脚踝、膝盖与骨盆处呈直角，并且做到脚不蹭地；收腿时上身不摇晃，腿不外撇。稳定完成 10 次。其中任何一项没通过记为不通过。

(11) 独立完成交替半跪举手，左右腿各 10 次

该项目是评估肢体动作协调性。儿童在完成交替半跪动作的同时，完成异侧手上举，做到手臂伸直，紧贴耳朵，并做到手臂与腿同时做出动作。稳定完成 10 次。其中任何一项没通过记为不通过。

(12) 独立完成半跪站立起，左右腿各 1 次

该项目是评估在站起时的初阶的下肢伸直能力和在跪下时的较高阶弯曲控制能力。

在准备动作中(以左脚在前为例),该项目要求患儿能够做到稳定的半跪姿,要求上身不摇晃,左脚脚尖向前,骨盆、膝盖和脚踝均呈直角。在站起时要求做到双手不撑地与膝盖,左脚蹬地起立后,右脚顺势向左脚靠拢,并做到双腿并拢、双脚并齐。起立后身体不摇晃。

在跪姿下完成的评估项目如下。

(13)独立蹲姿10秒

该项目是评估在静态时下肢弯曲控制的高阶能力。患儿在蹲下后做到双腿并拢,双脚并齐,双手抱住膝盖,后脚跟不抬起来。稳定完成蹲姿10秒。其中任何一项没通过记为不通过。

(14)向前蹲走5步

该项目是评估动态下肢弯曲控制与重心转移的高阶能力。

该项目要求患儿在准备动作中,保持稳定蹲姿,双腿适当分开,双手扶住膝盖。在完成蹲走动作时(以先出左脚为例),双手扶住膝盖;右脚撑地,左脚全脚掌离开地面,向前蹲走,落地时全脚掌着地,左右脚交替进行,完成5步;臀部不抬起来。其中任何一项没通过记为不通过。

(15)向后蹲走5步。

该项目要求患儿在准备动作中,保持稳定蹲姿,双腿适当分开,双手扶住膝盖。在完成蹲走动作时(以先出左脚为例),双手扶住膝盖;右脚撑地,左脚全脚掌离开地面,向后蹲走,落地时全脚掌着地,左右脚交替进行,完成5步;臀部不抬起来。其中任何一项没通过记为不通过。

(16)向前蹲跳5步。

该项目是评估动态下肢弯曲控制的高阶能力,以及伸直膝踝关节的能力。

在爬姿下完成的评估项目如下。

(17)三点爬姿10秒(可参见附录一)

该项目要求出腿不摇晃坚持10秒。其中任何一项没通过记为不通过。

(18) 四点爬姿 10 秒

该项目要求出腿、出脚不摇晃坚持 10 秒。其中任何一项没通过记为不通过。

6. 在评估过程中，尽可能少给予辅助，并及时记录辅助级别

在评估过程中，第一，评估师应根据患儿现有水平，先对他们发出语言指令，指导他们一步一步完成动作，如患儿不能听懂指令，指导患儿模仿评估师完成动作；第二，评估师先指导患儿独立完成动作，如患儿无法独立完成，评估师适当给予辅助以帮助他们完成动作。

7. 数值是判断异常肌张力高低的重要标准

在对患儿进行异常肌张力检查时，评估师需要动作熟练，并及时记录数据，如患儿平躺时按住膝盖提起脚尖后，脚后跟离地超过 2 厘米，则该侧膝盖出现膝反张现象。

8. 定时进行跟进评估

评估师应该对患儿进行阶段性的评估，将新的评估结果与上一次评估结果进行对比，直观地发现患儿哪些现有动作能力取得了进步，有哪些没有达到预期的效果，哪些甚至有了退步，及时发现问题，调整训练计划。

(二) 训练内容与应注意的问题

1. 按照评估结果制订相应的训练内容

根据动作现有能力阶段，选择符合该阶段的训练项目，根据患儿异常肌张力分布状态，优先选择训练患儿伸直和弯曲的能力，根据患儿迟钝或敏感的感知觉状态，为患儿设计相应的活动。根据动作的现有能力评估结果，可以判断患儿的动作发展阶段，根据患儿所处的发展阶段，可以对该阶段未达成的项目做补足。

动作发展分为以下三个阶段。

(1) 骨盆阶段：动作现有能力处于"直立站立—行走—高跪—向前跪走—交替半跪"之间，则动作现有能力处于骨盆发展阶段。

(2) 下肢阶段：动作现有能力处于"半跪站立起—双脚跳—蹲姿—向前蹲走—向前蹲跳—单脚站—单脚跳"之间，则动作现有能力处于下肢发展阶段。

判断动作现有能力进入下肢阶段的标准为：患儿能够按照标准完成半跪站立起项目，以及向前蹲走项目。

（3）上肢阶段：当存在以下现象时，动作发展阶段处于上肢阶段。

①前平举，侧平举，肩上举，任意一项不通过。

②患儿出现明显脊突。

③上肢出现明显的不当行为，如扣、甩、搓、拍等动作。

此外，根据异常肌张力情况，判断在训练计划中选择着重进行伸直练习还是弯曲练习，可选择相应的基础训练动作。

若存在髂腰肌肌张力低的现象，则选择增强髂腰肌弯曲能力的训练项目，如：仰卧起坐与仰卧缩腿项目。

若存在臀肌肌张力低的现象，则选择增强臀肌伸直能力的训练项目，如：跪坐跪起项目。

若存在股四头肌肌张力低的现象，则选择增强股四头肌伸直能力的训练项目，如：站立抬腿与蹲起项目。

若存在比目鱼肌与腓肠肌肌张力过高的现象，则选择降低比目鱼肌与腓肠肌肌张力的训练项目，如原地蹲姿，辅助蹲姿以及关节挤压项目，且在日常活动中减少跳跃、快速奔跑的活动，避免比目鱼肌与腓肠肌肌张力继续升高，影响下肢发展，出现用前脚掌走路等现象。

确定训练项目时还要考虑儿童的感知觉状态。如果患儿出现原始触觉过于敏感的现象，则会导致患儿情绪波动较大，表现为易怒、激动，经常出现极端情绪，此状态下则对患儿进行抚触脱敏训练；如果患儿本体觉差，患儿会出现过多的自我刺激行为，针对这一现象，则对患儿进行深部按压等训练项目，刺激深层本体觉。

2. 训练过程中强调训练标准

孤独症儿童在生活中缺少正确的活动指导，并且经常存在关节处本体觉较迟钝的现象，很难正确调整关节弯曲的角度，调节肢体摆放的位置，因此会导致患儿经常出现动作不协调的现象，甚至为了完成动作产生过多的代偿动作，如走路时不会抬起膝盖来走路，而是用前脚掌着地行走，对股四头肌的能力进行代偿，导致异常走路姿势。

基础训练动作的标准如下。

（1）关节挤压

第一步，教师指导学生跪坐在垫子上，学生趴下，双臂前臂撑在垫子上，要求学生臀部不能抬起。教师跪坐在学生后侧，用双手叩击学生肩胛骨30次。

第二步，教师指导学生跪坐在垫子上，学生趴下，双臂直臂撑在垫子上，要求学生臀部不能抬起。教师跪坐在学生后侧，用双手叩击学生肩膀30次（见图5.1）。

图5.1　关节挤压第二步

第三步，教师指导学生高跪姿，双手侧平举，教师用双手叩击学生髋关节30次。

第四步，教师指导学生双脚并拢，蹲在垫子上，双手抱住小腿。教师跪在学生身后，双手从学生腋下伸出，扶住学生双侧膝盖，身体尝试向前倾，缓慢对学生进行团身挤压，增强学生对髋关节、膝盖、踝关节的感知，同时放松比目鱼肌与腓肠肌，力度由轻到重，及时了解学生状态（见图5.2）。

图5.2　关节挤压第四步

(2)抚触按摩

教师或学生对学生躯干进行由远及近、力度适中的抚触按摩。

(3)仰卧起坐

学生双手交叉抱头,平躺在垫子上,双腿膝盖弯曲,教师面向学生坐在学生双脚处,教师用双腿膝盖轻轻夹住学生的膝盖,使膝盖并拢,下肢固定。教师用双手中指勾住学生的手肘窝,辅助学生完成仰卧起坐动作,躯干活动范围为45°到90°即可。在训练过程中,教师需调整左右手的力度,控制学生髂腰肌的发力方向,使学生向正前方发力。教师应只控制学生发力方向,尽量不帮助学生发力,如果学生实在无法完成,则教师可用中指轻轻发力,点动学生手肘,辅助学生成功完成仰卧起坐项目。

(4)仰卧缩腿

教师指导学生平躺在垫子上,双腿并拢、双脚并齐,完成仰卧缩腿动作时,双腿并拢,迅速抬起,尽量贴紧腹部,双腿下落时力度轻且速度慢(见图5.3)。

图5.3 仰卧缩腿

(5)楔形垫俯卧撑

教师指导学生双腿架在楔形垫上,躯干向前趴,双手撑地,双臂伸直,双手指尖向前使髋关节略高于楔形垫,双腿膝盖与脚踝弯曲。教师用腹部压住学生脚掌,将下肢固定住,双手握住学生的手肘。教师辅助学生双臂弯曲和伸直,当学生双臂弯曲时,教师双手大拇指向外顶,当学生双臂伸直时,教师双手向内推,控制学生双臂稳定,缓慢地完成弯曲和伸直动作。

(6) 交替半跪

教师指导学生高跪姿跪坐在垫子上,当教师数出口令"1"时,学生右腿支撑,左腿向前出腿,髋关节、膝盖与脚踝呈直角,要求上肢不摇晃。如果学生出腿角度不正确,教师可在学生出腿的同时发力,辅助学生将脚放在正确的位置上,通过不断强化,指导学生将脚放在正确的位置上。

(7) 站立抬腿

教师指导学生在 TB 架前,立正站好,双手扶住 TB 架,左腿向前抬,踩在 TB 架上,膝盖高度略高于髋关节。教师右手扶住学生右侧支撑腿,左手扶住学生左脚,辅助学生向前出腿。

(8) 蹲起

教师指导学生立正站好,双腿分开与肩同宽,脚尖向前,双手握拳前平举,完成蹲起动作时膝盖向前,后背挺直不弯腰,双手伸直。

(9) 马步半蹲

教师指导学生腰板挺直,距离墙 10~15 厘米站好后身体靠墙、缓慢屈腿下蹲,半蹲程度视学生情况而定,最好膝盖弯曲达 90°,要注意循序渐进。手臂先置于身体两侧,蹲稳后可前伸。

(10) 交替半跪举手

要求学生出异侧手,且手脚同时协调发力。

(11) 半跪站立起

要求学生半跪姿跪在垫子上,教师喊出口令"1"时,学生左脚蹬地变成站姿,双脚并拢,教师喊出口令"收"时,学生右腿撤回还原准备姿势。

(12) 上下小椅子

要求学生同侧腿上下,双腿出腿和收腿时向前、向后发力(见图 5.4)。

图5.4 上下小椅子

（13）跪走

教师指导学生高跪姿跪在垫子上，学生膝盖抬起，向前完成跪走，要求躯干不前倾。

（14）蹲走

教师指导学生蹲在垫子上，双脚分开一定距离，双手扶住膝盖，向前走时腿不向外拐，脚全部抬起来走路，重心小幅度移动而非大幅度扭转。

以上训练一定要严格按照标准进行，在专业治疗师的帮助下完成，脱离标准的训练动作可能会练出不当姿势，起不到相应的效果。

3. 粗大动作训练是精细动作训练的基础

精细动作的发展需要先发展粗大动作，打好基础。动作的发展顺序为由上到下，由中心向两端。当肩、上臂、前臂、手掌、手指依次发展之后，精细动作才可以取得发展。例如，在黑板上画出一条笔直的横线，只靠手的力量是无法完成的，必须由肩部带动上臂、前臂、手腕，以及手指协同配合才能成功。因此，想要训练精细动作，不应先练习手指的能力，而应先对肩膀进行训练。

4. 训练中要时刻观察学生的情绪，尽量增加训练的趣味性

动作训练希望能够让学生做到平衡自身的肌张力水平，去除过于敏感的原始触觉，增强本体觉，减少自我刺激，从而一定程度上调节学生的情绪。因此，在进行动作训练时需要关注学生的情绪状态，如果教

师强制学生进行训练,不仅会让学生产生更焦躁的不良情绪,还会导致学生出现异常的肌张力和错误的代偿动作,影响动作发展。

在动作训练中,教师可以将训练设计成一些活动,尽可能减少训练的痕迹。如在摆位训练中,教师可以指导学生倒坐在楔形垫上,与学生进行手指操等活动,使学生在此活动中无形地进行身体的抗地心训练和下肢的弯曲训练,如学生在"小火车"的活动中,完成了向前以及向后跪走的训练。

5. 动作训练与感知觉训练、共同关注和相互参照训练有机结合

动作训练不仅训练学生的身体,还希望能够通过训练使学生提升自身的稳定性,加强注意力,改善不良姿势,从而将动作训练的效果回归到生活与课堂中。因此,在动作训练中不可避免地要有相应的感知觉、共同关注或参照能力训练。如听口令完成听动训练,看手势完成视动训练,根据教师数口令的速度调整自己做动作的速度等。

三、教学策略

(一)适当使用奖励、鼓励手段

在动作训练开始时,孤独症儿童可能因受先前运动模式的影响而出现排斥情绪,这时可以适当使用搂抱、鼓励的手势,以及少量的食物作为奖励,但要注意间歇使用,避免儿童产生依赖。真正的坚持来源于动作训练后患儿产生的感觉变化,即身体越来越轻松、舒服了,他们就会坚持。

(二)部分时间段使用视觉辅助

视觉辅助是指教师充分运用图片、文字、工作计划等视觉媒介,提供有关活动、技能的视觉信息,在动作训练开始和难度加大时可采用,使孤独症儿童从中了解到自己该做什么与该怎样做。研究者通过使用视觉辅助促进了孤独症儿童粗大运动的发展(Breslin and Rudisill,2011)。

(三)任务分析

任务分析是指把一个复杂的行为技能分成若干部分,使学习者

可以按照步骤学习,直到掌握整个技能。如"原地单手肩上投篮"这一动作技能,可以分解成:①举球至肩的高度;②手臂向前上方伸直;③扣腕中指拨球;④全身协调用力;⑤瞄准投球。任务分析可以结合视觉辅助策略一起使用,将分解的动作步骤制成卡片,使学生更容易理解每个动作步骤。

(四) 及时示范

示范除了有把完成某一行为活动所需要的各种反应技能整合成完整的行为模式信息传递给儿童的主要作用外,还有一个特别重要的作用是形成持续进行的视觉提示,即当孤独症儿童动作变形或要终止时,教师或家长再及时示范,这样又有了模仿的样板,儿童就会继续跟着做。

示范既可以以真人的形式实地开展,也可以以录像的形式进行。教授连贯动作和激励孤独症儿童学习时可使用视频示范,将动作录制成视频,使孤独症儿童观看并跟随学习。

(五) 平行谈话

平行谈话指教师或家长将患儿的动作用语言表达出来,如小明正在踢球,教师说"小明正在踢球"。平行谈话有助于儿童将特定的技能和与之对应的有意义语言建立联系,如空间概念(里面、外面、上面、下面等)和运动技能(跑、拉、踢、击打等),同时将正在完成的动作词贴在活动场所相应的位置,有助于儿童语言理解和表达。此外,还可以将鼓励性语言嵌入整个活动中。

思考题:

1. 孤独症儿童动作学习的意义有哪些?
2. 孤独症儿童动作特点有哪些?
3. 孤独症儿童动作评估的内容有哪些?
4. 孤独症儿童动作训练的内容有哪些?

本章主要参考文献：

1. 陈庆亮，王小燕，曾丽云，等."平衡"性疗育改善痉挛型脑瘫患儿粗大运动功能的效果[J]. 中国康复医学杂志，2010(4).
2. 段可欣. 前庭觉训练在孤独症儿童康复中的运用与实践[J]. 才智，2016(17).
3. 郝军. 筋病理论探析[J]. 中医正骨，2013(1).
4. 江沁，刘鹏，王楚怀，等. 功能性肌力训练在痉挛型脑瘫儿童中的应用[J]. 中国康复医学杂志，2006，21(10).
5. 黎涌明，于洪军，资薇，等. 论核心力量及其在竞技体育中的训练——起源·问题·发展[J]. 体育科学，2008(04).
6. 李斐，颜崇淮，沈晓明. 早期精细动作技能发育促进脑认知发展的研究进展[J]. 中华医学杂志，2005，85(30).
7. 李新剑，仇爱珍，金鑫，等. 高频重复经颅磁模式刺激Broca区联合康复训练对孤独症谱系障碍患儿的治疗作用[J]. 中国医药导报，2016，13(18).
8. 李志锋. 脑瘫患儿高跪走、交替半跪和蹲走动作训练效用的下肢表面肌电分析[D]. 天津：天津体育学院，2014.
9. 生辉. 知觉—动作训练改善自闭症学生课堂参与行为的干预研究[D]. 重庆：重庆师范大学，2018.
10. 托马斯·梅耶斯，解剖列车——徒手与动作治疗的肌筋膜经线[M]. 关玲，周维金，瓮长水，译. 北京：军事医学科学出版社，2016.
11. 吴升扣，姜桂萍，张首文，等. 3～6岁幼儿静态平衡能力特征及粗大动作发展水平研究[J]. 中国运动医学杂志，2014，33(7).
12. 熊利平，杜明霞. 神经平衡疗法应用于重度徐动型脑瘫儿童粗大动作康复训练个案研究[J]. 绥化学院学报，2018，38(1).
13. 颜富雄. 经筋系统——人体十二条运动力线的探讨与临床应用[D]. 济南：山东中医药大学，2016.
14. 杨萍. 3～5岁自闭症儿童教育干预的个案研究[D]. 武汉：华中师范大学，2010.
15. 叶浩生. 具身认知：认知心理学的新取向[J]. 心理科学进展，2010，18(5).
16. 赵卫芳. 孤独症儿童"前庭失调"现象的透视[J]. 成才之路，2013(28).

17. 邹佩. 特殊教育学校精细动作技能训练校本课程的开发[D]. 上海：华东师范大学，2014.

18. BRESLIN C M, RUDISILL M E. The effect of visual supports on performance of the TGMD-2 for children with autism spectrum disorder [J]. Adapted physical activity quarterly, 2011, 28(4).

19. PENNUCCI J C. A study of the sensory-motor processes underlying the functional integration of the two sides of the body in children[D]. Los Angeles: University of Southern California, 1965.

20. WESTENDROP M, HARTMAN E, HOUWEN S, et al. The relationship between gross motor skills and academic achievement in children with learning disabilities[J]. Research in developmental disabilities, 2011, 32(6).

21. YAN J H, THOMAS J R, DOWNING J H. Locomotion improves children's spatial search: a meta-analytic review[J]. Perceptual and motor skills, 1998, 87(1).

第六章
孤独症儿童的语言训练

重点内容：

语言能力发展

语言问题的表现

语言训练的策略与方法

第一节 语言能力发展概述

语言作为一种交流工具,语言能力好坏直接影响着人的社会化。语言又是极具个性化特征的工具,其功能发挥与使用者的思维能力紧密相关。孤独症儿童的语言训练有别于智力障碍儿童和脑瘫儿童。

一、语言能力的发展机制

语言能力涉及方方面面,既包括语言理解,也包括语言表达。表达方式又多种多样,有内部和外部,书面和口头等多种分类方法,因此本章仅以语言的有目的口语表达(即言语,俗称说话)为重点,阐述相关理论与方法。

有关人的说话行为的产生机制尚有争议,一般认为是人的脑部负责语言加工的区域受到刺激后引发一连串感觉—运动神经冲动,配合个体内部已有的语言符号处理能力而产生说话行为,涉及大脑的额叶、顶叶、颞叶和小脑,基底运动神经元在说话中起的作用很大。尼特赛尔(Netsell)和沙伊贝尔(Scheibel)等多位学者指出,言语活动是"有弹性"的身体动作(特别是来自唇、舌、下颚、喉、声带、胸腔、气管等器官的)在听觉反馈作用下发出的声波,这种声波是可调控的,也就是说,言语也是可调控的身体动作活动的结果。结合第一、二、五章的分析可知,孤独症人士最难做到的也是调控,从动作调控、语言和思维调控到情绪调控,样样都是培养的重点,也是难点。

当一个6个月以上的婴儿开始咿呀学语时,其大脑皮层和皮层下神经网络已基本发育起来,其口腔及声带以上部位的运动能力也基本成熟且具有良好的弹性,通过6个月以上的积累,其听觉敏感度也日益增加,这些方面都具备之后,婴儿就会开始咿咿呀呀。而不少研究报告指出,一些60岁以上的病弱老年人的呼吸系统部分肌肉(胸肌、横膈肌、腹肌)会逐渐变得僵硬,声带纤维化、喉头软骨骨化，他们的说话声音会变弱、变得含混不清。说话能力受到大脑功能的影响，与肌肉运动能力也是密不可分的。

2015年，埃莉斯（Elise）等人通过对21名有语言延迟和18名没有语言延迟的共39名孤独症人士的测试发现：简单和复杂动作的慢动作与早期语言技能有密切关联，动作慢的人语言技能差，具有语音发起延迟的孤独症人士比其他人在完成单手动作运动任务时更慢，但他们在运动中的视觉处理速度却明显快于一般发展障碍人士。专家认为，手部动作在移动过程中动态地引入视觉信息困难，大脑内部处理感官信息异常，可能会限制该动作的执行速度，以保持其精度。该研究提示我们，引入视觉信息多，可能会动作慢，而动作慢的人语音发起也会延迟。对孤独症儿童应多采用视觉加工，视觉信息传入多而身体动作、手部动作感觉不足就会影响他们早期的语言技能，发展说话能力的前提是发展动作能力。

二、语言能力发展的两个重要因素

除了丰富的环境刺激因素以外，在语言器官功能正常的前提下，语言能力发展还必须依托下面两个重要的因素。

（一）本体觉

本书第二章明确指出，直观动作思维发展离不开本体觉，第五章阐述了本体觉对动作发展的重要性，而说话能力同样与本体觉息息相关。

本体觉是身体肌肉、筋腱、关节运动变化而产生的感觉，本体觉的感受器就在肌肉、筋膜、关节囊中，如果我们仔细咀嚼食物，我们会感觉到舌头的各种运动。我们说话的器官有的是肌肉组织，有的是软骨组织，其中也有丰富的本体觉感受器，感受舌头的位置、气流冲出的力度、声带的振动等，这些感受活动是语言活动必需的。如果感受不到或感受过弱、过强，都会影响语言器官运动功能的正常工作。

我们能说话不仅与唇、舌、颚等器官的本体觉有关，与颈后肌群的本体觉也有关系，因为其肌筋膜系统是相互连接的。人体颈椎的外源性稳定主要由颈部肌肉进行调控,是颈部运动的原始动力。机体在正常情况下,头与躯干的相对位置是通过颈部肌肉中的肌梭与关节感受器的本体觉传入维持的,颈部肌肉痉挛或僵硬、小关节退变,就会影响正常的本体觉传入,使头颅的空间位置改变,使中枢神经系统接受错误的前庭分析信号,进而影响空间知觉的发展。颈部运动与本体觉、前庭觉、语言和思维的发展都相关。有些儿童从小不注意保护颈椎,长时间低头或吹空调等导致颈椎受寒,颈后肌群就会慢慢僵直、不柔软;有些儿童则从小全身肌张力低、颈后肌群松弛,这些都会透过茎突舌肌影响舌位的灵活变化,从而影响发音。我们从中医论著中也能找到相关佐证,《灵枢·经筋》写道:"经筋之病,寒则反折筋急,热则筋弛纵不放,阴痿不用。阳急则反折,阴急则俯不伸。"要做到发音清楚,就要保证相关肌肉和筋膜组织柔软、有弹性、无结节,这样才能有正常的前庭觉、本体觉传导。

本体觉与视觉、前庭觉之间有联系、分工,发展语言能力不能仅依仗某一方面。有研究发现,正常人维持静态姿势稳定时依赖本体觉,单侧前庭功能低下患者维持静态姿势稳定时依赖视觉,而孤独症患者也多依靠视觉维持下肢单脚站立的姿势,若蒙上眼睛则不敢做此动作,没有灯光的情况下不敢下楼梯,说明他们亟待提升本体觉、前庭觉,进行舒筋运动、变体位运动和按摩都会起作用(吴媛媛等,2008)。还有学者特别提出,背向走项目比较适合发展本体觉和前庭觉,在背向走期间,视觉线索不能提供必要的地面条件的视觉信息,运动模式是非常规的,于是人会不得不重新组合和适应那些来自视觉、皮肤和本体觉、前庭觉的变化信息,然后强化动作控制以保持动态平衡。

(二)表象

表象通常指事物不在面前时,人们在头脑中出现的事物的形象,既具有直观性,又具有概括性,是思维发展的关键因素。同时,混淆表象激活常为错误记忆产生的关键,人们虽然使用表象的信息表征方式,却无法获取与之联系的激活路径,容易混淆表象激活的来源。有人认为,表象激活混淆是表象引发错误记忆的机制,因为表象中的形象通常没有真实形象那么逼真,经常是模糊的、概括的,因此引发混淆也是难免的。但一些在普通小学上学的孤独症儿童很少出现视错觉、听错觉,画出的东西往往和真实的一模一样,弹琴的音准很好,反映出其表象逼真、概括性不足的特点。他们解答数学应用题(用示意图表示)、图形平面立体变换题和语文句子排序题(需要语句中的场景形象化)都很困难,而数学计算题却掌握较好。另一些孤独症儿童直观动作思维能力很弱,没有或很少加工表象,很难参与独立画画、弹琴等活动,很难学会普通小学二年级以上的知识,因此,发展表象对孤独症儿童思维发展和语言能力提升都至关重要。

即使孤独症儿童有表象,其表象偏好与普通儿童也有不同,吉斯特(Geest)和凯默(Kemner)等人在2003年比较了16个高功能孤独症儿童和14个正常儿童,孤独症儿童的平均年龄为10.6岁(标准差为2.1),正常儿童的平均年龄为9.9岁(标准差为1.5),使用红外角膜反射技术测量和眼动扫描路径来研究他们对人物特征的图片映象后发现,孤独症儿童对中性对象(树木、长椅)显现出偏好,正常对照组儿童对社会对象(人类)显现出偏好。因此还要特别注意为孤独症儿童提供人际交流的场景,提升他们对人的关注力。

表象也是头脑中事物的一种呈现方式,人的头脑中的事物呈现方式有视觉的、听觉的、动觉的等,与语言能力关系密切的是空间表象、听觉表征。任何表象都有一定的概括性,都是从具体形象思维过渡到抽象思维的中间环节,空间表象也不例外,它是头脑中关于几何形体和空间关系的形象。只有有了空间关系的形象知识,人们才能建立对你、我、他之间关系的认知,因而它也影响人称代词的学习。孤独症儿童普遍掌握人称代词困难与此有关。

听觉表征是头脑的声音(语音)符号的表征形式,按照加里培林的智力技能形成阶段理论,儿童要从以借助实物、模型或图表等为支持进行智力活动的阶段发展到有声的外部言语阶段,即不直接依赖实物而借助有声言语进行智力活动的阶段,此后是借助内部言语进行智力活动的阶段。因此智力技能的形成离不开声音表征,语音的快速表征、识别意识和连续加工意识都制约着语言能力的发展。

第二节　语言训练的策略与方法

本书第二章第二节提到了语言与思维发展密不可分,语言理解能力也是思维能力的一种表现形式,在听力和发音器官发育基本正常的情况下,思维发展了,语言理解能力就提高了,而语言表达能力不仅与思维能力有关,还与感知运动关系密切,因此,不同层面的语言问题的训练策略与方法不同。舌、唇、颚、鼻腔、声带的功能都与发音有关。

一、发音训练

在没有听力障碍的前提下,一少部分孤独症儿童不能发出语音,这种情况甚至持续终生;一部分孤独症儿童能发出语音但长时间都处于含混不清状态,熟悉的人有时能知道他在说什么,不熟悉的人听不懂;还有一部分孤独症儿童发音清晰但语调没有变化。我们的发音训练主要针对前两种状况的患儿。孤独症儿童发音训练与脑瘫儿童既有不同又有相同之处,一些发音评估和口唇训练方法可以相互借鉴,感知运动干预方式会有不同,如孤独症儿童可以自主利用背向行走、"小燕飞"或拱桥式腰部练习发展相关器官肌肉功能,脑瘫儿童则不适合,此外,配合语言理解能力的训练也会有差异。

利伯曼(Liberman)等人1985年提出了言语动作理论,认为在镜像神经元系统和本体觉正常的情况下,在听别人说话时,听者会出现模仿别人舌肌运动的神经电活动,这种模仿可以帮助他明白别人的语言发音。法迪加(Fadiga)在2002年做了进一步实验研究:人在听真词、假词、双调音时,检查舌头动作诱发的电位变化发现,听到有意义的音时,舌肌动作诱发的电位值最高。在听觉正常、颞叶反应正常的前提下,人能自己感受到语音,并做好一定的发音准备。发出正确的语音需要大脑运动性语言中枢的参与,当脑部负责语言加工的区域受到刺激,会引发一连串感觉－运动神经冲动活动,配合个体内部已有的语言符号处理能力而产生说话行为,该活动涉及顶额镜像系统,虽然研究表明,孤独症患者这部分镜像神经系统的皮层厚度低于普通人,但镜像神经系统具有可塑性,可以靠运动改善。

(一)初始发音问题

一部分3岁以上,甚至6岁以上的孤独症儿童能理解一些常见指令却发不出明确的语音,经检查,他们的听觉和动作模仿能力基本没有问题,但颈后部和面颊肌肉的肌张力低,腹部肌肉肌张力也低,特别是伴随吞咽困难,舌肌屈伸不灵活且无力等状况。因此,他们严重挑食,主要是不喜欢咀嚼纤维性高的蔬菜等食物,咀嚼干果也有困难。我们解决这部分患儿的初始发音问题主要入手点是先解决他们上肢和躯体的粗大肌肉的肌张力低的问题,然后再进行舌肌、颈后肌群的综合训练、咀嚼训练,最后通过诱发身体感受(痒、痛、憋)使其自发发音,而不是通过无数次一对一地用手或工具控制发音器官摆位练习发音。

要解决上肢和躯体粗大肌肉的肌张力低和肌肉运动控制的问题,首先要明确肌张力的分级调控及影响因素。一般有此问题的患儿在出生后肌张力持续偏低,大脑没有对正常肌张力(肌肉的微紧张状态)形成固定的反应模式,肌肉也缺少紧张状态的刺激,此时可通过加大相关肌群的扭力、压力等抗阻动作训练促发大脑自主调控肌张力的功能恢复。与此同时,上肢肌张力调节通过内耳中的卵圆窗实现,因此位置变化的前庭刺激动作训练也必不可少。

患儿的肌张力低还与身体微量元素的代谢,特别是钙、镁离子的消化吸收有一定关系,钙、镁离子在奶类、豆类、鸡蛋、海产品中含量高,可去医院抽血化验是不是对这类食品过敏,有过敏反应就不能很好地消化吸收这些物质。人体缺少这种物质但又不能通过食补吸收,因此要先戒断一定时间,再少量添加、逐渐添加,最终达到脱敏后再开始食用,这样肌张力低的问题也可逐渐缓解。对于问题严重的儿童,还需要记录他们每日的食谱和排便情况,选择适宜肠胃的日常饮食并维持好的排便有助于他们情绪的稳定。

配合食物脱敏的腹肌、髂腰肌、背阔肌、胸肌等粗大肌群肌张力训练,一般在实施两周左右后,许多孤独症儿童就开始"冒音"甚至"蹦词儿",也有的开始嗯嗯哼哼,再持续运动两周,同时提供与环境吻合的清晰的语音刺激,如用力拍几下手,同时嘴里发出"啪啪"声,看儿童能不能模仿发声。如果没有发出清晰的语音,还可以有针对性地对儿童进行舌肌、颈后肌群的综合训练和咀嚼训练,以提高舌头的控制、反应能力。此后要加大运动难度和力度,诱发儿童的身体感受(痒、痛、憋)而使他们有更多的自发发音,如找寻儿童的"痒痒肉",在挠痒痒时促发他笑出声,按揉儿童的极泉穴等穴位,让儿童喊叫出来。若挠痒痒、按揉敏感穴位都没有反应,说明儿童自身感觉缺失很多,还需要强化运动干预,此时练习发音为时过早。多次的笑出声、叫出声是成功自主发音的基础,主动发音说话必须以内在需求(即有感受体验)和组织器官、大脑机能的成熟为基础,应避免生搬硬逼式的干预。

应注意做好与发音有关的两个判断,一是患儿能不能独立地手脚并用攀爬(绳梯、较大岩石、小土山)几下,二是患儿能不能对有力度的腹部顺时针按揉有表情变化。这两项都具备的患儿能发展出口语。此前没有口语的患儿在初始开口说话时,全体家庭成员、所有任课教师要尽量"装糊涂""少说话",甚至能不说就不说,默默地、疑惑不解地看着患儿,这样可以激发他持续表达的欲望(激发他头脑中存储的口语符号),如果他没有说对也暂时不必急于纠正,而是用"啊""什么"等语气表示不明白,期待他继续表达,如果他还没说清,依然不用纠正,点头"嗯嗯"即可。纠正意味着否定,会使刚会开口说话的儿童不敢说或不愿说。但对于以前有语言、后来语言消失、近期又出现少量口语的儿童要慎用此法。接不接话茬儿、什么时候该接话茬儿都需要考虑清楚,激发患儿说话时少接话茬儿,多用"装糊涂"的表情回应;抑制自言自语时少接话茬儿,除非明确知道他想要什么答案;培养对话言语,特别是培养患儿提问时也需少接话茬儿。

（二）发音清晰度问题

初始发音后靠模仿、凭声音记忆说单个字和词,似鹦鹉学舌,但有些儿童模仿音准不够,出现歪曲或替代的状况,使人听不清。王梅、张海丛、张洋对106名孤独症儿童进行的声母发音测试并利用ELAN软件进行转写和标注的实验发现,有近一半的孤独症儿童存在汉语声母发音障碍。从发音部位看,舌尖前音、舌尖后音、舌面音的障碍严重,从发音方法看,塞擦音塞音化、送气音不送气化的问题突出,若很多声母发音不清,则会导致整体发音含混不清。因此,解决发音清晰度问题可从解决声母发音入手。

解决声母发音清晰度问题主要是解决唇、舌及相关肌肉力量、位置的控制,如果舌头的肌肉张力过低,就要有针对性地训练颈后肌群和舌肌,可练习仰头引体向上、"小燕飞"、肘支撑伴随仰头等动作,也可把小块海苔贴到唇外的不同位置让儿童主动用舌头舔舐,练习持续性"吹龙"等。北京东城区培智中心学校的王志雨等人对北京市两所特殊学校的近40名孤独症儿童进行本体觉测试后发现,发音清晰度与背部肌群的本体觉情况有中高相关性,因此背阔肌、胸锁乳突肌与胸肌力量练习也要同时进行。此外用吸管、压舌板等帮助正确认识舌位,更有助于儿童清晰发音。

二、沟通能力训练

说话不仅要能发出清晰的语音,还要言之有物。沟通能力指利用文字、语言与肢体语言等手段与他人进行交流的能力,这里主要阐述口语沟通能力训练。首先要明确,该能力不是教出来的,是在引领下发展起来的,我们常说,沟通能力起于感受、成于需求。孤独症儿童的沟通问题表现有很多,需要分类指导和训练。

（一）主动沟通意识和表达能力的训练

一部分孤独症儿童缺少沟通意识,以仿说或背诵为主,能说单词、短句或发单调的音回答问题或表述基本需求,没有音高、音量、节奏变化,几乎没有眼神交流。对于这部分患儿的沟通能力培养,要从激发其沟通需求（动机）入手,从其对自身声音的关注入手。在情绪基本稳定后,教师和家长可以和儿童开展碰触身体发声的活动,走、跑、跳、投、拍打时都会出声,儿童体验各种声音,哪种声音伴随的感觉舒服就多做哪种活动,然后用语音模仿自己身体发出的声音,如哒哒哒、叭叭叭、噗噗噗、咕咕咕等。再模仿他人身体发出的声音,进行多音节连续模仿(声音的即时加工练习)。最后用身体和铃铛、沙锤、瓶子等道具玩声音游戏,两三人一组,边做有声的动作边变化声音的长短、高低、内容,并围绕活动提问:"你在干什么呢?发出了什么声音?你喜欢谁发出的声音?我想听你发出拍手的声音,怎么办?我想听你俩组合发声,怎么办?"儿童在这一系列活动中先对自己制造的不同声音感兴趣,然后对别人的声音和多变化的声音感兴趣,此时儿童已经不由自主地增强了沟通意识。与单纯一对一、脱离情境地模仿说单词、短句相比,这种方式让儿童自主沟通的意愿更强烈。

声音高低、语言语调不会变化的儿童往往不能做"慢动作",即动作调控有问题,可先变换节奏地拍儿童身体,儿童感知变化并用身体动作变化附和,在手势引导下,身体高低位和动作节奏变化方式引出了明显的高、低音变化。会做慢动作、有了音高变化意识后,儿童才可能再变化语调。如教师可以与儿童手对手做胸前开合,边开合边发出不同的语音:大声拖长音地说"开",小声短音地说"合",再小声长音地说"开",或脚尖对脚尖,脚踝发力做开合,同样是声音高低、动作控制一起做,还可以做身体前仰后合、左右晃动的变化配合等。

这部分儿童在自主交往训练中属于具有听关注能力的儿童,要通过一系列教学活动使其从听关注逐步发展出语言参照能力。具体训练案例可参看本书附录二。

(二)丰富沟通内容和提高调控能力

当儿童对别人的语言产生兴趣后,也愿意与人交流,但往往交流内容都是提需求,方式多是自言自语,有的总反反复复地提同样的问题,考虑不到对方的语气、表情变化,比如生气、讽刺或者厌烦等。这部分孤独症儿童长期具有自我中心的言语特征。

苏联心理学家维果茨基认为,在言语的前思维阶段,婴儿的咿呀声、啼哭声、发出的音节或单个词都意味着言语的萌芽,且该时期的言语已经具备社会功能。此后儿童的言语特征开始明显地发展起来,逐渐掌握言语的外部结构,但思维还没有发展成熟,儿童还不能掌握逻辑规则。随着功能的分化,"自我中心言语"逐渐从外部言语中分化出来,儿童都有外显的自言自语的时期,自我中心言语帮助儿童对自身行为进行指导和调控,此后自我中心言语并没有消失,而是转化成了内部言语(与思维能力发展密不可分),在转化的过程中,自我中心言语出现频率逐渐降低,但不意味着其消失。一部分孤独症儿童却长期滞留在自言自语阶段,因不理解别人的言语或行为而自言自语,这种重复式的自言自语对他自己是有交流意义的,但很难被别人理解。因此,要提升此阶段儿童对声音、表情的综合感受能力。

当儿童能完成4~6小节的多种声音变化(高低、粗细、强弱)活动后,要引领他们再次关注他人动作和声音、表情和手势的联系,并连接成有意义的表达(即说出感受)。此时的训练重点是体会动作、声音、手势等的变化,及其带来的感受变化。如教师和学生边和着音乐相互做拍手、拍打身体的动作,边要求学生说出舒服不舒服,哪里舒服哪里不舒服(若说不出就要加大动作力度),要重拍还是轻拍,要多拍还是少拍。然后学生根据老师的表情判断拍哪里要重,拍哪里要轻,哪里需要多拍,哪里需要少拍。

在此阶段还需要建立使劲、加油、放松等较抽象词汇的动作感觉,语言和动作表现同步。

这部分患儿在自主交往训练中属于具有语言参照能力,但没有意图理解能力的患儿,要通过一系列教学活动使其从语言参照逐步发展出意图理解能力,加入情境判断、意图理解后,这个问题才能解决。具体训练案例可参看本书附录二。

只有意图理解而没有调控能力也是不够的,语言调控原指用语言调控思维,从而完成复杂任务(Swain,2008;Swain et al.,2009),一般是在外语学习中表现明显。这里的语言调控指语言使用者通过使用语言、手势帮助思考,进而使语言、手势与思维、情境都吻合。与思维的自我监控不同,这里引用该提法主要是针对部分孤独症儿童语言表达手段单一，表达过程中多自言自语、自问自答的状况而提出的。此阶段的患儿有了一定的动作控制，能完成假装抱着球变大变小的活动，手臂、手指在放松和使劲的程度之间有了感觉，就可以做在语言、手势、表情变化下的动作控制练习，如播放《小小粉刷匠》等歌曲，让患儿跟着音高变化、内容变化做身体动作：一会儿站高（依据高音），一会儿蹲下（依据低音或降低的手势），一会儿身子摇晃（伴随歌词"刷得真漂亮"），一会儿身子前探、跳跃或摇头（歌词"哎呦"的多种表现），一会儿摆手、拍手。教师可以创设多种类似的活动，使患儿的手势、身体动作、表情和内心感受一起丰富起来，且逐步与情境吻合，达到吻合时，调控就会起作用了。

（三）发展叙事语言

叙事是对于故事的描述，这里的叙事言语指独自口头描述一件事或一系列事情。

一部分患儿语言清晰，有一定的提问能力，能回答日常基本问题，但叙事语言很少，即在总结一个故事、回忆他们经历的事情或者复述一个电影或电视节目方面有困难，话总是重复的、公文式的。

孤独症儿童不能说明白、说深入，只能陈述看见的，没有自己的想法，这主要与他们的中枢统合不足、联系旧经验困难有关，受思维和想象能力发展水平的影响。

能力的发展是逐级的、相关联的，发展叙事语言是需要在具有初步的抽象逻辑思维能力，能明白话的基本意图，身体体验比较丰富以后才能进行的活动。发展叙事言语重要的出发点是提取旧经验，在旧经验的基础上先加入一条新经验，然后再加入一条新经验，逐步发展逻辑性。

可采用手势加表情的小品剧的形式拓宽患儿的想象，并在此基础上进行逻辑化排列。如有了初步逻辑思维能力的孤独症儿童对动物园感兴趣，去过多次，这次又去看了喜欢的大象、斑马、长颈鹿等，并喂食了长颈鹿；回来后可以马上排练逛动物园的小品，患儿自己根据场景照片表演走近、观看、招手等，当遇到家长或老师能扮演的饿了的长颈鹿（可戴头饰）时，让患儿想应该怎么办，然后根据对方的表情、动作、手势随机应变,并回答不同的问题,如"你怎么知道长颈鹿想吃什么?怎么知道它吃饱了?吃饱了的长颈鹿想干什么?"回答的问题视儿童能力而定,在此基础上用文字或图片按层次列出"喂长颈鹿"的叙事框架(打招呼、拿草、害怕、喂草、喂饱……),让儿童自己组织语言说给没去过的人听,注意要选择叙事言语的听众,不是叙述给去过的人,那样孤独症儿童会没有兴趣,要叙述给没去过的。没去过的人的反应要积极、开始后不能从中打断,说完以后可以插话。

同理,如果学生去医院看病、上公园做活动等都要根据他们已有的经验再增加一个新问题或新反应,前进一步,逐渐深入。

这部分儿童在自主交往训练中属于具有意图理解能力,但逻辑思维和想象能力欠缺的学生,要通过一系列教学活动使其从意图理解发展出想象和逻辑思维。

思考题:

1. 为什么语言能力发展与动作发展息息相关?
2. 为什么本体觉和表象是提高孤独症儿童语言能力的重要因素?
3. 孤独症儿童发音训练的主要内容有哪些?
4. 沟通训练的策略有哪些?

本章主要参考文献:

1. 付佩宣,王建勤. 自我语言调控对二语学习者口语流利度发展的影响[J]. 华文教学与研究,2017(3).
2. 姜淑云,房敏,左亚忠,等. 颈部肌群与颈椎病[J]. 颈腰痛杂志,2006,27(3).
3. 李丹,杨昭宁. 空间导航:路标学习和路径整合的关系[J]. 心理科学进展,2015,23(10).
4. 宋宜琪,靳羽西. 具身理论:自闭症个体词汇语义加工研究的新视角[J]. 南京师范大学文学院学报,2018(3).

5. 孙进军. 背向行走训练提高学龄男孩平衡能力研究[J]. 浙江体育科学, 2017, 39(2).

6. 唐伟胜. 叙事:中国版(第二辑). 广州:暨南大学出版社, 2010.

7. 王梅, 张海丛, 张洋. 孤独症儿童声母发音状况分析[J]. 现代特殊教育, 2015 (20).

8. 吴媛媛, 孔维佳, 赖嫦芹, 等. 干扰本体感觉和视觉对正常人及单侧前庭功能低下患者的静态姿势的影响[J]. 中华耳科学杂志, 2008, 6(3).

9. 曾进兴. 语言病理学基础(第二卷)[M]. 新北:心理出版社, 1996.

10. BARBEAU E B, MEILLEUR A S, ZEFFIRO T A, et al. Comparing motor skills in autism spectrum individuals with and without speech delay[J]. Autism research, 2015, 8(6).

11. BAUER D J, KERR A L, SWAIN R A. Cerebellar dentate nuclei lesions reduce motivation in appetitive operant conditioning and open field exploration[J]. Neurobiology of learning and memory, 2011, 95(2).

12. COOK J, SAYGIN A P, SWAIN R, et al. Reduced sensitivity to minimum-jerk biological motion in autism spectrum conditions[J]. Neuropsychologia, 2009, 47(14).

13. VAN DER GEEST J N, KEMNER C, CAMFFERMAN G, et al. Looking at images with human figures: comparison between autistic and normal children[J]. Journal of autism and developmental disorders, 2002, 32(2).

14. NADEAU S, AMBLARD B, MESURE S, et al. Head and trunk stabilization strategies during forward and backward walking in healthy adults[J]. Gait and posture, 2003, 18(3).

15. SWAIN J E. Creativity or mental illness: Possible errors of relational priming in neural networks of the brain[J]. Behavioral and brain sciences, 2008, 31(4).

16. SWAIN M, LAPKIN S, KNOUZI I, et al. Languaging: University students learn the grammatical concept of voice in French[J]. The modern language journal, 2009, 93(1).

第七章
自主交往课程中的教学活动

重点内容：
    情绪调整
    共同关注力训练
    相互参照能力训练
    意图理解能力训练

本书第四章特别说明了自主交往课程在明确目标理论依据的基础上,以稳定情绪、提高交往能力和社会性(含自我接纳)为最终目的。一般特殊班一年级的目标是稳定情绪、调整身体协调性,提高关注水平;二、三年级的目标是提高参照能力和听觉语言加工能力(重点为相互参照能力);三、四年级的目标是提高应对变化、建立广泛联系的能力(重点是意图理解能力)。需要注意,这只是一段时期的课程目标定位,不同班级学生特点不同,实现过程也会有差异。

本章将以个案例证的方式说明教学层面应如何做,以达到不同阶段的课程目标,进而实现第三章提到的培养目标。

第一节 情绪调整阶段的教学活动

在本书的第二章第一节明确阐述了孤独症儿童的情绪行为特点,明确了情绪调整的概念和意义,并指出了情绪稳定对于孤独症人士是极其重要的,与其生活质量息息相关,因此在自主交往训练中,情绪调整是首要环节,且会延续到有了一定的意图理解能力之后。

一、情绪问题的成因

情绪不仅能影响人的行动结果,还对人体健康以及疾病的发生、发展与康复过程有着显著的影响,如恐惧、焦虑、紧张、强烈的情绪变化,均可改变人的内分泌、植物神经及躯体的正常功能,引起血管收缩或扩张,心率、呼吸改变,血压波动,胃肠运动功能减弱,代谢改变,导致心因性疾病或心身疾病。放松的精神状态和愉悦的心情可以促使人的交感神经产生兴奋从而增高下丘脑神经元的放电频率,提高免疫功能,降低患病概率,增强康复能力。反之,消极的情绪同样会通过下丘脑—脑垂体分泌促肾上腺皮质激素和促肾上腺皮质激素释放因子,促使肾上腺皮质分泌过多的糖皮质激素,致使淋巴组织缩小,从而抑制机体免疫功能,诱发疾病的概率增加。消极情绪还使一些人陷入一种思维越来越消极、消极情绪越来越强的自我挫败的恶性循环中,从消极情绪中恢复过来很慢(Adetunji et al.,2006;丁小斌,赵庆华,2013)。如果患儿情绪愉悦了、稳定了,分心也会减少。同时,消极情绪加认知抑制缺陷会导致消极思维,如果情绪积极了,思维也会更加活跃。

(一)与感知觉运动障碍有关

感知觉与情绪关系密切。如果患儿听觉敏感,就会反感高频或某个频率的声音(如尖细的语音)。过敏的原始触觉易导致激动、愤怒和交感神经兴奋。前庭敏感的儿童,遇到的刺激过多时就会导致重力不安全感,进而出现害怕等情绪。前庭功能迟钝的则容易进入分心、急躁等不安状态。

本体觉对情绪的影响主要有两方面,一个与运动本身相关,一个与肠胃活动(内部本体觉)相关。良好的本体觉是获得准确高效的功能性运动的基础。膝关节本体觉由位于膝关节周围的肌肉、肌腱、关节囊、韧带、半月板、关节软骨和皮肤的感受器发生的传入信号整合而成,信号在不同中枢处理以后,通过反射回应和肌张力调节回路传出。其中肌肉和关节的感受器是关节本体觉的主要来源,减退的本体觉将导致关节稳定性下降,使关节运动失去控制并且步态异常,而关节稳定性下降及步态的异常加速了关节软骨的退变(陈太生 等,2007),影响动作表象的形成和动作的计划性。而孤独症儿童会因不能很好地完成某些动作,不能预知动作后果或多次失败导致情绪问题累积。

肠胃活动产生的本体觉与情绪体验同样关系密切。内脏感受器可分为三种,即黏膜感受器、肌感受器、浆膜感受器。黏膜感受器主要感受机械、渗透压、温度、化学刺激,分布于胃肠;肌感受器主要对肌层的张力变化和胃肠容量变化敏感,也可与引起胃肠平滑肌张力改变的化学物质,如胰岛素、乙酰胆碱、去甲肾上腺素等起间接反应;浆膜高阈值感受器主要对胃肠的癌变、扩张、牵拉、挤压等机械刺激产生反应,浆膜低阈值感受器主要对柔和的探查、轻压、缺血、炎症等刺激敏感(杨帅,2013)。肠胃活动的感觉纤维进入脊髓,经脊髓丘脑束上传达到丘脑腹后内侧核,然后投射到大脑皮层,但大部分纤维由脊髓固有束上行到对侧网状结构,再到丘脑髓板内核群和丘脑下部,然后投射到边缘皮质,主要传导内脏性感觉引起的情绪变化。脊髓背索内侧丘系参与了内脏感觉信息的传递,脊髓侧索是内脏感觉信息尤其是痛觉情感成分上行的重要通路(情绪反应与本体觉传导的神经通路吻合),肠神经系统的内在初级感觉神经元参与内脏感觉的调节,外在初级感觉神经元参与内脏感觉的上传。内在初级感觉神经元对低阈值的非伤害性刺激和伤害性刺激都可产生反应,对非伤害性刺激反应较弱,对伤害性刺激反应强烈,当胃肠道内环境发生紊乱时,内在初级感觉神经元会产生感觉信号并向上传导,使机体产生不适感。人在进食后胃肠平滑肌张力增加时这种感觉更强烈。

肠胃问题影响情绪,80%以上的肠易激综合征患者存在失眠、多梦、易怒,易激动、头晕、头痛等精神症状。肠易激综合征指一组包括腹痛、腹胀、排便习惯改变,并伴有大便性状异常或点液便等表现的临床综合征。其症状持续、反复发作,特别是慢性间歇性腹痛和排便习惯改变是迫使肠易激综合征患者频繁就医的主要症状。发病机制与肠道感染、精神因素、遗传因素、胃肠动力异常、内脏高敏感性等因素有关(杨帅,2013),而很多孤独症儿童也长期便秘或腹泻,第一章提到有60%以上的孤独症患者患有肠道疾病,有肠胃炎和肠淋巴结肿大症状等,因此他们常常在进食过程中和进食后出现情绪躁动、激动等情况。

(二) 与身体疾病和对药物的不良反应有关

除了肠道疾病,因其他部位反复发炎(如中耳炎)而过多用抗生素,会引起肠道有益菌群减少,出现不舒服的状况,同样会引发儿童的情绪问题,还有很多药物都会有不良反应的提示,这些也会引发身体不适,特别是某些药物、食物过敏引起身体皮肤瘙痒等,也极易引发儿童的不良情绪。

孤独症儿童还有各种过敏症状,对高发维生素B族、矿物质钙和镁、牛奶、鸡蛋等的过敏,出现过敏反应时有的儿童皮肤起疹子,有的则身体软弱无力、困倦、肌张力减低,无论哪种表现都会引发儿童的情绪问题。有这方面疑虑的家长可以带患儿到医院检查其对于常见食物的耐受性。

过敏多发还会导致孤独症患者脑部营养缺失,特别是基本神经递质的缺失,神经递质缺失会导致出现各种障碍,如多巴胺(Dopamine)缺乏易导致注意力障碍;类罂粟碱(Opioids)缺失会引起紧张;γ-氨基丁腺素(Gamma Amino Butyric Acid, GABA)缺乏导致焦虑;5-羟色胺(血清素,Serotonin)缺失易引发抑郁、睡眠障碍;去甲肾上腺素(Norepinephrine)缺失会引起强迫情绪;卡瓦纳于2002年通过幼鼠动物模型研究推论大脑中的5-羟色胺过高可能是造成其行为异常的原因之一。大卫(David)等人发现,一些患儿脑脊液和尿液中多巴胺的主要代谢物高香草酸偏高,且升高程度与疾病严重程度相关。身体基本营养素的缺失会影响神经递质的合成,如维生素B族帮助神经递质形成,B6对于合成5-羟色胺、多巴胺、氨基丁腺素至关重要;B5是氧化脂肪酸及碳水化合物的必须物质,在合成胆固醇、酮、类固醇、荷尔蒙、脂肪酸、磷脂等物质时至关重要,有研究认为,它有助于预防抑郁症。钙离子对骨骼、牙齿、肌肉、组织、心律、肌肉运动、神经功能、血小板凝聚等至关重要,缺失它也可能导致神经递质紊乱。因此食物过敏影响神经递质合成,神经递质紊乱影响大脑正常工作,进而引发身体不适和不良情绪。

(三) 与需求没有被满足和失败的自我体验有关

"需要"反映有机体内部的一种不平衡状态,需要的满足也是有机体的自身感受。有机体感受到自己的生命、财产是安全的或有人保护的,就会产生安全需要的满足感,感受到自己是被关爱的、被喜欢和认可的,就会产生交往需要的满足感,也就愿意交往。相反,若人的心理需求得不到满足,常常被批评、恐吓、指责,做任何事都害怕出错,这样的心态会诱导犯错,内心就会总处于不安、被控制或压抑、焦虑状态,情绪难以平稳。

加之孤独症儿童中枢整合能力、联结能力或整合能力弱,头脑中已有概念混乱(Roohi et al., 2009;曹漱芹、方俊明,2008;李晶、朱莉琪,2014),学习新东西、遇到新环境时非常容易烦躁。

总之,孤独症儿童外表虽然与我们无异,但是与我们在感受外界、理解外界上都有差异,常出现情绪体验不佳或体会不到的状况,因此需要我们帮助他们分清原因进行情绪调整,重新获得良好的体验。

二、策略与方法

(一) 了解情绪调整的过程

情绪调整需要通过一定的策略和机制,使得情绪在生理活动、主观体验、表情行为等方面发生一定的变化。从传统医学的角度看,在情绪到来时,人自身的感受、想法和一些行为表现,都可能是一种"生成气"的表现,我们可以运用各种情绪调节的方法去处理各个方面的情绪表现。

情绪调整通常包括一系列过程:身体体验与调控、情绪认知、情绪体验及表达。

第一是身体体验与调控过程。达到身体体验需要儿童首先体察自己的身体感受是怎样的,还要了解自己的情绪发生了什么变化,重要的是觉察自己此时此刻的感受,还有身体的感觉。大多数儿童不太会对情绪觉察,只觉得事情一发生就懵了,接着就开始有一些不良行为,事实上,当事情发生的时候,多问一句自己怎么了,重视自己的情绪,可以锻炼自己对情绪做出快速反应的能力,以及在当下寻找解决办法的能力,如果实在不知道自己当下的情绪是什么,可以先感受自己的身体,看到事情发生的时候,自己身体哪处很难受,这很难受的感觉是什么?心跳加速,手臂麻木或者是头要"炸裂"了?在此基础上,该怎么发展自己情绪体察的能力呢?情绪体察策略包括集中注意策略,本体觉策略,表情表达策略等。所谓集中注意策略,就是关注自己此时此刻的感受,也就是说要对自己当下的情绪敏感一点,尽量用一些词来描述自己的情绪,多学习一些情绪词汇。表情表达策略就是通过画表情等方法来记录自己每天的情绪状态,便于与过去的经验做一些比较,看看是否受到过去经验的影响。

第二是情绪认知过程。情绪认知是对情绪产生的归因,通俗地说就是明白自己为什么生气。首先,我们要让儿童明白自己产生了不良情绪。其次,我们需要让儿童明确情绪产生的原因,通过对原因主观或者客观地归类,他们就可以知道自己情绪的来龙去脉,了解现在可以怎么做,将来可以怎么做,会带来什么后果?分得清哪些是别人的原因,哪些是自己的原因,这样情绪就可能得到缓解。最后,是鼓励他们战胜困难,把情绪产生与解决办法联系起来,以更高的目标去要求自己,使自己的情感得到升华,尤其能在遇到挫折或困难产生消极情绪的时候说服自己,这是更高级的情绪管理,但这些对年幼儿童来说有些难,需要一步步引导。总之,情绪认知首先要做的是找到情绪不良的原因,针对原因对他们进行安抚,然后再结合认知能力提高练习归因和自我说服能力,以及找到战胜困难办法的能力,协助他们边做边调整情绪。

第三是情绪体验及表达过程。我们应该承认,人都可以有负面的情绪,表达自己的负面情绪,并不是不好的,如果将负面情绪用一个合理的方法表达出来,别人可能会接受。比如,在等待别人的时候很着急,可以向对方表达自己的焦虑和担心。一般人会用丰富的表情和行为表达自己的内心,未受训练的孤独症儿童则通常不会,很多时候他们从平静到爆发就只是一瞬间。这主要是因为,他们没有明确的表情或语言表达,别人不知道他们平静外表下的内心已经很烦躁了,以为他们是无缘无故地发脾气。让他们学习表情表达有助于别人及时了解他们的情绪现状,做出相应的化解行动。

此外,我们需要教孤独症儿童选择适合自己的纾解方式,尝试转移和放松训练。我们可以紧紧地搂抱情绪不良的儿童,让他感觉这样是舒服的,下次他就会主动地要求你搂抱。还可以教他趴在大笼球上震颤,通过震动身体来排解难受感,也可以让他做团身挤压等,有了适合的纾解方式,他们的情绪会更容易快速稳定。有些患儿常常用乱蹦乱跳、到处拍打、前后晃动来排解不适感,这是他们自己长期总结出来的排解办法,如果没有危险性也可以暂时采用,在分析引起其难受的根源后可以教给他更安全、有效的纾解方法。

身心是相互影响的,为了让情绪变得更平静和稳定,在平常没有什么情绪事件的时候,教师和家长也可以让孤独症儿童培养自己的积极心态,使自己更加放松和愉悦,如可以在情绪平静时听音乐、练用水写毛笔字、练瑜伽动作等。也可以让他们用放松思考的方式使情绪得以放松,如花几分钟去观察一粒葡萄干,观察葡萄干的外表,反复观察它的形状、颜色、脉络,然后用手触摸感受,再闻闻它的气味儿,闭上眼睛想象,记忆中的葡萄干给自己什么感受,设想未来想和葡萄干产生什么样的联系。放松肌肉,排除杂念地想象,设想如果住在一个很大的葡萄干里边,会是什么样子呢?和外面是一样的吗?从葡萄干里面看外面的世界是怎么样的呢?用嘴巴尝一下葡萄干,它在嘴巴里做了什么运动呢?它的口感如何呢?让学生想象自己走出了葡萄干的世界,然后一切恢复了原样,让他们记住刚才在葡萄干里面看到的一切,感受尝到的葡萄干,然后做五遍深呼吸,慢慢数五下,睁开眼睛。这时感觉是怎么样的?这种思想放松策略适合高功能、情绪比较稳定的孤独症儿童。

对于能力一般的但情绪比较稳定的儿童,可以帮他们整理自己的愉悦小世界,做一个使自己高兴的清单。每个人都有喜欢做的一些事情,要在生活中整理一下自己做什么会开心,比如喜欢做蛋糕、玩游戏、画画,这些事情做多久,做成什么样子自己会开心。这些都可以记录,做一个使自己高兴的清单和计划,比如上次有同学提到有一家新开的蛋糕店,蛋糕很好吃,还没有去吃,打算周末专门去品尝一下,或者还有什么开心的事,可以再做一次。

(二)选择合适的情绪调整方式

情绪调整活动要经历动作调控、情绪认知和情绪体验及表达等过程,在整个过程中,孤独症儿童不仅在情绪方面会有明显改善,在认知层面也会有所收获。教师可以从以下几方面入手组织活动。

1.认知重评,即改变认知,改变对事物、个人意义的认知,使情绪得到进一步调整。如儿童被他人推倒了,一种是觉得别人是故意的,一种是认为别人是无心的,这就是对事物的认知不同,我们要引导儿童重新认识事情的原因,即进行认知重评。

案例 7.1

老师在教室里让学生各自干着自己喜欢的事情,班主任老师和元元一起玩勾勾手的游戏,玩得正高兴,果果突然尖叫起来,跪在地上不停地磕着自己的膝盖,同时用嘴咬自己的手。不知为什么他的情绪变化如此的快,刚刚还是风平浪静,转眼间又哭又闹。班主任老师抱起果果,拍着果果的肩膀对他说:"我知道你觉得没人知道你的感受,是不是?"果果看了班主任老师一眼。"是不是老师或同学让你难过了?老师和同学都是喜欢你的,愿意和你玩,起来吧。大家一起玩好吗?"这时老师意识到,果果看见刚才自己和元元玩得开心而不高兴了……老师立刻解释说:"老师也跟你玩,老师喜欢你。"这时果果站了起来,擦擦眼泪拉着老师的手坐回到自己的座位上,表情平静了许多,还小声说:"老师喜欢你。"

在该案例中,老师在看到果果发脾气不高兴之后,没有首先询问缘由,而是给了果果一个温暖的拥抱,让果果感受到老师能理解他的情绪;然后询问果果,让他说出自己的感受,果果觉得被老师忽略了,这是一种对自己情绪的觉察。果果用伤害自己、发泄自己对事情的感受作为一种宣泄,这个过程可以放任果果难过生气,这样情绪才能得到舒缓,之后果果不哭也不闹了,很平静地回到自己的座位上,还学着老师的样子说:"老师喜欢你。"经过老师的引导,果果重新认识事情原委,也得到了老师安慰,于是调整了自己的行为,果果已经明白,老师也是喜欢自己的,这就是一种认知重评。除此之外,情绪调整还可以用其他方法。

2. 自我肯定,即在与人的交往过程中,有意识地将某种特长展示,如在同学面前展示游览照片和擅长的运动项目等,或每天回家给爸爸妈妈展示一天的收获,表达自己过得非常开心,是一种肯定,每天对自己说"今天表现很不错",这也是一种自我肯定。这个活动还可以延展到与父母情绪调整一起进行,如通过布置作业环节收获全家的肯定,家长可让患儿完成一组训练动作,用录像记录他的变化并让他自己看,测量他的脉搏,研究心率随哪些动作变化的幅度大,分析原因。这项工作虽不难,但能凸显家长的专业参与度。

情绪调整实际需要家庭一起参与才更加有效,患儿情绪稳定需要家长情绪先稳定,反之亦然。

3. 注意转移,即有意识地将注意力从当前对象转至其他对象,从而使情绪得到调节的一种先行关注策略,比如当遇到不愉快的事物时,让儿童转移注意对象,去散散步,听听音乐,或做些感兴趣的其他事情,都可以很好地调节不愉快的情绪。

4. 意志力培养,即一种心理控制,关注控制方式,适当抑制要发生或正在发生的情绪表达。日常生活中,人们常使用该策略来调控情绪,例如当遇到无法坚持的事,人们常抑制自己想逃离的行为表现,比如疼痛,从大喊大叫,到忍耐不出声,用表情表现出自己的情绪体验,以免影响人际关系,通俗地说就是让自己不随时随地发火。这需要本体觉配合,并通过长期累积体验获得的调整方式。

5. 适度的情绪宣泄,即使自己情绪释放的适应性表达,包括替代表达和直接表达。替代表达是指通过间接方式表达情绪,使情绪得到释放的一种情绪调节方式,比如倾诉。直接表达是指面对激发情绪的事物,直接用表情或语言表达自己情绪的一种情绪调节方式,比如听到别人侮辱时,直接通过言语和动作等方式释放自己的愤怒情绪。

无论采用哪种方式,教师都要帮助患儿认识到情绪产生的原因并努力将不良情绪向正向情绪引导。

(三) 掌握成年人的情绪及其调整策略

在生活中,孤独症儿童会因为各种各样的事情而产生多种多样的情绪,在案例7.1中,我们知道果果渴望在学校得到老师和同学的关注与喜爱,因为他回到家里很不开心,总被要求抄书和弹琴,没人跟他玩,但他又理不清自己的情感需求,且不会表达。有很多孤独症儿童,被要求做不喜欢的事情,或是在身体不舒服的情况下被要求做事,于是产生了不良情绪,等等。情绪调整一方面是让患儿有舒服的或愉悦的体验,另一方面是让患儿了解自己的情绪现状及情绪变化的原因。

因为只有了解了自己的情绪才能知道该怎样去调节它,所以教师在看到患儿情绪较为稳定之后,就要让他认知一下自己的情绪。要怎样让他认知自己的情绪呢?教师和家长就要先学会体会和分析自己的情绪。

第一,要知道自己情绪是怎样的。不同的事情可能都有一些共同的情绪表现,如我们经常说某人遇到事情经常退缩,情绪变化不大,这说明这个人的情绪是相对稳定的,针对稳定性的情绪,需要更深层次的情绪调整。

第二,要了解自己的情绪强度,有时候我们会看到有些人发怒的时候,把全部纸都撕碎了,反应很激烈,有的甚至摔门而出,而有些人虽然也很生气,但是瞪一下眼睛,就好了,人的情绪强度有差别,我们要了解自己的情绪,是不是很容易激动,如果很容易激动,情绪表现特别明显,就更需要先从行为上去改变。要能区分具有这两类不同情绪表现的人,如果情绪表现与事件刺激强度不相符,若是"一点就着"类型的,我们就需要多安排认知重评等活动,若是容易闷在心里的,我们就要多安排情绪宣泄等活动,因人而异。

第三,学会在体验中认知自己的情绪,同一件事可以有不同的情绪混合在里边,要分清主要情绪和次要情绪,比如小明怪我拿他东西了,我是又愤怒、又悲伤,因为小明冤枉我,我愤怒;因为之前我俩那么好,现在变成了这样,我悲伤。因此悲伤是主要的,要采取策略淡化悲伤。把情绪细分很重要,因为这有利于分清哪些才是情绪产生的真正的原因,哪个情绪是最强烈的,那么就要特别优先地处理哪个。

第四,通过体验换位思考,了解不同情绪的功能。最主要的情绪主要有三种:愤怒、羞怯、悲伤,这三大基本情绪代表的功能不同。愤怒代表的是一种破坏,需要发泄不满,是一种主动性的情绪,同时是一种快速的情绪,有冲动性的特点,能发泄愤怒的人,一般是伤害别人,但较少伤害到自己。羞怯则是一种关于自我评价的情绪,更多的是和别人怎么看自己有关,这种情绪会妨碍自信心的建立,是一种被动情绪,也比较慢。悲伤是一种信号,提醒自己心理功能失调,更多的是一种失去的情绪,是外界发生的一些事情给自己造成的冲击。所以了解不同情绪的功能可以帮我们区分,提示我们要用什么方法,更有效地解决一些情绪。

第五,了解自己难以用语言描述、难以表达、难以解决的情绪都有哪些。并不是每个人在描述自己的情绪的时候,都能够准确,孤独症患者更是如此,需要练习。很多人都有难以表达的情绪,它会给人带来困扰,比如有的人很不好意思发怒,真的生气了,就憋回去,自己跟自己较劲,这对自己的伤害就比较大。通常我们难以表达的情绪也是比较难以解决的情绪,并且会体现在和人相处的过程中,比如我们惯常忍不住发怒,那么如果有一个人对着我们发怒,我们则很难劝他冷静下来,有可能比他还生气。

综上所述,我们要调节自己的情绪,首先要排除引起不良情绪产生的因素,然后要知道应该改成什么样,要认识自己的情绪,情绪是一下子产生的,更多的时候是我们自己内在模式的一种反应。当我们能把自己的情绪以及如何调整梳理明白,才有可能帮助孤独症儿童调整情绪。当我们情绪稳定、可调节后,自会知道怎么帮助他们感受自己的情绪,而真正的、自觉的情绪调整一般是在患儿能力提升后,在意图理解阶段(详见本章第四节)之后穿插进行。

总之,针对孤独症儿童情绪问题成因来创设各种活动是最重要的。预先满足他们的心理需求,组织实施密集的有针对性的运动,远离过敏源。在孤独症儿童情绪稳定的前提下,帮助他们初步感知自己的情绪,这是此阶段的主要教学任务。具体教学活动设计方案请参考附录二。其他更复杂的情绪调整将延续到意图理解阶段之后,此前教师和家长要先明白自己的情绪及其调整问题,再因人而异地设计情绪调整方案,以帮助孤独症儿童解决情绪问题。

第二节 共同关注阶段的教学活动

应用自主交往训练时,情绪得到调整之后的儿童就会自然出现关注外界的行为,因此就出现了共同关注力发展的阶段。任何教学的有效实施都是以将学习者注意力集中到教育内容之上为基础的。与孤独症儿童有过接触的人都有这样的认识,当同孤独症儿童沟通时,他们往往表现出不予理睬或心不在焉的状态,多把注意力集中在自己的世界里,对外界发生的事情似乎漠不关心。只有对外界,对人的动作、语言、行为有了关注以后,才有可能建立共同注意,才能从别人的动作、语言、表情中判断出好恶,提高动态交往技能,实现真正的沟通。

一、共同关注力发展的特点

共同关注力是在沟通双方中,一方引导另一方的注意,或被另一方注意吸引并维持一段时间的能力,是知觉能力和有意注意在交往活动中的一种新的应用。共同关注力强调人与人之间的双向互动,并且这种互动是可循环的。在婴幼儿期,眼睛注视、注视追踪、眼神交流、注视交替、手指指示、跟随手指指示、主动展示、伸手探物、请求、给予等一系列行为都反映了共同关注力的发展。

共同关注力与共同注意力不同。共同注意力指两个人共同对某一事物加以注意,分享对该事物的兴趣,是学生社会认知发展的奠基性能力,其与共同关注力的主要不同之处在于注意的对象和指向,共同关注的对象一定是人的动作、表情、声音、语言等,指向一定是双向,如我看你、你看我,而共同注意力可以指向物、可以是单向的,但两者又有联系。共同关注力的发展离不开共同注意这一认知过程。本节讨论重点是共同关注力的特点及其培养问题。

孤独症儿童在共同关注力方面普遍存在缺陷,且个体差异性较大,高功能孤独症儿童的缺陷主要表现在较高层次的共同关注力上(如主动发起共同关注力行为来与他人分享兴趣或经验),但他们较低层次的共同关注力(如被动地注意他人所指示的事件或人的交流语言)并不一定存在缺陷。而低功能孤独症儿童在较低层次的共同关注力上就存在严重的缺陷,他们往往不能和成人一样聚焦目光,而只是注意某个感兴趣的物体。较差的共同关注力不仅是他们自身的一种认知缺陷,更会影响他们模仿行为、言语沟通以及社会交往等其他相关能力的发展。共同关注力差,关注维持时间短的孤独症儿童无法适应课堂教学的过程,无法跟上老师的授课进度,无法完成与老师的互动,甚至无法注意老师的任何语言和行为动作,这是现在培智学校集体教学中遇到的挑战。如果儿童不能关注教师的语言和行为,教育教学就成了空谈。因此,提高孤独症儿童的共同关注力是十分重要的。

孤独症儿童共同关注力发展的特点具体表现为以下几方面。

(一)缺少共同关注行为,特别是对表情的关注更少

表情和情绪交流是人类的基本沟通方式。人的内心情绪状态往往借助许多线索表达,尤其是借助面部表情。对人物面部表情的准确识别有益于人们的社会交往和环境适应。孤独症儿童往往对他人的表情认知存在障碍,对表情的视觉注意显著异于正常儿童:他们的表情识别图式主要源自人脸的下半部分,倾向从嘴部获取表情信息,而正常儿童则通过眼睛获取他人的表情信息。另外,孤独症儿童对高兴、悲伤、愤怒、害怕和厌恶等表情识别是采取比较机械的图片识别模式,真人表情识别则只对明显的高兴、快乐表情识别较好,对其他表情识别较差。例如一个叫小波的10岁的孤独症男孩就有这种特点,在情绪调整后他有了自发的外关注行为。刚开始他表现出对老师和同学浓浓的兴趣,他会瞪大眼睛认真地盯着别人的脸看,慢慢地他发现眼睛所能表达的情绪更加明显,脸对脸盯着别人的眼睛观察成了他特别喜欢的事情。看到别人微笑、大笑等嘴角上扬幅度不一的笑时,他就会跟着大笑;看到别人哭泣时,他也会哇哇大哭。小波有了表情关注和模仿行为,但他的高兴和难过还停留在动作表情模仿阶段,并不是真正因为理解情绪的缘由而产生反应。

还有研究发现,很难用一般的方法(如指示、命名等)引起孤独症儿童的注意,即使引起了注意,这种注意常常是单向、不持久的、容易分散的,因此不可能维持更多的互动。而使用具体的接触式方法(如敲打物品、将物品移到儿童面前等)才能引发孤独症儿童较为持久的注意。

(二）关注力普遍层次低、时间短，达到目的马上停止关注

关注力从关注对象上可分为动作关注、语言关注、表情关注，从参与关注的主要实施通道上可分为视关注、听关注。视关注再分两层：动作关注、表情关注，动作关注又包括对动作结果的关注和动作过程的模仿。

视关注是以眼睛能看到的交往者发出的信息为关注对象的共同关注活动的总称，包括了动作关注和表情关注。动作关注是对于对方做出的动作行为（包括路径、动作变化、动作位置和动作距离等运动过程）的持续注意。孤独症儿童的视觉优势在很大程度上影响着动作这种直观的可观察的关注行为。从动作入手来培养儿童的关注能力，可行性和成功率相对较高。

表情是情绪的主观体验的外部表现模式。人的表情主要有3种：面部表情、语言声调表情和身体姿态表情。表情关注就是对于沟通对象可被看见的面部表情、身体姿态以及可被听见的语言声调的关注。相较于动作关注的直接、明确、容易理解，表情关注不仅需要关注面部表情和身体姿态表情，还需要关注语言声调所伴随的表情。相对而言，动作关注层次低的儿童表情关注层次高，孤独症儿童多动作关注。表情关注需要观察得更加细致、全面，需要更深入的情绪理解，还需要把情绪理解和注意力有机地整合，因此对儿童的关注层次要求较高，需要更加努力培养。

案例 7.2

"藏物品"活动是一个非常常见也非常简单的关注训练活动。在活动开始时，老师手拿糖果或学生喜欢的物品，吸引学生的注意力后，合上手掌把糖果藏在自己的衣兜、帽子或者头发里，学生通过观察教师的动作以及动作的指向和路径来找到糖果，由于学生对糖果等食物的喜爱，完成这样活动的动机强烈，因此对于训练动作关注非常有效。如果变化一下，事先把糖果藏在身上，然后用给眼神、努嘴等面部表情引导学生找到糖果，就是表情关注训练。另外，建议将表情关注训练放在动作关注训练后进行，会有事半功倍的效果。

听关注是以耳朵听到的声音、语言、声调等信息为关注对象。在日常生活中,主要以关注语言为主。相较于孤独症儿童的"视而不见","听而不闻"则更加困难,从周围嘈杂的各种声音中提取到有用的有效的声音信息,对孤独症儿童来说实在是个相当困难的工作。从最初的听到名字有反应,到听简单的指令,再到听得持续注意并产生互动,这是一个反复进行有意义练习的强化过程。

在玩"跳格子"活动(参见附录二第268页的教学设计)时,最开始按照1～10的顺序进行跳跃游戏,在学生熟悉了之后,教师会加大难度,随机说数字,学生去踩相应的数字,反过来再让学生说数字,教师去踩,建立有意思的互动。在此基础上还可以加大难度,例如"一脚踩2,一脚踩5",学生需要同时关注两个语言信息。在这个活动中,"踩数字几和几"是非常关键的语言线索和信息,需要孤独症学生利用听觉的渠道对语言进行持续关注和加工。视、听关注也可以同时进行,如对两个学生同时发出踩数字几的口令,两人就不得不互相关注对方的动作和位置。

研究发现,孤独症学生更多地看向目标物品而非目标人物,他们更多地注视喜欢的玩具和食物,但是即使他们非常想得到这些玩具和食物,也不会和对照组中的智障学生和正常学生一样,将视线投向成人,以目光传递内心需求、寻求帮助,他们只会将视线锁定在目标物上面(周念丽、杨治良,2005)。该实验还指出,孤独症学生与正常学生和智障学生最大的区别是他们不会运用指点行为而是用"拉"和"要人抱"的行为来唤起他人的注意,他们唤起他人注意的方式处于更低的心理发展水平。孤独症学生在想要得到某物时大多会采用拉成人的手走向物品的方式,少数孤独症学生能够采取目光注视、手指指示等行为让成人帮助得到其想要的物品,可见他们的关注行为是有目的性的,"关注"对他们来说是一种得到物品的工具,而不是与人互动的交流手段。

当儿童拉成人的手指向放在柜顶上的玩具时,他的目的并不是和我们交流这个玩具有多好玩,而仅仅是因为他够不到玩具,需要我们给他拿下来。这种对教师的关注带有强烈的目的性,我们只是他得到喜爱玩具的一个媒介。但一切的主动行为在教师眼里都是一个好的教育契机,教师可以故意理解错误来延长、拓展沟通,如蹲下来问患儿"你是想让老师帮你拿玩具吗",这时候患儿就会自然而然地看向教师,教师就可以趁机进行更多的互动。

(三)共同关注力的发展存在较大的个体差异性

孤独症儿童的个体差异较大,在共同关注力方面也如此,尤其是在视关注方面,并不是所有的孤独症儿童都存在障碍。随着年龄的增长,孤独症儿童便逐渐地能对他人发起的关注行为做出回应,尤其是那些认知能力较好的高功能孤独症学生。在连续三年对北京某特殊学校 7 岁入学的孤独症新生班(通常班内含 3 名以上的孤独症和 3~4 名智力障碍或脑瘫学生)的统计中,每年都至少有 1 名学生的视关注力或听关注力较好,其他人则较差,要通过在一起的教学活动使他们的共同关注力同时提高。

案例 7.4

7 岁多的乐乐很依赖家长和老师,外出时总喜欢抱着老师的胳膊。乐乐的语言很好,可进行简单的会话,他特别喜欢边做事边用语言描述自己的行为,例如,扔垃圾时会说"老师,把垃圾扔垃圾桶",加餐时会说"老师,我想吃饼干"等,表达需求的主动性语言运用较好。乐乐喜欢瞪大眼睛和别人对视,对视着对视着自己就笑了。尤其是当他发现老师出现生气的表情时,他会拧着两条眉峰,斜眼看着老师,头离老师远远的,直到老师又露出笑脸,他才会手舞足蹈地笑起来。这说明乐乐的视关注和听关注都较好,但他的动作关注却很差,他不爱动,就爱"坐椅凳",玩游戏时不管是动作本身还是动作指向,他都关注不到。简单的"藏物品"的活动(见案例 7.2)也常常因其建立关注动作路径困难而失败。

与乐乐年龄相仿的婷婷也属于视关注较好的患儿,她在表情关注训练初期就发现了老师眼神的落点和自己喜欢的食物、玩具之间存在的关系,她对此充满了兴趣和好奇。在做"会动的盒子"活动时,从最初需要老师晃头努嘴瞪眼睛的提示,到后来老师只需瞟一下位置她就能快速地找到喜欢的物品。

大多数孤独症儿童存在共同关注困难,一些高功能的孤独症儿童不管是在视关注还是在听关注方面都没有明显困难,而大部分智商低下的孤独症儿童则在关注能力方面存在显著的障碍。在共同关注力训练之前,要进行相应的评估,以确定患儿的真实情况,从而给出更科学合理的训练方案。

新入学的孤独症儿童在经过情绪调整之后,开始熟悉周围的环境,包括教室、卫生间、楼道、自动饮水机、操场等校园环境设施,这些外部环境不会再让他们感到紧张。从学习和能看懂班级活动日程表开始,他们大概都已经知晓一天的学校活动,对于未知的焦虑逐渐缓解。这种外关注增多并逐渐稳定后,他们会自然而然地关注到会移动、能发出声音的"人",在班级里会关注到教师和同学。老师在做什么,同学们在做什么,谁突然大声说话或发出很大的声响,好吃的糖果放在老师的衣兜里还是帽子里,老师皱起眉头还能继续满屋跑吗……他们在观察别人的时候,从大动作到语言,再到细微的表情,会在观察中慢慢了解自己的行为带来的不同反应,这时候辅以大量恰当的共同关注训练,孤独症儿童会逐渐从别人的反馈中提炼出对自己有益的。例如,在拿出糖果时,观察老师把它放到哪个衣兜里;老师做出一个动作而他也做出同样的动作时,老师笑着抱着他亲了他一下;老师让他把玩具递给同学时,他照做了,老师很高兴;老师的眼睛瞟向中间的盒子时,他赶紧拿那个盒子,找到了喜欢的玩具……在不断的互动中,孤独症儿童慢慢理解行为和语言会带来相应的结果,并能理解和参与到这场主要利用视觉和听觉收集他人信息的互动"盛宴"中,沟通让他们变得"好相处"了。交流从外显的行为开始,一直到语言和眼神的互动。表情、眼神关注好的患儿在和对方对话时,会先看向对方的脸和眼睛进行确认,而不是"视而不见,听而不闻"。

二、共同关注力培养策略及应注意的问题

影响共同关注的因素很多,要培养孤独症儿童的共同关注力就要注意发挥这些因素的积极作用,减少消极作用。

(一) 认识和处理好各种相关因素

大量研究表明,孤独症儿童在理解与解释他人情绪的能力方面存在缺陷,情绪理解缺陷会导致孤独症儿童无法顺利进行社会交往。周念丽和杨治良在 2005 年的研究结果表明,积极情绪能促进孤独症儿童的应答性共同注意,而消极情绪则会抑制孤独症儿童的关注。之前章节提到了情绪调整就是通过身体运动、心理抚慰等手段使孤独症儿童的不良情绪得到缓解,将紧张焦虑调整为稳定安全。

情绪调整是孤独症儿童康复训练的关键一步,在调整过程中,儿童的心情愉快了、身体舒服了、心里感觉安全了,他们的生理和心理需要得到了满足。儿童需要被满足的一个重要特征就是出现对别人的关注,把这种即时性的关注转化为有选择的、可持续的、相互的关注,康复训练才成为可能,这也是本节重点解决的问题。

案例 7.5

明明是一名 7 岁的孤独症男孩,有对话语言,能表达简单的需求。入学以来,每天都会连续大哭大叫 2 个小时左右,同时伴随击打自己下巴、头部等自伤性行为,以及掰旁边人的手等攻击性的行为。当这些行为出现时,如果老师或者家长在旁劝慰他,会让他更加暴躁,情绪持续时间更长。经过 1 个月的情绪调整后,他逐渐适应了学校的生活。虽然有时候他还是会哭,但在哭泣时他会观察老师和同学们的游戏活动,老师邀请他后就会停止哭泣并参与活动。只有情绪平稳的孩子才会打开心扉,去观察周围,才可能产生共同的相互关注行为。

老师要处理好情绪与共同关注力培养的关系,在儿童情绪基本稳定时顺势培养共同关注力。

此外还要处理好以下几方面的关系。

1. 共同关注力与语言能力的关系

婴儿会通过眼神接触或身体姿势等与父母进行非词汇的交流。孤独症儿童在婴儿期时就缺乏相应的眼神交流与姿势交流。学龄前孤独症儿童的共同关注力不仅与语言技巧的发生有关,还与语言情感表达技巧密切相关。孤独症儿童的语言沟通能力与共同关注力之间存在着密切的关系,且这种关系是稳定存在的。与其他社会性认知能力相比,共同注意与语言能力的关系更为密切,对共同注意的干预能够同时改善其语言能力。另有研究表明,31%的孤独症儿童伴有智力障碍,智商值IQ≤70,有23%在临界水平(71≤IQ≤85),有46%在平均或高于平均智力范围(IQ>85)。关注能力是更高层次社会互动能力发展的基础,能增进对他人意图的理解。目前相关理论的实证研究数量不多。

案例 7.6

8岁的小华有一双明亮的大眼睛,可是他只能发出"啊啊呜呜"的声音。在进行关注活动时,动作类的关注游戏是他的强项,基本上看过一遍他就能玩得非常好,还能根据方位、远近进行动作变化,即动作模仿能力较好。由于没有口语交流,他不能很好地理解别人的语言,所以在听关注上,小华的进步非常缓慢,让别人理解自己也非常困难,这也导致了他的表情类关注发展也非常困难,语言能力阻碍了他的关注能力的发展,反之亦然。因此进行关注能力训练时要视、听、做几方面都涉及,听与做的联结反应能力提升了,语言理解能力就提升了。如拿出装有一块糖的难打开的小铁盒子在小华面前关上,和几个同样的铁盒放在一起并变换位置,然后看着他,若他能找到装糖的盒子,并摇一摇盒子听声,则说明他有动作关注,同时也感受到了声音的刺激,接着若想吃到糖,就需要"发声",说出需求后老师才帮助打开。可能开始说不出清晰的"打开",但也必须发声,建立"发声是有用的"反应模式,声音和打开的动作是联结的,为以后的名词、动词理解打基础。不同于很多用图片认读的词语教学方式,清晰的语音表达还需要配合有针对性的颈后肌群、口腔肌群的动作控制能力提升训练。

2. 共同关注力与共同注意、模仿能力等的关系

孤独症儿童很少出现与正常同龄学生一样的跟随他人的手势、眼神的行为，在人和物品间难以进行视线交换，或者很少出现通过手势或眼神、语言获取他人注意的行为。有人认为，共同注意是孤独症患者的核心技能缺陷之一，对共同注意的干预可同时改善其一系列的社会性技能。蒙迪（Mundy）等人研究发现，共同注意缺陷与父母报告的孤独症儿童症状，如语言、社会交往行为缺陷的相关性显著。同时，共同注意与父母观察到的积极性社会行为，如视觉接触、表情和模仿能力都高度相关，对孤独症儿童的共同注意干预能够减轻其社会交往障碍。在以共同注意为主导的干预方案中，同时对其他社会认知能力进行训练，才能够全面改善孤独症儿童的社会功能。共同关注力培养一方面要补偿共同注意方面的缺陷，另一方面要为更高阶的参照能力的发展奠定基础，同时要与认知能力培养同步，特别是在共同注意培养过程中要发展直观动作思维能力。孤独症儿童的相互关注行为越频繁，父母与教师所觉察到的积极社会行为就越多，相应的干扰性或者问题性的社会行为就越少。

王敏通过对 14 个月的幼儿的共同关注力与 24 个月幼儿的执行功能、模仿能力的关系研究分析，认为共同关注力能够预测模仿能力。托特（Toth）等人发现孤独症儿童的自发共同注意、回应共同注意、立即模仿、延迟模仿，任意两种能力之间都呈现显著的正相关。孤独症儿童存在语言能力障碍，通过一定的语音模仿可以习得一些言语反应的固定模式，但在模仿训练中更要注意共同关注力的提升，不能机械模仿，机械模仿习得的大量与情境、动作反应不产生联系的词只是"一堆声音符号"，儿童很容易胡乱提取而出现长时的答非所问现象。

(二)主要策略及实施注意事项

1. 本体觉与视、听、触等多关注形式同时参与脑功能提升

摩根(Morgan)等证明,在孤独症患者大脑前额叶皮层有一些与特异性神经元反应有关的小神经胶质细胞被激活。另有研究表明,在孤独症患者小脑的颗粒细胞层和白质中,星形胶质细胞会聚集,小胶质细胞会被激活,以及不同年龄段孤独症患者大脑不同区域的细胞因子表达增加。这些炎症因子是由循环中的免疫细胞和巨噬细胞产生的,并能影响孤独症儿童的神经功能和行为。除此之外,大脑神经元形态受损也会引起神经疾病。根据 Sarm1 可调节神经元形态受损老鼠的行为分析,神经元受损会导致智力障碍、社会行为受损、认知缺乏灵活性等状况,这些行为缺陷与孤独症患者的特征相似。因此,Sarm1 被认为可能与神经发育障碍有关。中枢神经系统受损还会严重影响孤独症儿童的情绪情感表达,以及认知和社会行为,这需要我们从更广泛的角度来理解孤独症的各种行为表现,设计关注训练也要尽可能从有助于修复大脑损伤的方面出发。在干预形式上要采用多种关注有机结合的形式,特别是大量的本体觉参与对大脑中枢统合不足功能的修复和镜像神经元系统功能修复有重要意义(详见第二章和本章第一节)。此阶段涉及的思维信息加工过程虽简单,如摸一摸、看一看、听一听、记一记或再认一认,但在动觉和疼痛或舒服的本体觉引发的情绪反应的伴随下,听觉、皮肤感觉、视觉等多通道信息同时传入,参与信息反应的通道增多,对大脑功能区刺激的面积加大,同样有益于提升脑功能。

2. 要充分考虑知觉型加工的特点

相比较而言,孤独症儿童的视觉图形加工能力优于言语加工能力,大部分孤独症儿童偏爱视觉加工。在众多编码方式中,普通儿童倾向于语义编码,而孤独症儿童倾向于机械的视觉编码或视、听觉编码,即知觉编码。

了解孤独症儿童以知觉型学习为主的特点,在教学设计中既要充分利用其视觉优势进一步发展视觉关注能力,又要注意加强培养

听觉关注,还要注意视听觉刺激的结合及其表象形成。本书在共同关注力培养的教学设计上就是从视觉关注和听觉关注两个维度展开的。但在具体的操作中要注意,共同关注力培养最终指向的是沟通交往能力,这需要教学双方的互动交往,要注意教学的有效性。在刚介入训练时,环境要设置得安静、简单、舒适,可以少用语言,多用动作、眼神等视觉刺激引入。

3. 稳定情绪是前提

孤独症儿童的情绪和情绪调节都不同寻常,情绪表达也存在异常。他们容易出现恐惧、害怕、烦躁等负向情绪,这在很大程度影响了关注的持续和交互。研究显示,孤独症儿童这种情绪的不稳定在很大程度上和他们感知觉异常相关,所以在培养关注能力的同时,要匹配以相应的感知觉训练(详见第五章),要尽可能地帮助他们改善前庭功能和本体觉,使他们的身心舒服,需求得到满足,最终情绪平稳。在此基础上发展共同关注力,为后面相关能力的发展打好基础。

4. 有效沟通是关键

孤独症儿童无论是在口语、手势还是书面语沟通方面都存在困难,他们许多沟通语言和行为的习得是通过仿说和观看,缺乏联想、分析、概括和比较。孤独症儿童常常出现的说广告语、前言不搭后语、言不对题、自言自语等行为,其实是无意义、无效的沟通。

孤独症儿童若出现无口语或语音极其不清的情况,要检查其发音器官功能,考虑他的肌肉张力、气息控制等生理性的因素;若是发音但没沟通意识,应先调整他们的情绪,逐步培养相互关注力;若有少量口语但主要以手势和哭闹为主要沟通手段,要加强对他们的共同关注力的培养,让他们感到用口语交流能得到更多、更好的回馈。

5. 获得成就感是重点

孤独症儿童经过情绪调整后,情绪会稳定下来,但他们此时的心理还是很脆弱的,如果操作不当,他们非常容易退缩,关注训练也会停滞不前,因此最重要的是帮助孤独症儿童建立自信心、获得成就感。在关注训练中应先教给他们沟通的方法和技巧,当有效的沟通越来越多时,要更多地给予他们展现自己的机会,帮助他们获得更多、更好的成功体验,建立起自信心。这就需要教师和家长适当地示弱,故意设置情景去寻求患儿的帮助,给他们表现自己能力的机会,成功帮助别人会带给他们力量和勇气,而完全凭借自己的力量能让他们找到自己存在的价值,提升自我认同感,更愿意参与到活动中来。值得注意的是,任务是教师们提前设置好的、有生活基础的情境,不是刻板的重复学习内容,而是真正地解决生活中的问题,这是可以复制和迁移的经验,有助于知识的泛化,也有助于让儿童的能力在其他类似生活情境中得到持续增强。在他们成功完成任务的时候,我们要给予夸张的语言和动作作为鼓励,让他们感到获得成就感的美妙。尤其是当他们能用自己学到的知识帮助别人时,我们更要大力表扬,及时强化这种互助,使其沟通技能得以持续、有效发展。

(三)具体的相互关注训练举例与分析

游戏活动是患儿主要的学习方式,孤独症儿童也不例外。研究发现,孤独症儿童的关注能力与功能性、象征性游戏存在显著相关,孤独症儿童的共同关注力越好,其功能性游戏能力和象征性游戏能力也越好,因此可采用游戏活动进行训练。

1. 视关注训练(含肢体语言)

经过情绪调整阶段,患儿身心基本放松下来,情绪比较稳定,视觉、听觉、触觉等感觉通道都打开了,这时候他们开始对外界感到好奇,会对老师和同学感兴趣,有了外关注的这些患儿就可以进行视关注训练了。

建议视关注训练可以从触觉动作游戏开始,情绪调整过的患儿对于外界的兴趣还停留在好奇阶段,需要教师们耐心地引导和保护,切记不可急躁,不要盲目地大量跟进关注训练,要找到患儿感兴趣的点加以利用,增加一些变化会是很好的教学突破口。

案例 7.7

　　皮皮入学快1个月了,从最初满屋跑、四处游荡,到现在开始斜眼观察老师和同学们做游戏了。老师抓住这个契机,在同学们做完运动或坐或躺在垫子上时,老师引导大家玩"包饺子"游戏(只用手势)。游戏中教师哼唱着小儿歌:"擀擀皮、剁剁馅,一个饺子包三下。放锅煮,嘎嘎煮,煮熟了,什么馅的呀?吃吧!"老师来回用手轻轻搓揉学生皮肤,即用手掌在学生身上来回像"剁馅"似的按摩,遇到学生敏感怕痒的地方多"揉"几下,力度上也要有轻有重。在说到"一个饺子包三下"时,把学生的腿和胳膊叠在一起,抱成一个球,然后紧紧抱住学生,一边根据学生的感受调整自己抱紧他的力度,一边说"嘎嘎煮,嘎嘎煮",时间上自由调控,可长可短,视学生的情况而定。抱着的时候还可以用手挠一挠,学生们非常喜欢触觉体验。入学时没有语言的皮皮在这个游戏中哈哈大笑不停,呼吸和胸腔得到了锻炼,在老师突然停止游戏时,他因为特别想玩急得挤出两个音"抱抱",老师赶紧重复这两个音,并把声音和游戏联系起来,皮皮的语言发展得以稳定下来。

　　活动中大多数学生会出现既想要躲开,又忍不住凑过来玩的情况,要抓住契机及时引导。类似的游戏还有"搓汤圆""蚂蚁爬树""打老虎"等身体接触类活动,主要从触觉动作体验开始,一步步提高共同关注力。

　　视关注训练的内容除了常见的动作理解,以及丰富的本体觉体验外,还包括对常见肢体语言和单一表情的理解。

　　2. 听关注训练(含语气、语调的理解)

　　相较于视关注训练利用孤独症儿童的视觉优势,听关注训练会更加困难,如果学生的视听关注都有问题,建议把听关注训练放在视关注训练之后,这样会相对容易一些。听关注训练是要儿童从周围各种各样的声音中,提取和自己有关的信息来加工,对于孤独症儿童而言,这一步是很困难的。众所周知,很多孤独症儿童在听觉方面有一些特殊,他们的听觉与普通学生相比要敏感得多。在日常的教育教学中,我们要特别注意观察听觉敏感的学生,尽量避免高分贝和低分贝声音对于他们的影响。

案例 7.8

  刚入学的丁丁整个人特别紧张,他常常缩在角落里,怯怯地看别的同学玩玩具,每当有人经过他旁边或者发出稍微大一点的声音,他都会浑身战栗,眼睛扫视周围,满是惊吓。经过测试发现,丁丁的听觉阈限很低,也就是说,即使是很轻微的声音刺激,对于丁丁来说都是很大的刺激,从这里我们也就不难理解,面对生活中各种各样的噪音,他的内心会产生惊恐。我们习以为常的关门声、汽车鸣笛声、电钻声、刹车声、挪椅子声,还有东西掉在地上的声音……这些对一个听觉敏感的学生是很大的惊吓。时时都在这种紧张的情绪状态下生活,学生情绪紧张的状态会严重影响他们正常的学习和生活。对于这样的学生,教育的重点除了调整心理的紧张情绪以外,还需要从生理上给予帮助,可适当配合声音脱敏与音乐治疗活动。在课上,我们应更加注重帮他们对各种声音的脱敏和学习。"这是什么声音"系列课程,告诉他周围存在的常见声音有哪些?是由哪些物品发出来的?"谁在说话"系列课程则教给学生在外界那么多的声音中,我们要关注的是周围人发出来的声音;当别人眼睛看着自己发声时,要注意倾听;当别人叫到自己名字并说话时,需要自己回应等。经过一个学期的学习,丁丁现在已经不那么紧张了。每当突然有声音响起时,他会皱一下眉头说"电钻声,不用怕""掉东西了,小心点"。你看着他说话,他也会盯着你、你叫他名字,他会小声嘟囔"要回答"。当丁丁越来越明白事物与声音之间的关系,他的恐惧就逐渐减少了;当他了解人与人之间发出的声音是在沟通和交流,他关注人的时间越来越多了;当他认识到别人叫他名字是要和他对话,是需要他回应的时候,他关注人语言的内容越来越多了。当从害怕声音到关注声音后,丁丁的紧张和焦虑也就减少了。沟通从关注开始,关注让沟通更顺畅。

  听关注训练还可以从听各种声音、演奏各种乐器开始。让学生了解不同的声音是从哪里发出来的,有助于降低学生的焦虑。除了电子琴、口琴、铃鼓、口哨等乐器外,教师还可以充分利用自己的智慧自制乐器。敲不同材质的瓶子、碗、锅,这些打击乐器学生喜欢极了。旧饮料瓶子里装入不同大小的豆子、大米、水等,用手轻轻摇晃和使劲摇晃产生不同声音,并且可以引导学生自己装,例如动手体验装黄豆,黄豆量不同的瓶子发出的声音是怎样的,如果再多装一点呢?倒出一点呢?声音的不同吸引了学生注意,动手操作实践则让教学充满趣味。具体的教学活动设计可以参考附录二。

在听关注的游戏中,加入一些有内容的小儿歌、小故事,过程中加入律动,患儿们既喜欢又能很好地提高关注的持续时间。例如儿童歌曲《手指歌》《小红花》《开火车》等,活泼的旋律加上优美的肢体动作,学生开心极了,但不建议用《小毛驴》《数鸭子》等与其生活经验明显脱节的儿歌或者故事,可以采用一些节奏性强的故事类儿歌,简单有趣的故事也比较容易理解,例如《小老鼠上灯台》《大风吹》《小小粉刷匠》等,每次做这些游戏,学生们都会笑得前仰后合,在游戏互动的过程中因为理解了故事,学生感到成功的喜悦,因为喜悦,产生了更多的关注和互动。

在听关注训练的相关游戏中,还可以加入数字、颜色、形状、动作、动物名称、身体部位名称等一些认知类的内容。但一定要注意,这些内容只是让游戏本身更加丰富和有趣,不要以教授这些知识为目的,一定要以人与人之间的相互关注为主,让学生从关注物品到关注更加有意思的人,切忌加入过多的教玩具,本末倒置。

本书把听关注训练和视关注训练分开叙述,是为了让初学的家长和教师在操作上更加容易,在实际的教育教学中,听视关注并不是相互分裂的两块,而是相辅相成的。所有的视关注训练内容,加入相匹配的语言内容,就完全可以变成一种新游戏。在同样的游戏中,如果是为了突出动作和表情,就是视关注训练。当学生熟悉了游戏的玩法之后,语言要立刻跟进,以语言变化为主的游戏,则是听关注训练。视听关注训练不矛盾,关键看教育者将本节课的教育重点放在哪部分内容上。相关的教学活动设计可以参考附录中的"5以内数的认识"(见264页)"拍拍我的身体"(见265页)"跳格子"(见268页)三个活动设计,在听关注和视关注训练中都有提及。

在"5以内数的认识"游戏活动中,因为大部分学生8岁入学时基本都会认读1～5这五个数字(当然数字背后的含义并不一定了解,数的意义、分解等则是更深难度的知识,在相互关注阶段还不用学习这些内容),所以这个活动设计的目标并不是认识这5个数字,而是通过这5个数字来进行更多的互动。"请你像我这样做"系列活动设计中,1~5的手指数字变化、看口形指令说数字、拿数字卡片走步等都是视关注训练的内容,每个内容都可以分几课时来完成。而在"认真听一听"系列活动的设计中,听数字拍手、听鼓声说数字、听数在不同方位的拍手声,以及跟拍等都属于听关注训练。游戏设计可以变化多样,在游戏中,学生越来越明白要关注什么。在越来越懂得游戏规则后,视听关注可以放在一起训练,视听训练同时进行对学生的帮助更大。

培养孤独症儿童的共同关注力,有利于实现集体教学活动中的师生互动,为孤独症儿童参与集体教学提供基础,从而实现他们的有效学习,使他们得到长足发展。通过培养他们与他人建立共同关注,还可以提高他们更高阶的交往能力。

(四)组织教学时应注意的问题

1. 共同关注力培养最重要的是互动

关注能力培养可以借鉴很多提高注意力的方法和途径,但最关键的是互动,关注力在不断的互动中加强,这样患儿的关注才会持久。互动的方法除了前面介绍的藏找喜欢的物品,更好的是直接身体接触的"引逗",如捏一捏他们的手指、拍一拍他们的肩膀,捏和拍的位置、力度不断变化,他们的注意力就会集中过来。相互关注一旦建立,患儿的兴趣点会保持并增加,注意力会更加持久,沟通也会更加有效。

2. 正确对待患儿的"需要更多的关注"情况

经过情绪调整后,很多孤独症儿童的情绪变得稳定,但并不意味着会一直稳定不变。在训练初期,患儿尚没有对环境和教师建立起稳定的安全感时,情绪的反复很正常。这时教师和家长不要着急,要理解患儿,先陪同他,持续地给他安全感,给他更多的关注,可以寻找各种机会让患儿获得成就感,反复强化对患儿"你能行""我爱你""我理解你"的表达。多给患儿展示自我的机会,不断帮助他们认识到自己的能力,这样他们会越来越自信。

3. 共同关注训练中遇到新的情绪问题时，要冷静对待

不管是在哪个阶段，孤独症儿童都可能出现新的情绪问题，因为不是所有的环境都能被我们控制，不是所有的问题行为我们都能预估并扼杀其于摇篮中，身体不适、天气骤变、突来的强烈刺激等因素，都可能引发新的情绪问题。所以情绪调整要始终放在第一位，以不变应万变，让他们感到安全，真正懂得和满足他们的需要，是一切工作的基础。

4. 生活即教学，处处有教学

共同关注训练不仅是在课堂上的训练，课间活动、集体活动、喝水、如厕、整理衣物等生活场景都是教学的好时机。密切联系生活实际的共同关注训练，会因为不断在真实的生活场景中重复应用，大大提高了患儿的学习兴趣和成就感，也会让他们更加信任教师和家长，对于训练充满兴趣和新奇感。同时，生活是不同的，即使是相似的整理衣服活动，也会因为衣服的不同而有所变化，这种生活中的泛化，是让知识融于生活、回归生活，是让患儿的能力在不断强化中稳步提高。

当孤独症儿童的情绪基本稳定后，其自然会关注外界的声音、教师和家长的动作，这需要教师和家长顺水推舟。孤独症儿童集体教学中共同关注的培养至少需要一个学期，如果学生关注水平低，可能需要更长时间。应为不同关注水平的患儿设计不同的训练内容，通常以动作关注为先。

第三节　相互参照阶段的教学活动

交往中只有共同关注是不够的。当学生手背后，被人按压手指后能说出具体是哪个手指，他的内在感觉即已基本建立，已初步具备了了解对方感受的基础，这时才能进一步训练了解对方内心想法并做出适当回应的能力。相互参照就是关注与意图理解之间的中介，培养相互参照的目的是使参照者与被参照者之间形成默契的互动关系，从互动中体会彼此交往的乐趣（即部分满足交往需要），为

进一步解读对方心理(即意图理解)打基础。

一、相互参照能力概述

相互参照能力是沟通双方依据对方的动作、语言或表情等变化进行相应的持续变化的能力,在关注和模仿的基础上发展起来,涉及直观动作思维和具体形象思维两种能力,因此,比较复杂和重要。参照对方动作的力量、幅度、速度等变化进一步做动作,主要涉及直观动作思维,如双方一起拧毛巾、拉皮筋、跳房子等;参照对方动作的空间位置、路径等变化而进一步做动作又涉及具体形象思维,如双方听音乐一起跳舞(有时拉手、有时分开独舞)、一起用手指沾颜料涂鸦等活动,这些涉及具体形象思维的活动多没有固定模式。

沟通双方能互动起来说明都感到了被接纳,沟通双方互为参照者和被参照者,双方角色可互换,参照语言、动作、空间位置和表情变化等都是参照事件。有了参照意识和部分能力后,孤独症儿童基本不用提示就可以独立应对熟悉场合中的多种事件,而在陌生环境中若有熟悉的人陪伴,也能参照熟悉的人的行为来应对。有动作参照的学生能跟随教师或家长的动作,以"慢半拍"的方式组织自己的行为;有语言参照的学生可以与教师、家长进行多回合的对话,不再只是回答问题,但对于回答有变化的新问题还比较困难,有"预设"答案的现象,即孤独症儿童在沟通中必须听到自己想要的答案才主动中止提问或某个举动,与"预设"答案不符则会反复重复某句话或某个举动。

参照能力与模仿能力有本质区别。在模仿中,模仿者是被动的,而参照者是主动的,参照过程要适应多种变化回合(互动回合),多回合变化要求双方都要顾及对方;模仿不用思考"我该怎么做",相互参照则至少需要一步思考"我该怎么做",如果互动变化的回合多,则需要多步简单思考下一步该怎么做。特别要判断清楚,在语言参照时,只有能根据老师动作变化后的提问独立进行回答,才说明学生有了一定的语言方面的参照意识(后面简称为参照语言),而模仿老师的动作和回答都不算是具备参照能力。如老师刚拍了拍腿,并且说了"拍拍腿",然后问学生:"老师拍哪儿呢?"学生答"拍腿",这是模仿。老师刚拍了拍腿,并且说"拍拍腿",然后又拍起了胳膊,此时问:"老师拍哪儿呢?"学生能自主回答"拍胳膊呢",这种经过独立思考的回答才是具备语言参照的表现。如果要通过语言参照测试学生,则需要学生在对话中根据别人的回答多次进行自主提问,通过该测试的学生就可以进入意图理解阶段的训练了。

有参照能力的学生基本能跟随同学学习,且语言能力发展快速,而有些情绪不稳、初始语言发展较晚学生的参照能力形成需要较长时间。要特别注意,有的学生能靠动作记忆模仿做出多个组合动作,老师会以为他已经具备了参照能力,实际上并没有,因此老师一定要分辨清楚。

当儿童不用任何提示就能边看对方做动作边跟随动作变化,试图以自己动作影响对方时,才是真正具备了动作方面的相互参照能力(后面简称为参照动作)。以"跳房子"活动(见268页)为例,儿童训练多次后能独立完成跳房子,从数字1跳到数字7,但如果数字3的格子里站了另一个人,儿童没有任何提示就知道躲开人(脚不踩到地躲开)并继续完成活动,说明具有动作参照了。但此时培养语言参照可能仍有困难,需要不断泛化、发展连续动作变化的能力。

二、相互参照的主要内容

参照的核心是参照者在活动中自主产生至少"一步变化",在参照过程中,变化的产生取决于被参照者设计什么样的参照事件,即参照什么,也就是参照的主要内容。

(一) 参照动作

参照动作指在活动过程中,参照者能够根据被参照者动作的变化进行相应的动作变化,即在以被参照者动作产生变化为前提时,参照者头脑中有下一步动作的预设,并能够通过自己的变化,完成对方提出的任务或者继续正在进行的活动。在活动过程中,参照者观察他人行为并能在进一步思考后做出相应的动作,该动作要符合活动的进程,并且能够帮助参照者完成该活动。

如在上述"跳房子"活动中,可先让一名同学站到数字3,这时跳的学生就要变化跳数字3时的动作,以防止踩到这位同学,他可以单脚跳(本来不站人应该双脚跳),也可以双脚跳,但要避开那位同学的脚,这需要直观动作思维参与;此外,还可以增加与站在数字3的同学拍手等活动。这种根据别人的占位、动作在头脑中调整自己动作的幅度、方向等的能力即为参照能力。要想使活动持续进行,就需要"我变你变,你变我变"的相互参照。

再以间距2米左右的抛接球活动为例:被参照者将双手伸向高处抛出球,参照者能根据这一变化,也将双手伸向高处接住球。当被参照者不断变化双手位置时,参照者也能根据变化,将身体状态变为能接到球的姿势。若被参照者不断地进行动作上的变化,抛球时不断变化高低远近,参照者均可以根据对方的变化做出改变。"面对面吹纸球""上下方位倒手接球"等活动同样要求学生依据方位、路径变化调整动作,这些活动更多地涉及具体形象思维和动作表象的建立,需要他们的大脑不断思考和调控,因此这些活动对于他们今后的能力发展至关重要。

(二)参照表情(含肢体语言、语气语调变化)

参照表情是指在参照活动过程中,参照者通过观察被参照者的头部动作、面部总体神态或眼神,体会对方明显的语气变化,来理解此时对方的意思表达并且进行下一步活动。参照表情或语气变化的前提是学生已经学习过理解各种表情所表达的基本意思,并且明白了常用的语气、语调的意思。参照者在情境中,能够根据被参照者的表情,猜出此时对方的感受或者想法,并且能够根据对方的意思合理地进行下一步活动。需要注意的是,此时学生还不能完全做到凭空猜想对方的表情是什么意思,必须与情境吻合才能明白对方的表情,并按照表情提示自身行动,语气语调变化引发的行动同样需要与情境配合。

参照表情与前面提到的关注表情有区别,关注表情是要让儿童明白面部细节动作的意思,如老师眼睛紧盯着某个放了糖的小盒子,儿童看到后就去这个盒子里找糖。参照表情则是要关注面部表情变化,如老师的眼神从甲盒移动到乙盒停一秒,再移动回甲盒并停留在甲盒上一两秒,儿童要判断哪盒里有糖,判断错了就拿不着。该活动的顺序、用具可不断变化,提高难度。

再比如,几个人一起听音乐跳舞,想做什么动作都可以,但强调要有面部表情相伴,老师会在音乐激昂时使劲点头(向上晃动手臂、左右摇头等都可以)并发出"嗨嗨"的声音(传递给儿童高兴或兴奋的情绪),音乐平缓轻柔时没有这个动作,要求儿童不能跟老师的动作一样,可以随音乐变化做出不同的表情动作,然后再变换音乐,变换表情动作。此阶段还要学习不同的肢体语言以表达不同的意思。

(三) 参照语言

当学生能参照对方两步以上的连续运动变化,或者在他作为被参照者,带领参照者做活动时能根据参照者的变化做出新的变化,学生已经具备了参照语言的能力。如老师第一次学新课"照镜子"时,跟学生边对话边做动作,"你是我的大镜子,我们一起做活动,我梳头(老师做用手梳头动作),你……",然后停顿看着学生,如果学生第一次就能独立回答"我梳头"(语言由你变成了我),说明可以继续训练了。如果学生只用梳头的动作回应,则他们需要更多新的连续动作变化、空间位置变化练习。

参照语言是指在对话过程中,参照者能够围绕中心话题或者他人抛出的问题,和他人进行回合式对话,并且在对话中能够根据对方的答句主动提出问题。参照者在此时已经不仅仅局限于你问我答,他们能够提取已有经验回答问题,并且根据问题的变化改变自己的回答。参照者能够和他人完成两到三个(有联系的、非独立话题)回合的对话,或者在对话中主动发问,即为有一定的参照语言的能力。在参照语言的过程中,被参照者要限定谈话的中心,也就是参照什么样的语言进行对话,一般是一对词语或者短语,这样参照者才可以在一定引领之下、在同一中心范围(同一主题下的有联系的语句)内完成对话。在对话过程中,参照者不是机械地回答问题,而是根据对方语言中的信息进一步加工。

此阶段的对话交流内容都是学生熟悉的事物和已有的日常经验,不涉及对陌生知识的总结概括,如果涉及对陌生知识的总结概括则进入下一阶段——意图理解。

"上下方位倒手接乒乓球(或食物)"活动与自然对话训练让学生建立具体形象思维。在活动开始时,老师手捧乒乓球放在最上面,甲同学的手放在老师的下面(距离7~8厘米),即第二个;乙同学的手放在甲同学的下面(同样距离7~8厘米),即第三个;丙同学的手放在乙同学的下面,老师说开始接球后打开双手,如果甲同学位置不动,球自然滚落到甲的手上,甲接球后马上松手,乒乓球接着下落到乙的手上。三轮活动后,另一老师引乙同学退出,这时问甲和丙同学:"谁的手不见了"? 他们会回答:"某某(乙)的手不见了。"然后再让丙退出并背起手来,继续问甲:"这回谁的手不见了?如果想继续玩就要怎么问老师?"引导甲主动说出问题:"某某(丙)的手哪儿去了?"或者"某某(丙)的手不见了。"引导丙同学回答:"我把手藏起来了。"再重复活动,继续变化。可以让甲在最上面,老师第二个,玩一遍后把手藏起来,然后看着甲,鼓励甲提问。活动关键是制造主动提问的环节,与此类似,当学生等待着老师帮助剥橘子时,老师把手藏起来,促发学生问:"老师的手哪儿去了? 谁和你击掌了? 击了几下?"等,这些活动都需要具体形象思维的参与。

如果学生能多次根据对方的答句自主提问(非模仿式提问),则说明其已具备了参照语言的能力。此阶段往往需要较长训练时间。

三、培养中应注意的问题

互相参照在自主交往的6个阶段中起着承上启下的重要作用,并且容易与模仿和意图理解混淆,因此,参照活动的设计要特别注意以下几点。

(一)相互参照的核心是"一步变化"

"一步变化"即要求学生在活动中的每环节都自主进行一步思

考,而不是多步思考;如果是多个环节,则每环节都需要思考一下。参照者能够不再只是单纯模仿对方的行为和语言,而是通过提取已有经验和学习方式思考下一步自己应该怎么做。参照能力较好的孤独症儿童可以和被参照者进行回合式对话,或者在对话中自主提出与交谈主题相关的问题,但无论是回答还是提问,都是简单思考所得,不需要概括和复杂推理。此时学生还处于"你变我也变"的状态,不具备猜测他人行为意义的能力,因此要注意目标不能定多、定高,以避免持续变化困难而中断学习。如两个人进行用鼓槌敲小鼓活动,每人一个鼓槌,但所有人一起用一面腰鼓。共同关注阶段是老师敲鼓面,学生敲鼓面;老师敲一下,学生敲一下;相互参照阶段是老师敲鼓面后挡住鼓面,学生不能敲鼓面,所以要思考自己应该敲哪儿,然后完成敲击鼓边的活动;或老师轻敲几下,他就要变化,少敲、重敲都可以,总之要动一下脑筋。但老师不能设计过多、过难的活动,也不能替代学生思考,很多老师在做参照活动时因为设计得难了、加了很多提示,反而起不到训练作用了。

(二)多回合互动都是人与人之间的互动,家长和教师要学会"反参照"

在参照活动过程中,参照者参照的应该始终是被参照者的行为、语言以及表情等。例如,在抛接球游戏中,参照者应该以对方身体的动作为参照的内容,应该听被参照者语言所表达的意思,观察对方面部表情后进行下一步行动,而不是把注意力放在球的位置,又或者按照自己的想法完成任务。学生如果把注意力放到球上,就不是参照能力的培养活动了。教师或家长要及时地引导学生,如立刻拿出更吸引他的彩球放在自己脸边,做出舍不得传球的样子,学生越想要,就越需要注意教师的表情变化,和关注阶段一样,相互参照的都是人的行为举止,因此注意力的重点是头面部和上肢运动。

多回合互动的效果还取决于教师或家长会不会"反参照",要始终明确一个目标:让学生成为参照主体——即学生主动发动交往(即参照活动),教师或家长配合,这样才能让他们的能力真正提高。还以接抛球活动为例,学生开始抛球时,教师要尽量接着几个,并告知学生"你传得真好",教师也尽量让学生接着,看学生手放低就低抛等。当学生接住几个以后,要求学生变化动作,例如增加难度地"高抛",教师这时要接不住,这样学生才可能看到教师没接住而再变成"抛低点儿"(又一次思考并相应变化动作),如果下次变低了,教师就要接住。中间可以提示:"想想怎么能让老师接着?"如果学生第一次变化时教师不能反参照,直接接住了,学生就会一直这么传,也不会再试图变化了。因此,参照活动如果组织不好会变成连续的动作模仿,这样虽然学生做对了动作,但缺少了动脑筋的环节,这是本阶段训练中应该特别避免的。

(三)成组使用参照内容并与已有经验对接,效果会更好

在一个参照活动中,被参照者一定是给予参照者一组或者一系列相互对应的参照内容。设计好一组主要的参照内容后,可以以其为中心,纵向或横向延展需要的内容。如抛接球活动,参照动作时可以使用高和低、远和近等变化,让动作幅度、位置不断变化;参照语言时可以使用"想给"和"不想给""我能"和"我不能""抛给谁"或"不抛给谁"等;参照表情时可以使用开心和不开心、喜欢和不喜欢等。这样学生能对比学习,理解更深入。

此外,参照活动的选取一般要根据学生的兴趣爱好,如果对他们的已有经验重视和利用不够,就很难将他们组织起来。学生会变化就是会思考,如果没有已有经验和兴趣爱好的支撑,很难前进。如果学生喜欢玩细长的绳子,说明他们有这方面的经验,就可以组织他们在桌上进行"拔河"活动,这种桌上拔河活动能把注意力都集中在头面部和上肢,有利于捕捉重要的交往信息;如果学生喜欢玩瓶子,就可以进行对碰瓶子的活动。无论哪个阶段的活动,都要利用学生的已有经验和兴趣爱好。

(四)参照语言的基础是动作参照和动词的积累

参照者处于参照语言的能力阶段时,会大量累积词汇和语句。被参照者训练参照者能力时,要先从动词开始。通过做动作学动词的方式,将学生的已有经验提取出来,进而在活动中让学生真正理解动词的概念。用这样的方式,他们才能够对自己学习过某些词语

的概念有积累，进而才可以进行下一阶段的训练。无论是参与抛接球、桌上拔河，还是对碰瓶子等活动，都是学习和积累动词、方位词的过程。在情境中围绕"是谁？他做了什么动作？怎么做的动作？"进行提问和回答就会更加顺理成章。具体教学活动设计可详见本书附录二。

（五）利用好自然环境中的同伴，使参照（非模仿）同伴的动作、语言成为常态

成年人和儿童有着明显的经验差别，要理解儿童的想法去"反参照"，有时有一定的难度，但同龄人之间就不一样了。特别是在随班就读的安置中，最好的参照即来源于生活中的同伴，不去实施同伴参照会使教学效果大打折扣。要实施同伴参照就要对同伴进行筛选和培训，一般从孤独症儿童喜欢的人中筛选不爱"指挥式"说话的学生为最佳。培训内容主要围绕让同伴理解孤独症儿童的行为意图，以及做动作、眼神、语言引导的策略等展开。如在培养动作参照阶段，同伴打开语文书时要故意有两次停顿，不要直接翻到某页，看孤独症儿童跟上了翻书动作再继续翻书、停顿，孤独症儿童会再跟，直到翻到那页。在这个过程中，孤独症儿童对同伴的动作是有一步步思考的。语言参照阶段也是一样，要告诉被参照者尽量使用"我不明白你的意思？""你要问什么？"等语言与之交流，切忌直接告诉孤独症同伴怎么做等。

相互参照能力是孤独症儿童交往能力发展的关键一环，起着承上启下的作用，在此阶段，很多老师和家长往往"放不开手"，总用语言提示，或者太着急而忽略了让患儿独立思考，还有些则是利用不好"反参照"。因此，此阶段也是最容易出问题的阶段，老师和家长要领悟此阶段的培养任务，管住自己的"语言"，真正让患儿动脑。

第四节　意图理解阶段的教学活动

当患儿在以前没被教过、没看别人做过、没有任何提示的前提下，在能在同屋人看着窗户，说"屋子真热呀"时做出"去开窗户"的

正确反应,说明他已经达到了意图理解阶段,这时双方的交往会比较自如。然而要从相互参照阶段达到该阶段,还需要进行大量训练。

一、意图理解能力概述

本书中的意图理解能力是指通过观察分析交流对象行为之前的尝试态度理解别人,也就是对于他人意图进行推测和理解的能力,是初步的逻辑思维能力在交往活动中的反映。它是交往双方进一步深入持久沟通的基础,但不必"心心相印",只是一般性了解对方的表面意图即可。它使人在被接纳的基础上完成更复杂的加工,最终明白自己熟悉的人的心理感受并做出相应的行为。意图理解能力是以自我意识的发展为基础的。

培养意图理解能力的目的是补偿心理理论缺失,发展较长期稳定的交往关系(满足交往需要)。能达到此阶段的学生并不多,一些智商值 $IQ>50$、经过长期能力培养的学生可以具备此能力。

有意图理解能力的学生可以较为概括地理解常用概念,不用教师或家长提示就可以按照常规要求组织自己的行为,"预设答案"的现象明显较少,不良情绪也很少。

神经科学研究已经表明,人们可以通过观察他人的身体语言、面部表情、与物体接触的方式等细微之处,以及依靠对他人心理状态推理的能力来理解他人正在或将要做什么,但这种观察是对他人细微表情动作的加工和理解,以实现在交际中识别对方真实想法的目的,并得出有效的应对方式。在人际交往过程中,我们常常需要判断对方的真实想法,比如作为老师,遇到了一个智力轻度落后、敏感又非常爱说谎的学生,往往不知道他说要跳楼是威胁你还是他的真实想法。再比如,一个患儿把家里的门钥匙藏起来,问他,他面不改色、心不跳地说"不知道",很难猜测他的真实想法。还比如,两个患儿之间明显出现了问题,但是每次发生矛盾冲突被老师责备后,双方都说是闹着玩,难辨真假。那么此时表情动作判断就提供了了解他人真实意图的有效方法。这里的表情动作是指当人在面对突发情况和刺激的时候，面部不由自主地表现出的微小反应，这些都是与生存直接相关的本能反应，而人和动物的不同就在于，人在长期进化过程中发展的智力可以有意识地控制自己的反应和行为，甚至可以很好地伪装自己的真实反应，但表情动作表达的细微情感不好伪装。判断一个人是否因为内心愤怒产生了战斗反应，最直观的方式就是从对方的脸上观察变化。一张愤怒的面孔是什么样？整个脸部的肌肉都变为紧张状态，这就是为什么我们会形容一个人的脸因为愤怒而扭曲。战斗反应在身体上也会呈现出变化，最常见的是身体绷紧、双拳握紧的准备迎战的状态。这些对表情外显特征的识别能力在参照阶段就已经具备了，但表情变化对应的身体感受的变化、用什么表情表示此时此刻的心情，却是此阶段要完成的任务。

通常我们的婴儿时期是一生当中接受最多安慰的时期，比如害怕的时候被不停地抚摸或抱紧，会让我们感到安全，这使得我们在长大些之后，一旦遇到一些难题做不出来，然后重要关系人板起脸的情况，还是会转过头去，甚至会哭，因为渴望得到的安慰没有了。而当一个成年人感到负面情绪时，往往会下意识地转移视线，减少与对方的目光接触，降低受到的负面刺激，接下来可能是赶紧离开此情景。总之，意图理解就要掌握这些"身体语言"并做出相应的应对。

二、意图理解能力训练的主要内容

意图理解能力训练内容首先从激发患儿由某件事引起的身体真实反应并做出相应的表情开始，然后是识别对方在相应情境下，相同的动作、语言和表情代表什么想法，即解读别人的身体语言然后做出适当的反应，最后是让患儿能用表情和身体语言表达此时此刻的想法、心情。

（一）理解情绪训练

1. 悲伤情绪

产生悲伤情绪时，尤其是在当人觉得需要帮助的时候，如果伤心地哭了，一般有同情心的人会觉得是不是应该过来帮一下，悲伤情绪就起到了一个这样的信号作用：告诉其他人，自己需要帮助。这种心理需求一般来说会比较熟悉、好判断，比如鼻子酸，眼眶酸，想哭泣的感觉，这是最基本的，但相对而言，若是平常不太能觉察，或者不太能表现自己的悲伤情绪的人，也容易忽略一些悲伤感觉。也有很多人的悲伤情绪表现为胸闷、心口疼或者是头疼，这些都有可能是压抑悲伤情绪的体现，与此比较，哭泣则是"健康的"悲伤情绪的反应。

孤独症儿童对悲伤情绪的身体感觉很少，他们一般说负面感觉总说"我非常生气"，很少说"我很伤心"，欲求没有被满足一般就会又哭又闹（个别情绪退缩严重的人只是哭），甚至会拍打自己身体，他们多把悲伤、愤怒和烦恼混淆了。孤独症儿童要在先分清身体的酸、麻、胀、痛等各种感觉的基础上才能学习分辨和理解情绪，只看图片或视频，没有身体感觉配合的理解是"假理解"。主要可以围绕两类情景设计体验活动：一类是身体持续不良反应引起哭泣的悲伤体验，另一类是感觉难过时想得到帮助而暂时没人帮助的悲伤体验。在身体感觉较丰富以后，如按摩过程中某穴位疼痛了或酸痛了，患儿可能会不自主地哭起来，这时按摩者要小心地说"哎，你身体有不通的地方啊，我轻点按，你别哭了""难受了就哭会儿吧"。当这种感觉明确了以后，还可创设类似"运动回来已经很累了，胳膊很酸痛了，需要别人帮忙抬东西的情景"。开始时有人帮并做适当按摩、抚慰，让他用语言和表情表达心情；之后没人帮助，激发他用语言和表情表达心情。

2. 愤怒情绪

愤怒情绪是一种自我保护情绪，它进化出来的主要目的是为了让人能够保护自己。愤怒情绪产生的过程，也是一个生理过程，机体的肾上腺素等分泌增多，之后，人可能就达到了"超人"的水平，可以打过平常打不过的人了。愤怒情绪开始就有一个自我保护功能，通常当人觉得受到威胁、欺辱时，会产生很多情绪，如果下意识觉得自己能打得过对方，就会产生更多的愤怒情绪，这时一般就不会忍受威胁了。

愤怒情绪产生时,身体是什么样的感觉?肌肉会紧张,喉咙会发干,头也会胀,有愤怒情绪的人晚上睡觉的时候身体容易绷着或者背痛,这种典型的愤怒感受和表现对于孤独症儿童来说都是稀少的,回击性的打人就更少,因心烦而出手打某人一下的多见(一般是横扫式地挥动手臂一下,不一定打着,打不着也不能马上再回击,与愤怒地打的表现截然不同)。因为准备好要揍人了,"打"的力量要从骨盆出来(腹肌、髂腰肌收缩),然后从身体背部延续肌肉紧张到肩部,再到肘部、手部。身体气血运行通畅的人才能组织自己的"愤怒式回击",一些功能好、社会化程度高的孤独症儿童才可能有这种情绪,当发现有这种情绪时要教他如何发泄,在适当时机观察和识别他人攥拳、绷脸等反应,并做动作体验。一般学生普遍有的、容易与愤怒混淆的多是心烦意乱的感觉,这种感觉到不了愤怒的程度,对这种情绪也要做纾解练习,同时学习相应的表情动作。

3. 恐惧情绪

恐惧情绪也是一种自我保护情绪,当这种情绪产生时大脑当中往往先是一片空白,然后下意识地躲避或离开。如受到别人威胁,但估计自己打不过对方的时候就会出现这种情绪,而这个"估计",事实上是非常主观的,是个情绪反应,并没有经过那么多思考,可能只是觉得这一瞬间就打不过,那就不打了,赶紧离开。

恐惧情绪的身体反应是回避、逃离的,情绪发生时会心跳加速、肌肉收紧,有时可能出虚汗;如果从姿势上看,恐惧会让人走路时身体微微向后倾,时间长了就会让人身体肌肉僵硬,被抱时有僵硬感。有一些畏缩、极力躲避交往的孤独症儿童常常是带着僵硬的身体寻找各种方式离开,这些患儿很难在教室中坐稳,不愿意自己后面站人,总想站在最后一个,或排队时总往害怕的人后面站,且非常不愿意去陌生的或人多的地方。恐惧情绪发生时想要自我认知也有一定困难,需要教师和家长特别留心地细致观察,一旦出现该情绪反应的身体、表情变化要迅速保护患儿,并坚定地说出"有我在,不用害怕"等。若事后观察了解到原因也要及时纾解。当患儿情绪稳定后才可以提及往事,引导出他们恐惧源、进行疏导,同时让他们加强身体锻炼,而对身体已有"僵硬感"的患儿更要从改善其身体素质入手,如加强在户外良好环境中的爬山赏景活动,参加证明自我的活动等。

4. 高兴情绪

"高兴"有奖赏和强化的功能,"好想再开心呀""好想再去现场看现场电影"——形成了一个驱动作用。如果一个人在生活中感觉不到什么高兴的情绪,他就没有什么动机去做事情,长期感觉不到高兴情绪,就觉得一切都无所谓,没有什么意义。

有些人拥有高兴情绪的时候没有察觉,认为每天都没有值得开心的事情,高兴的情绪就没法发挥作用。而有些人就不一样,经常是内心铭记有过的高兴情绪,然后会常常回味这种愉快的心情。当能够觉察到高兴情绪的时候,可将其作为一个"充电"的机制,帮助人们更好地去应对情绪不佳的时候,有高兴的情绪体验,就能觉察到自己喜欢什么、想要什么,就知道可以做什么。

在情绪良好的时候,身体感觉是舒展的,会觉得胸口展开了、整个身体展开了。外面空间很大,呼吸会变得更容易,更顺畅。还会有一种兴奋感,胸口的兴奋感,或者身体感觉很轻盈。创设什么情境能真正让孤独症儿童持续体验高兴,眉开眼笑?自我成功的体验才是最直接、无副作用的良方,满足他们的吃喝和视觉需要仅是一时之策。

除了以上四种常见的初级情绪,还有更复杂的情绪,如焦虑、内疚、羞耻、嫉妒和困惑等,孤独症儿童很难正确体验和表达这些情绪,需要在上述情绪体验的基础上,结合丰富的生活经验积累,一步步感受和学习,一般从书本上是学不来的,需要大量的时间在实践中体验、积累。具体可参见第九章职业教育部分的内容。

(二)情绪训练后的换位思考练习

我们的一举一动都会影响他人和我们交流的欲望,比如眼神,如果故意逃避和他人的眼神交流,会让自己看起来有点心不在焉或退缩;如果一直盯着他人看,也会让人觉得有侵略性。正确的眼神交流应该是正视对方的眼睛,然后把眼神转向对方的嘴巴,接着再看看对方的眼睛,时不时鼓励性地点点头,表示自己正在用心听,而且很感兴趣。同时还要注意一下肢体动作和面部表情,从心理学的角度看,人的肢体动作反映了内心的真实想法。比如站立的时候不停地动,会看起来很匆忙、很无聊;跟人说话的时候,身体侧转,意味着对方的话让自己感到不自在,或者对谈话内容不感兴趣,而如果身体稍微向对方倾斜,说明对谈话的内容很感兴趣,听得很投入。这些看上去无关紧要的肢体动作,其实正在暴露自身的情绪,从而影响他人对自己的第一印象。因此身体动作、眼神、手势动作本身的训练很重要,根据自身认知理论,这些训练对思考对方的感受很有帮助。同时,身体和情绪体验后的换位思考是自己在身体活动中自然产生情绪体验,伴随着真实情绪体验而顺势进行的一定的思考练习。与一般的换位思考不同,孤独症学生往往难以自然而然地提取以往的情绪体验,因此需要先体验再换位思考,即从与外界的互动中得来,通过不同的身体感受、面部表情和肢体动作来换位思考。例如老师生病了,嗓子疼、难受、说话声音小,希望学生安静、认真地做动作训练,学生虽感受到了老师的变化,但不会产生难受的情绪,也就没办法懂得老师的意图。此时正是意图训练的好时机。老师可以让学生通过做动作训练(如引体向上等),让身体也产生一些难受的感觉,然后跟老师一起做难受的表情,一起学习"别人难受了,我该怎么办"。这样的思考练习需要自然的身体和情绪反应的配合。再例如,学生上台表演前比较紧张,老师先双手紧紧地握住学生的拳头五六秒,看着他的眼睛说:"紧张。"同时,做出紧张的表情,学生自然会感受到"紧",理解"紧张",老师稍松开后再握住,说"你能行,加油",这时学生的内在情绪是稍微紧张,手部的感觉是有压力,老师在紧紧拥抱他后放开,这时学生身体有一定的放松感,拥抱松紧程度视学生情况而定。总之要结合情境和真实的体验进行换位思考练习。

除此之外,要注意说话情景的创设和话题的选择。与别人的距离也会影响到别人对你的态度,一般来说,1米左右的距离对于大多数互相不熟悉的人来说,是最为恰当的,保持这个距离,既可以有肢体接触,也不会因为一些亲密的举动让别人感到不舒服。建立在为别人考虑基础上的外部接触是实现换位思考的第一步。换位思考的第二步是话题选择。不把谈话当成一件麻烦事,而当成一个机会,通过谈话增长知识、增进感情,甚至打动对方。想做到这一点就要选择合适的语言。我们在谈话过程中,特别是谈话开始的时候,要选一些能让对方说下去的话题,也就是开放式话题,开放式话题其实是相对于封闭式话题而言的。比如,提问"某某公园你是不是去过呀?"对方只能回答"是"或者"不是"。这种没法继续深入沟通的话题,就是封闭式话题,这种话题不仅会让对方感到很无聊,而且被问到的人还会有一种接受审问的感觉。而开放式话题就不同了,其能让对方打开话匣子,继续说很多内容。孤独症儿童能用表情和身体语言表达此时此刻的想法、心情的前提是能感受到这样做有趣,受到对话者的感染或鼓励。因此选择什么样的话题与此阶段的孤独症儿童沟通至关重要,要选他们感兴趣的、具有自身经验的话题。

三、培养中应注意的问题

(一)鼓励患儿做出表情,同时读懂表情动作

在此阶段要多鼓励患儿做出相应的表情和肢体动作,自己能用表情表达了,就能真正学会理解别人的表情、解读表情背后的意义。老师和家长还要能分析患儿做出表情的内在含义。

前面已经分析过了四种情绪及其相关的身体语言。因为人的身体语言十分复杂,所以要求老师和家长对学生更加仔细地观察分析。如人在惊讶的时候,往往会面部呆滞、眼睛睁大、嘴巴微张,但人一般不会让情绪在脸上明显外露,或者会迅速隐藏起来,这个时候就需要对较细微和隐晦之处的觉察。例如,我们会不自觉地屏住呼吸,或者是放慢呼吸、约束自己的手脚。一般而言,我们平时不会有手足无措的感觉,但当我们紧张担忧的时候就会在手脚动作上产生自我拘束。比如胆小的孤独症儿童的常见动作是逃离,马上远离自己害怕的人,或者频繁地晃动手臂,缩手缩脚缩紧身体;胆大的孤

独症儿童常见的动作则是用各种形式反抗,如大叫、破坏、攻击等。一般来说,扩张的肢体动作对应的是积极的心理状态,而收缩的肢体动作对应的,有些是消极的心理状态,有些是本能的迅速反应,它的出发点是把自己的肢体面积缩小,达到减少被关注的目的。

敏感又退缩的孤独症儿童遇到危险或想要逃跑时候的表情动作有以下几种。首先为转移视线。寻求安慰的视线转移和视觉逃离有区别,寻求安慰的视线转移都有下一步目标,通常是寻找积极的刺激,转向自己信任的人;而视觉逃离没有下一步动作,只是因为想要逃离危险,视觉逃离往往表现为眼神飘忽不定。其次,逃离的表情动作是角度的扭转,也就是姿势和位置的变化。例如,两个高功能孤独症儿童在同一组上课时,其中一个粗暴、不懂礼貌地连续争抢并获取关注,他的表现会让另一个本来安静地坐在椅子上的比较聪明、规矩,但又退缩的患儿,上身后倾,眼睛斜看向这个发出自己不喜欢声音的人。这个角度的变化其实是逃离的准备动作,之后,当前者继续咄咄逼人并推了后者一下,后者做出十分厌恶和紧张的甩手、转身动作,这也是讨厌、强烈反感和想要逃离的表现。再次,瞪眼、大喘气或自伤的表情动作,其背后往往是愤怒的情绪。在所有的情绪当中,愤怒是最难控制的,也会消耗最多的身体能量,这种情绪一旦被唤醒,就会调动患儿全身的战斗状态来应对威胁,因此这种情绪的表情动作也最难控制。

(二)分清真正的意图理解和讲解意图后的"貌似理解"

真正的意图理解要与真实的情境结合,不能依靠绘本和"社交故事书"来学习,因为人心万变,不可能只有一个答案,要避免创设情境中缺少互动元素的、为理解而理解的训练。患儿自身没有相关的累、难受、放松的体验就不能真正理解别人话语中的这些词汇。意图理解不是回答正确即可,主要应该看行动,有些患儿听到家长说身体难受或太累了,也会回答"休息休息",但行为上照样"折腾",给人以"口是心非"之感。其实是他们没有能力理解"太累了"是多累。要真正理解他人意图就要创设体验"太累了"的情境,并在该情境中进行语言、情感配合的教学。在做巩固练习时,教师和家长可适当用些故事书中的材料。

（三）避免在参照能力欠缺的情况下急于训练意图理解

每个阶段交往能力的获得都是以上一阶段交往能力的存在为前提的，想获得意图理解就需要先有具体形象思维能力和一定的概括、推理能力。具体形象思维能力培养的重点在于相互参照阶段能力的培养，本阶段的重点是培养儿童具备初步的概括和推理能力。但如果相互参照能力没有培养出来，儿童头脑中的表象和情绪体验都不丰富，意图理解就不能发展好。

意图理解训练虽用到了大量的表象加工（详见附录二第四部分中的活动设计），也涉及了复合句式的学习，但它与思维、语言训练不同，不要为了学因果关系的句子而学。如有的老师机械地让学生模仿去说"因为我累了，所以我要休息一会儿"，但实际学习时患儿没体验过"累"的状态，没有累的感受，这样习得的句子一般不能用于人与人之间交流的真实场景。要让学生有各种累的真实感受，并能总结概括出为什么累；思考如果再进行什么活动，身体会怎么样；之后再练习因果句式。

总之，意图理解要结合儿童自身的真情实感，在参照表情的能力发展起来之后再培养。届时他们通过大量的身体感知、动作控制和情境中的动作体验，有了一定的对他人情绪的理解，尤其是遇到情绪情感相同的情境时，懂得了对方大声哭喊是因为没有看到好吃的东西，不是因为自己做错了什么事情；或者，当老师说："某某同学，你打同学对吗"时，患儿不会认为是在严厉批评自己，也不会委屈地哭或者出现情绪暴躁的情况。患儿就是在这时慢慢地知道用"我"来思考问题，知道"我"与同伴的想法、做法和情绪能够分开来。通过认识情绪和想法，患儿真正学会区分开自己与他人认识的不同与相同之处，建立起你、我、他的概念（详见附录二中的活动设计），只有这样，生活在恐惧中的孤独症儿童才能获得自信和更大的勇气。

在发展了意图理解能力以后，人基本能明白别人的动作意图，理解省略的指令语，如发出指令"把垃圾扔了"，不用说是什么垃圾，也不用说扔哪儿，患儿就能自己动脑筋操作完成，同时能理解常见的表情并做出相应的回应,双方交往就比较顺畅了。但此阶段的患儿很难综合加工复杂情绪,或在表情和语言不一致的情境下,做不到心领神会,这样的交流只能停留在表面,因此需要拓展想象(主要是与情绪感受关联的想象力),即超越时空在头脑中构思新的形象、新的想法。这种构思依然依赖于自身感受的积累、变化,依赖于语言的丰富。如某学生非常喜欢吃包子,也知道了面粉是做包子的材料,就可以根据他的手臂力量为他设计"送面粉"的情境活动以发展他的想象。例如,送他一袋20斤(能拿动却很费力气的重量)的面粉,他会怎么拿回家?首先,体验抱着面粉走一段路,沉得不想抱了(自发出现了情绪变化),又想"为了今天吃包子还得抱"(再次自发出现情绪变化),再思考"实在抱不动可以怎么办"(在情绪的促发下开始自发地超时空思考)。期间老师要配合多次的语言交流,甚至是"逗贫"。人与人之间交流的想象活动是在身体体验和语言引逗带来的情绪情感的诱发下的自然的、持续的发散活动,重点是培养学生的灵活性,即通俗说法——"斗智斗勇"的感觉。此训练要善于从现实生活中挖掘情境。

拓展了想象能力以后,孤独症儿童真正有了初步抽象思维能力,能变通处理日常生活中的变化,能初步地换位思考,思维灵活性大大提升,此时其交往能力才可以说有了质的变化,成为一个灵活、顺畅、可控的交往主体,成为一个社会人。

综上所述,培养一个比较能控制自己情绪和行为的社会人的路径是清晰的,也是漫长的,要锲而不舍才行。绝不可认为学生只要会认红绿颜色就会看红绿灯过马路了,也不能认为学了加减法就能买东西、会买东西就会与人交往了。培养孤独症儿童感受情绪的能力、思维能力、调控能力,并不断地让他们参与社会生活积累经验,才能真正提升他们的交往能力。

思考题：

1. 情绪调整阶段教学设计的依据有哪些？操作要点有哪些？
2. 如何判断学生是否处于共同关注或相互参照阶段？
3. 如何培养学生的共同关注力？
4. 如何培养学生的相互参照能力？
5. 怎么使孤独症儿童理解情绪意图？
6. 提升交往能力的主要做法有哪些？

本章主要参考文献：

1. 曹漱芹，方俊明. 自闭症谱系障碍语义加工特点与认知神经机制的研究综述[J]. 中国特殊教育，2008，9.
2. 陈鸿雁. 孤独症谱系障碍儿童情绪能力干预系统研制[D]. 南京：东南大学，2016.
3. 陈璟，蔡昭敏，何艾. 孤独症儿童的情绪理解研究进展[J]. 中国特殊教，2013(6).
4. 陈太生，宋伟，王巍，等. 干扰本体感觉的静态姿势图检测[J]. 中国耳鼻咽喉头颈外科，2007，14(4).
5. 陈阳，李文辉，陈俊赢. 孤独症儿童对静态与动态面部表情识别的比较[J]. 中国健康心理学杂志，2014，22(11).
6. 陈玉美，林珍萍，王红，等. 孤独症儿童相关能力缺陷与共同注意力的关系[J]. 康复学报，2015，25(2).
7. 丁小斌，赵庆华. 抑郁症患者的认知抑制与情绪调节[J]. 中国健康心理学杂志，2013(12).
8. 官春兰. 自闭症儿童的共同注意力缺陷[C].//北京师范大学. 2011年第二届首都高校教育学研究生学术论坛论文集，2011.
9. 李安茂. 孤独症儿童行为障碍与家庭教养环境的关系研究[D]. 西安：第四军医大学，2006.
10. 李晶，朱莉琪. 高功能孤独症儿童的合作行为[J]. 心理学报，2014(9).
11. 罗跃嘉. 焦虑对认知的影响及其脑机制[C].//中国科学院心理研究所. 心理疾患的早期识别与干预——第三届心理健康学术年会，2013.

12. 马恒芬,张阔,常敏,等. 焦虑对注意控制过程中抑制加工的影响[J]. 西安交通大学学报(医学版),2018,39(6).

13. 王梅. 孤独症儿童的情绪调整与人际交往训练指南[M]. 北京:中国妇女出版社,2009.

14. 修云辉,明兰. 自闭症儿童共同注意干预策略研究[J]. 毕节学院学报,2016(5).

15. 杨帅. 电针对IBS模型大鼠内脏敏感性与情绪心理调节的机制研究[D]. 北京:北京中医药大学,2013.

16. 张盈利,张学民,马玉. 自闭症儿童共同注意干预的现状与展望[J]. 中国特殊教育,2012,4.

17. 周念丽,杨治良. 自闭症幼儿自主性共同注意的实验研究[J]. 心理科学,2005,28(5).

18. 朱平,吴广霞,王永霞,等. 孤独症谱系障碍的免疫学研究进展[J]. 中国免疫学杂志,2016,32(4).

19. ADETUNJI B, MATHEWS M, OSINOWO T, et al. Risperidone for the core symptom domains of autism[J]. American journal of psychiatry,2006,163(3).

20. JOORMANN J, SIEMER M, GOTLIB I H. Mood regulation in depression:Differential effects of distraction and recall of happy memories on sad mood[J]. Journal of abnormal psychology,2007,116(3).

21. KALAND N, CALLESEN K, MILLER-NIELSEN A, et al. Performance of children and adolescents with Asperger syndrome or high-functioning autism on advanced theory of mind tasks[J]. Journal of autism and developmental disorders,2008,38(6).

22. ROOHI J, DEVINCENT C J, HATCHWELL E, et al. Association of a monoamine oxidase-A gene promoter polymorphism with ADHD and anxiety in boys with autism spectrum disorder[J]. Journal of autism and developmental disorders,2009,39(1).

第八章
孤独症儿童的家庭支持和早期干预

重点内容：

　　心路历程

　　家庭需求

　　支持手段

　　早期干预

家庭是儿童成长发展最初的和最重要的场所,家庭教育对儿童发展的影响持续终身。与一般儿童的家长相比,特殊儿童的家长承受了更多来自社会、学校和家庭等各方面巨大的压力,因此他们在帮助患儿前亟须获得支持。孩子需要家庭支持,家长更需要社会支持。做好家长工作是使孤独症康复训练获得成效的重要环节。

第一节 了解孤独症儿童家庭

家庭对于一个人成长的作用是不言而喻的,父母在患儿成长过程中的重要作用无人能及。帮助孤独症家庭、孤独症父母就是帮助患儿。

一、孤独症儿童家长的心路历程

特殊儿童的家庭面临着普通家庭无法想象的考验和挑战,家长经历了长期的内心挣扎,身心疲惫。我们根据多年来与孤独症儿童家长的交往经验,将家长的心路历程大致分为拒绝期、调整期、适应期和成熟期几个阶段。经历过确诊后的阵痛,家长度过最初的心理崩塌然后步入调整期,逐步适应,最后到达成熟期。家长也伴随患儿的成长而逐步成长与坚强。

(一)第一阶段——拒绝期

主要表现:拒绝承认孩子是特殊的。努力想证明患儿正常,是家长得知孩子有问题时的通常反应。

案例8.1

小白,3岁,刚上幼儿园不久,老师发现小白有很多不同,于是和园长反映,园长找来专家观察,大家的一致结论是:孩子需要去医院检查。于是园方、专家找家长谈话,希望家长能够重视。几天后,家长拿来了几张不知名医院的检查结果交给园方,并明确告知:孩子一切正常。

很多孩子的问题是幼儿园老师发现的,因为有其他小朋友做比较,问题很容易暴露出来;有的则是家庭成员发现的,也有的是邻居、朋友发现的,至此可能造成家庭成员意见不合,甚至邻里、朋友反目成仇。原因很简单:家长不能接受孩子有问题。

"接受现实"实属不易。这些年来咨询的很多家长将解决专业问题作为次要目的,主要目的在于证明孩子不是孤独症患者。即便孩子已经确诊几年的家长,当看到孩子进步时瞬间的反应是:医生误诊了!一位北京的家长说:我用了10年的时间才接受我的孩子是孤独症患者。

根据弗洛伊德精神分析理论的研究,父母对孩子的身心障碍采取否认的态度是一种自我保护的心理防御机制,是为了缓解内心的痛苦。这一时期家长的情绪非常不稳定,很难理智、平静地看待孩子的问题。

(二)第二阶段——调整期

主要表现:家长努力调整自己,但经常焦虑、敏感、失望和无助,特别是在看到患儿看似不正常的行为问题后难以平静。这个阶段的家长很容易出现心理问题,甚至是抑郁。

案例8.2

宝宝是由奶奶带大的,自从宝宝被确诊后,妈妈认为是奶奶把孩子带坏了,为此奶奶有着沉重的负罪感。为了偿还对孩子的亏欠,奶奶包揽下全部家务和孩子的训练,还要承受妈妈的埋怨。妈妈受不了宝宝的自我刺激性行为,看到宝宝玩手就火冒三丈,宝宝的手不知挨了妈妈多少打。家庭气氛异常紧张。不久之后,妈妈辞职了,把奶奶请回老家,自己带孩子训练。

在机构里,老师们不敢和妈妈讲孩子的问题,因为妈妈只能听孩子进步的消息。下课后,妈妈和老师沟通,孩子在一旁不停玩手,妈妈认为孩子没有进步,老师解释道:每个孩子都不同。妈妈认为这是老师说自己的孩子程度差所以才进步慢,情急之下,用矿泉水瓶砸向老师的头。妈妈强烈要求机构换老师,认为不是孩子的问题,而是老师耽误了孩子。

宝宝妈妈虽然是表现极端的个案,但是反映了调整期的家长普遍的状态。他们很焦虑,对于外人看孩子的眼神、言语很敏感,不能听到"孤独症"三个字,警戒心很强,情绪不稳定,常常因为小事和人产生摩擦,易激动。有的家长则常产生"祥林嫂式"的行为,经常半夜打电话咨询专家,一打就是两三个小时。

调整期的家长因为互相埋怨、指责,容易导致夫妻关系紧张。有的家长由于自责而对孩子过分保护和溺爱,以弥补内心的愧疚感;有的则由于强烈的自尊心,以及感受到的他人对特殊儿童和家庭的偏见,产生羞耻感,封闭自己和家庭;有的则认为孩子已经没有办法健康发展而放弃;更有一些父母在长期极度的压抑下产生放弃生命的冲动。

无论怎样的表现,其目的只有一个,就是逃避现实、宣泄情绪。帮助家长疏导负面情绪、减小心理压力是这个时期的工作重点。通常这个时期的家长对孩子实施干预的积极性最高,虽然干预往往是盲目的,但是干预行动本身也是家长情绪宣泄的出口。接受诊断结果但不甘心"孤独症是终生障碍,是不可治愈的",是家长们必经的过程;希望通过努力让孩子变得正常或者至少证明孩子的障碍程度是轻度的,是这个时期家长的普遍心态。

因此,此时的家长易存在以下误区。

(1) 医学手段可以治愈

医学手段是家长的首选,他们希望医学能彻底改变现实。虽然大家都知道,医学上目前没有可以治愈孤独症的手段,但是只要出现新的治疗方法就会有很多的追捧者,家长宁愿自己的孩子成为实验性质的"小白鼠"。例如,2010年前后的干细胞移植技术(不可否认,技术会不断成熟,但此技术目前尚不成熟),直到被叫停时还有家长表示遗憾。

(2) 神化教育方法,造成对方法的误读

既然医学上没有可以治愈的手段,那么家长很容易将希望转移到教育方法上,将方法的有效性误读为治愈率,认为效率高的教育方法可以代替灵丹妙药。盲目增加训练的时间就像是盲目增加服药的剂量,家长认为只要时间到了孩子就应该有期待中的变化,造成对方法的盲目追捧和变形模仿,干预效果不理想便产生对方法的怀疑。经常会看到家长尝试各种五花八门的方法，如同换各种药物，这样的做法造成了孩子的混乱。孩子因混乱而无序，因无序而缺乏安全感，从而耽误了宝贵的干预时间。

（3）轻信承诺

家长对方法误读受到打击后，很容易将希望转到个人或者机构。家长很愿意相信这样的话：保证孩子正常、保证孩子上学、保证孩子……家长以此来坚定自己努力下去的决心。家长很容易轻信承诺，相信成功的个案是可以复制的，并将某个孩子的成功归因于具体的个人，并希望该人将成功经验复制到自己的孩子身上，收获同样的效果。

（4）盲目自责或自卑

认为孩子进步慢或者停滞不前是障碍程度重的表现，因此，当孩子出现这些表现时家长容易出现过激情绪，迁怒于老师、机构、家人或者自责情绪严重。

家长确实很努力，但努力的方向是试图改变现实，而不是努力适应现实。急于改变现状的焦虑使得很多家长在弯路上坚持，越执着越偏离轨道。对此，家长认为：不走怎么知道是弯路。想要寻求彻底解决问题的捷径源于家长的不甘。

家长就是这样在不断试错中调整自己、说服自己面对现实，在承担试错后果的同时也在悄悄改变心态。

（三）第三阶段——适应期

经历了拒绝期和调整期两个阶段的家长，逐渐变得理智，开始反思自己的行动，逐步认识到只有改变自己才能改变孩子。家长开始努力调整自己的情绪、家庭气氛，努力学习专业知识。相比于处于前一阶段的家长，此阶段的家长有以下特点。

（1）开始承认孩子的特殊性，说服自己接受孩子的现状。但是对孩子的改变抱有很高的期望，虽然不再盲目换机构，但对孩子的知识学习紧抓不放，大部分期待孩子能上普通小学。

（2）自己的情绪好坏过度依赖于机构或者教师个人让孩子改变的程度。此时家长依然比较急切地盼望孩子每天都有变化，自己的情绪不够稳定。

（3）努力学习,希望通过自己的参与改变孩子,通常将学来的知识不假思索地应用,缺少省察和思考。

（四）第四阶段——成熟期

该阶段的家长有以下特点。

（1）能够接纳孩子的现状,与他人交流该问题时态度比较平静,能正视孩子的问题和特点,知道要有目标、有序地进行干预,以改变现状。

（2）少了盲目,更理性地分析和判断,选择适合孩子的而不是大家都追捧的机构或老师。

（3）关注学习和自身的成长,而不是依赖某人或者机构将孩子训练得如何。

在上述四个阶段中,第一阶段和第二阶段是家长的非理智期,还没有为孩子的干预做好准备,如果这个时期家长介入孩子的训练,则很难理智分析判断,客观看待孩子的问题。进入第三阶段,即适应期的家长已经慢慢冷静下来,虽然情绪也时常起伏,但能够意识到自己的问题,所以适应期的家长才开始正视孩子的问题,有可能做出理智的分析和判断,家长这个时期开始参与孩子训练,效果会好很多。

二、家长不良情绪的影响因素

孤独症儿童家庭承受着巨大的经济压力和精神压力。长期干预训练的高昂学费已经令有些家庭难以承受,而且有些父母不得不辞去工作陪同孩子,无疑让家庭经济状况雪上加霜。白天在机构训练,晚上回家还要训练,使得强度太高,家长的精力、体力负担过重。孩子的缓慢进步让家长难以获得幸福感和成就感,情绪持续焦虑,甚至导致抑郁。

（一）家庭因素

家庭经济条件、父母健康状况、受教育程度、对教育和医疗知识的了解程度、夫妻关系等都是影响焦虑程度的因素。

一般情况下,家庭经济收入较高且稳定,以及身体健康、夫妻关系和谐、有一定学习能力的家长,对未来往往更积极、乐观。但是在孤独症家长群体中却不尽然。有时对医疗知识了解更多的家长因为认识到孤独症是不可治愈的疾病,反而容易消极;有些受教育程度较高或者事业成功的家长,因孩子带来的挫败感可能表现得更加悲观;经济收入较高的家长因为有条件选择更多的资源而又缺乏专业的判断能力,走弯路的机会可能更多。

家长的个性和情绪特点是压力感受的主要影响因素,同时也是影响夫妻关系的重要因素,决定着家庭的抗压能力和对困难的承受力。

个性乐观、独立的家长抗压能力更强,而生活上对老人过于依赖,经济、精神上不能独立的家长或者个性敏感、脆弱的家长往往容易逃避困难,需要更长的适应期。家庭中任何一位成员若能起到精神支柱的作用,对其他成员特别是每天陪伴孩子训练的人员会起到至关重要的作用。

明明自从被诊断为孤独症儿童,妈妈就消失了。爸爸工作很忙,奶奶心疼爸爸,承担起了照顾和教育明明的全部任务。不久爸爸遇到新妈妈,新妈妈拒绝接受明明,爸爸选择逃避,和新妈妈到其他城市生活。爷爷、奶奶痛恨不负责任的父母,同时加倍疼爱明明。明明患有严重先天性心脏病,无法进行高强度的训练,一直没有语言能力,经常发脾气。爷爷、奶奶参加家长培训班努力学习。医生说,明明活不过10岁,但在爷爷、奶奶的精心照顾下,明明已经度过了18岁生日,身体状况一直比较稳定。

(二)孩子因素

孤独症儿童的年龄、障碍程度对父母的焦虑程度有直接影响。

一般来说,情绪、行为问题较多的孩子进入公共场所被接纳的阻力更大,父母耗费的精力、体力和承受的精神压力更大,焦虑程度更重。随着父母对能力较弱的孩子状况的习惯和适应,家长焦虑程度会慢慢减轻。在实践中我们还发现,病症轻的孩子的父母反而可能焦虑程度更重,主要是因为他们觉得孩子病症轻,"正常"的可能性大,因此改变现实的心情更加迫切。

孩子年龄越大,越需要面临如何安置的问题,因此家长对未来的担忧焦虑程度不断增加。但是一般经历几年后,家长就慢慢适应了孩子逐渐成长的状况,焦虑程度会慢慢减轻。相比之下,年龄小的孩子的家长焦虑程度反而更重,因为他们不知道未来会怎样,尤其是看到大龄孩子的状况,由于不甘心将来孩子也变成这样,会更加积极投入训练,希望通过训练改变孩子的命运。

除了年龄和障碍程度之外,非独生子女家庭中特殊儿童的数量也是影响焦虑程度的重要原因。国外一项对孤独症家庭的研究显示,家庭中有两个以上障碍儿童比有一个孤独症孩子的母亲经历了更多的抑郁、恐惧和更低的家庭稳定性(Orsmond and Seltzer,2007)。

案例 8.4

大宝是个重度孤独症儿童,弟弟2岁时也被查出患有孤独症,只是程度比大宝轻很多。大宝的妈妈认为是大宝爸爸家遗传基因的问题,因为大宝姑姑家的孩子有学习障碍。本来相处很和睦的两家人关系紧张起来,姥姥坚持让妈妈离婚。妈妈因和爸爸感情很好,也放不下孩子,所以一直在犹豫。但是妈妈已经极度崩溃,无法正常上班。无论爸爸怎样鼓励、安慰,妈妈已经对未来失去信心。爸爸、妈妈都是出色的医生,大宝的病情已经严重影响到他们的事业发展,弟弟的问题更是雪上加霜。为了帮助他们稳定家庭关系,减少压力,专心事业发展,爷爷、奶奶反复做姥姥和妈妈的工作,包揽下全部家务和两个孩子的教育,带着孩子到全国各地学习和训练。经过几年的努力,大宝进入特殊学校上学,弟弟进入普通小学学习。爷爷、奶奶是家庭的精神支柱,是爸爸、妈妈的支持者,如果没有爷爷、奶奶的支持,不仅家庭可能破裂,妈妈也有可能失去生活下去的勇气。

(三)社会环境因素

社会对特殊儿童家庭的支持力度影响父母的焦虑程度。包括政府和社会机构给予家庭的物质和情感支持,以及当地教育资源对孩子的接纳态度和能力等。社会对于特殊儿童及其家庭存在的偏见,幼儿园、小学对特殊儿童的拒绝和排斥都会加重家长的负担。社会的宽容和接纳程度越高,家长的安全感就会越强,焦虑程度也会逐渐降低。

三、孤独症儿童的家庭关系

儿童早期对父母的依恋,尤其是对母亲的依恋,使儿童获得最初的信任感和安全感,同时也影响着儿童与其他人的交往和社会化进程。良好的家庭环境有助于培养孩子积极的生活态度,孤独症儿童等特殊儿童,沟通能力较弱且敏感脆弱,更需要周围环境传递轻松、接纳、友爱的信息,支持他们勇敢面对并挑战生活和学习中的诸多困难和障碍。父母的焦虑,不仅会严重影响夫妻关系,更会严重影响亲子关系。

(一) 父子关系

父亲在家庭中大多扮演经济支柱的角色,没有过多的精力和时间陪伴孩子,造成家庭中父亲角色的缺失,这在孤独症谱系群体中是常态。国外研究表明,父亲在孩子7岁时参与孩子的生活,这个孩子的青春期就会有很好的心理适应(Flouri and Buchanan,2011),父亲在孩子16岁时参与孩子的生活,孩子在30多岁时会很少有心理问题。显然,父亲的角色为孩子提供了心理保护,良好的父子关系对儿童和青少年有许多潜在的积极影响。父亲对他们孩子的认知、个人生活以及性别角色认同的发展产生积极影响(Roggman et al.,2004;Grossman et al.,2005)。

(二) 母子关系

在传统家庭模式中,母亲为照顾家庭承担了大部分的责任。为陪伴孩子而选择放弃事业的大多是母亲,也有部分母亲边工作边照顾孩子,母亲承担的压力和责任更重,因此她们更容易焦虑,而这种焦虑也会影响母子关系。对障碍儿童的母亲承受压力的研究数据表明,母亲的抑郁导致孩子的行为问题,孩子的行为问题又加重了母亲的抑郁（Hastings et al.,2006）。

研究表明,如果孩子有障碍,而孩子的障碍程度超出母亲已有的生活经验时,她们将很难发挥积极的作用。因此,给母亲以支持,努力调整好母子关系十分重要。

（三）兄弟姐妹关系

随着计划生育政策的变化,非独生子女家庭越来越多。有二胎的孤独症儿童家庭,有的对障碍儿童完全放弃,也有的将普通孩子托付保姆,家长自己专心照看孤独症孩子,更多的家长还是纠结于两个孩子间的平衡,对一方投入过多,会产生亏欠另一方的自责心理。家长既希望孤独症孩子未来可以被兄弟姐妹照顾,又担心给家里其他的孩子造成负担。

国外研究表明,有障碍孩子的兄弟姐妹的自尊与没有此情况的孩子的兄弟姐妹的自尊没有区别。大多数有障碍孩子的兄弟姐妹是积极、富足和令人满意的,并不会造成孩子的异常状态和适应不良。当然这和国情有关,也和家庭教育有关。在我接触的家庭中,有弟弟保护、引导、陪伴孤独症哥哥成长的,哥哥变得阳光、独立,弟弟自信、担当,成长得更加优秀；也有姐姐因为孤独症弟弟而变得抑郁、少言寡语的。在孤独症儿童家庭中,普通孩子的心理健康很重要。

在非独生子女家庭中,家长倾向于把更多的关注集中在障碍孩子身上。障碍孩子的兄弟姐妹会使障碍孩子在学校和社区活动中得到更多机会和鼓励,障碍孩子也经常模仿他们的兄弟姐妹。虽然国情有所不同,但是实践证明,家长对家庭中障碍孩子的关注程度取决于家长的心态。如果家长要二胎的初衷就是为了逃避现实,那么在家庭中障碍孩子被忽视、冷落甚至是歧视的状况就不可避免了。兄弟姐妹的态度受家长的影响,不良的亲子关系同样会反映在同胞手足关系中。

（四）影响亲子关系的因素

1. 逐步接受孩子的特殊性是艰难的心理过程

孩子的问题不仅影响家庭生活,还不可避免地影响家长的工作和事业发展,面对生活和工作间的矛盾,有些家长怪罪孩子,认为是孩子造成了这些苦难,很容易将不满情绪释放到孩子身上,造成亲子关系紧张。

2. 家长的急迫心态

处于适应期前期的家长,通常还没有来得及调整自己就已经投入对孩子的训练中,在急于改变现实的迫切心情驱使下,他们对训练抱有很高的期待。他们不能接受孩子的"不进步",因为在他们看来,每天的进步意味着离"正常"越来越近,而面对进步停滞时,他们通常是以更高强度的训练给孩子施加更大的压力,以证明孩子是可以改变的,由此造成了亲子关系紧张。

案例8.5

一个6岁的孤独症孩子这样向老师解释他的画。

老师问:怎么把爸爸、妈妈画得这么小?

孩子回答:我比爸爸、妈妈都强大,他们就不敢欺负我了。

老师问:为什么不给他们画嘴巴呢?

孩子沉默一会儿,答:我不想让他们说话。

老师问:太阳的光芒为什么画得这么长?

孩子答:这是太阳的触角,太阳是世界上最大的东西,没有比它大的。我要把太阳吃了,这样我就变得和太阳一样大了。

在该案例中,孩子希望自己是强大的太阳,希望父母是弱小的,没有嘴巴的。急功近利的训练方式,以牺牲亲子关系为代价,父母会在孩子以后的成长过程中付出数倍的努力来补偿。

3. 亲子沟通困难

由于孩子的障碍,父母难以理解孩子的问题和行为,孩子又难以表达自己的需求和愿望,导致双方沟通和理解困难,彼此很容易产生失望和倦怠等负面情绪。家长缺乏对孩子的了解也是导致亲子关系紧张的原因之一。

案例8.6

大鹏今年20岁了,从以下谈话中我们可以更加清楚地了解到一些情况。

大鹏:记得4岁开始妈妈带我到处做训练,老师教我认识苹果,其实我都会,就是懒得理。

老师问:那你为什么不说呢?

大鹏:我不知道该怎么说。我真正会说是14岁。

妈妈说:其间10年都是用画画代替口语,画画的内容是两个玩偶的对话。会说话后就指责我小时候是怎么带他的,一点都不理解他。大鹏对我抱怨了10年。

4. 家庭亲子关系影响兄弟姐妹关系

兄弟姐妹对孤独症手足的态度来源于父母态度潜移默化的影响。父母的心态决定其对孤独症儿童的态度和处理问题的方式,而父母的言传身教也潜移默化地影响着手足感情。

案例8.7

平平虽然不会说话,但是平平发现自从有了弟弟,妈妈陪自己的时间明显减少。于是,平平经常把妈妈拉到自己房间里,把门锁上,有时还打弟弟。

妈妈理解平平,于是妈妈经常带平平一起帮助弟弟,比如让平平帮助拿奶瓶、尿布,推婴儿车带弟弟出去玩等,妈妈还当着邻居们夸平平是能干的大哥哥,平平很有成就感,也不再打弟弟了。

案例8.8

老师发现,贝贝自从有了弟弟,上课经常把头埋在老师的怀里,不肯抬头。贝贝的语言只有两三个字,不能清晰表达。

老师问:妈妈喜欢弟弟还是贝贝?

答:弟弟。

老师问:爸爸喜欢弟弟还是贝贝?

答:贝贝。

老师问:你喜欢弟弟吗?

答:不喜欢。

保姆反映,以前妈妈还会抱抱贝贝,问问贝贝吃饱了没有,想吃什么等,自从有了弟弟,妈妈对贝贝几乎是完全忽视的态度,对于贝贝的问题行为妈妈没有一点耐心,出去玩只带弟弟。对此,爸爸很无奈。可以想见,弟弟长大后对哥哥的态度也会受到妈妈的影响。

在影响亲子关系的因素中,家长的焦虑情绪会导致家庭气氛紧张、压抑,而压抑的家庭气氛使得孤独症儿童更加敏感、焦虑,问题行为增加,这又加剧了父母的负面情绪,而后父母又将负面情绪宣泄在孩子身上,如此恶性循环。社会环境的支持可以降低家长的焦虑情绪,而家长放松的心态有助于建立和谐的家庭关系,和谐的家庭氛围是儿童进步和成长所必需的。给孤独症儿童家庭提供心理支持和专业支持,帮助家长建立安全感非常重要。

第二节　家长工作

家长工作是要为家长提供他们所需的支持,包括心理支持、专业支持和社会环境支持等。

一、家长需求

综合以往的研究,将特殊儿童家庭需求分为以下四个方面。

物质性需求,包括获得生活、教育及医疗等的补助的需求。现在很多省区市已领取残疾证明的孤独症儿童,若在中国残疾人联合会(简称残联)定点机构进行早期训练,可以享受部分补贴,在一定程度上缓解家庭的经济压力。

知识和资讯需求,包括了解特殊教育、心理学和康复医疗知识和技能的需求,获得法律政策、医疗等资讯的需求。在互联网日趋普及的当今社会,国内外这方面的资讯很多,但要能够分辨和选择,避免类似"莆田系医院事件"等情况的发生,需要认真了解是什么医院、什么医生提出的什么治疗方案,对该方案做过什么研究,研究结果的可靠性如何。有些省区市残联的官方网站上都有对当地民办非企业康复机构的评估,评估结果会定期向社会公布,排名靠前的机构可信度相对较高。

服务性的需求,包括对专业人员的各种协助的需求、家务管理的需求,以及对儿童协助教养的工作需求等。目前从全国看,这方面的需求最大,也最迫切,相对也最薄弱,应引起社会和政府的广泛重视。近年来,这方面的服务供给发展相对较快,但很难满足庞大的需求,需要不断提高供给的品质。

精神上的需求,主要是长期处于精神紧张状态的压力过大的父母接受心理疏导的需求。这方面的工作大多由家长互助组织完成,已有了很多很好的模式,如定期的公益性的"喘息服务"、免费家长心理咨询、微信公众号和朋友圈等平台提供的公益活动等,活动中多有专业人员参与,但各地开展情况有差距。

二、主要的支持内容

(一)心理方面

美国的相关研究显示:在影响孩子干预效果的诸多因素中,家长的心态是决定性因素,从某种意义上说,家长的心态决定了孩子干预后的生存质量。

从某个角度看,家长比孩子更需要干预。实践证明,家长接受心理辅导会起到事半功倍的效果。家长的心态没有调整好不仅影响自身与孩子的互动方式和亲子关系,还很难进入孩子的教育训练状态,严重影响孩子的干预效果。

通过心理支持,帮助家长调整心态,从而调整夫妻关系、亲子关系和与其他家庭成员的关系,树立对未来生活的信心,是干预的第一步。帮助家长调整心态的主要形式有以下几种。

1. 家长互助

现在全国各地的家长组织很多,在政策不完善、资源有限的情况下,家长自助和助人的意识越来越强,体现了家长的成长和家长组织的强大功能。

（1）家长互助的作用

① 满足家长的情感需要，为家长提供归属感

尽管孩子的年龄、性别、障碍程度不同，但是家长，特别是新加入的家长，可以从家长组织中获得归属感和情感支持。感觉"不是一个人""有很多人和我一样"，感觉"被倾听""像救命稻草"。情感支持的作用是让家长感觉并不孤单。

② 重新树立对未来的希望

家长们会被家长组织中的正能量感染。尽管很多家长不幸，但仍在顽强努力、坚持不懈，而孩子们一点一滴的进步，帮助家长重新点燃生活的希望。有一位家长告诉笔者，在家长组织里有个家长的孩子5岁了还不会走路，也不会说话，是家长组织里障碍程度最高的一个孩子。孩子的妈妈不仅年轻漂亮，而且能吃苦，特别坚韧，还乐观开朗，经常开导其他家长。一年多后孩子终于会走路了，家长们都被这位漂亮的妈妈感动。在她的影响和带动下，心态消极的妈妈们也积极阳光起来。

③ 提供信息

家长组织里不乏有经验的家长，在处理家庭关系、教育孩子方面有很多体会，给他们提供分享家庭故事、经验和成就的机会，这会让其他家长觉得更有力量，对孩子的干预效果拥有更多信心。

（2）家长互助的形式

① 家长互助团体。可以完全由家长组成，也可以有专业人员参与。在团体中，家长可以放松心情，敞开心扉，互相倾诉与倾听，获得归属感。

② 找到配对家庭，实行"一帮一"互助。和有经验、具有相同经历的家庭建立联系，互相帮助。孩子程度相似、年龄相仿的家庭能够互帮互助，有经验的家长能够有问必答等，被证明在早期是有效的。

（3）应注意的问题

由于家庭情况不同，孩子年龄、障碍程度不同，处于各个阶段的家

长有不同程度的焦虑。选择积极的、正能量的家长团体会帮助家长树立信心,特别是对于新加入团体的家长,否则会增加家长的焦虑。

2. 专业心理辅导

事实证明,家长如果能正视自己的问题,积极寻求解决的办法,必要的情况下求助于心理辅导师,对于调整好心态是很有效的。

有研究结果显示,家长在焦虑、抑郁症水平在团体辅导后有显著改善,更能坦然接受现实,接纳自己的孩子,同时能更好地处理自己的情绪,不会因孩子训练效果的好坏而情绪上下波动(翟宏 等,2013)。

(1)接纳、宽容、共情的团体辅导氛围使孤独症儿童家长有归属感,使他们较容易获得被尊重、被支持、被理解的体验。

(2)团体成员的互动促使他们在交往中通过观察学习,更好地解释自我、探讨自我和接纳自我。

(3)团体辅导过程中家长可以分享彼此照顾孤独症儿童的有益经验,交流信息。家长在团体辅导中,学会无条件地积极关注孩子,设身处地理解儿童的情感,最终在理解和尊重的基础上促进儿童的发展。

(4)团体辅导让家长更愿意敞开心扉,接受他人的帮助(包括物质和精神两个层面)。参与的家长都表示,家庭成员的支持(特别是配偶的支持)是他们坚强的后盾,夫妻双方应相互扶持,共同养育,同时强调孩子只是自身生活的一部分,而非全部。只有家长内心真正强大起来,孩子在未来的道路上才能走得更远。

求助于专业的心理辅导能够积极疏导孤独症儿童家长在孩子发展的不同时期所产生的焦虑情绪,帮助家长调整心态和家庭关系,创造和谐的家庭氛围。

3. 生活范围扩大

孩子被确诊初期的家长出于自我保护的心态往往封闭自己,不敢或者不愿意把孩子的情况告知家人、亲戚、邻里、朋友等。封闭自己的结果是把支持资源也关在了门外。家长需要争取外援,获得心理支持。

案例 8.9

为了陪毛毛去机构训练,毛毛妈妈编了各种理由找领导请假。时间长了,领导找她谈话,毛毛妈妈犹豫再三和领导讲了孩子的情况,领导表示很同情,给她调换了工作岗位,允许毛毛妈妈上半天班。平日毛毛妈妈很注意处理同事之间的关系,大家只知道孩子身体不好,既然毛毛妈妈有难言之隐,大家也不追问。

周末爸爸休息可以陪伴孩子,即便这样,毛毛妈妈也不肯出去放松,觉得愧对孩子。朋友经常约毛毛妈妈出去玩,想让她有放松的空间。朋友是她的倾听者,可以无话不谈。

毛毛妈妈敞开心扉,获得了领导和朋友的支持。正是因为这些支持,她才可能积极面对孩子的问题。陪伴孩子成长的过程是艰难的,家长需要心理支持,不仅需要来自家庭的,更需要家庭以外的。这样家长才可以放松生活,放松工作,减少焦虑,保证干预训练积极进行,让家庭充满信心和希望。

(二) 专业方面资源

帮助家长了解孩子,包括了解孤独症是怎么回事,了解孩子的问题和行为特点是什么,以便更好地理解和接纳孩子,让家长学习如何与孩子相处,提高陪伴的质量,还可以帮助家长对各种信息做出有效判断。尽管现在有更多的途径获取信息,但是让家长成为教育决策者还是存在困难。家长经常会问:"孩子该不该去幼儿园?去什么样的幼儿园?选择哪家机构?"家长不知道该如何期望孩子的未来,不知道在家里该如何帮助孩子,对融合课程的优点和缺点无法判断等。因此,获得相关的信息可以让家庭提前做出利于孩子和以后家庭生活的决定,尤其是对于新家长或不理解特殊教育的家长。

各级政府和残联组织,以及有公信度的公益组织应为孩子今后发展的不同阶段提供所需信息。孩子发展的不同时期呈现的问题不同,家长需要的信息也不同。比如,孩子 3 岁时家长最关心的是上幼儿园的问题,7 岁则关心上小学的问题,10 岁以上则关心青春期和职业培训等问题。

1. 资源支持的内容

（1）网络

孤独症儿童的家长，特别是孩子刚被诊断患病的家长，求助网络是他们通常的做法。网络资讯发达，操作方便，家长们可以从中找到许多信息。但是，家长对网络信息的真实性无从判断，因此一味相信网络有时会被误导。

（2）专业人士或者有经验的家长

有专业背景和经验的人员为家长提供科学、简明、有效的信息，有经验的家长帮助缺乏经验的家长对孤独症群体形成正确的认知，这在介入干预之初是非常重要的。许多家庭在遇到问题之初缺乏对各种信息的有效判断，这就需要依靠专业的机构和人员，特别是特教学校的教师、相关专家等，要从正规的渠道获取有权威的、经过验证的有效信息，避免盲从。政府和专业机构利用自己的公信度和专业知识为特殊儿童家庭提供有针对性的、能有效解决问题的信息至关重要，这样可以避免家长被错误和不准确的信息误导。

（3）专业书籍

专业书籍一般有两类，一是我国专业人员总结的经验与体会，二是翻译的书籍。国外对孤独症研究起步较早，对孤独症群体的特点有较深刻的认识，翻译类书籍对于家长了解孤独症会有很大的帮助；国内对孤独症的研究虽然只有二十几年，仍然在摸索阶段，但是国内专业人士是伴随着这个领域的发展而成长起来的，他们了解中国的教育环境，了解中国家长的困惑和孩子的困难，其研究成果可能更适合中国国情。

2. 利用资源支持应注意的问题

（1）对于网络信息要谨慎，要分析真实性。

（2）对于有经验的家长的建议要有选择地采纳。形成正确的认识需要学习的过程，经验有正面的也有负面的，应注意防止被误导。选择听取积极学习、努力成长的家长的建议，且应多方了解分析。

(3) 对于书籍，切忌贪多。特别是刚得知此病的家长，阅读太多很难找出重点，容易头脑混乱，读懂一两本孤独症方面的著作，帮助形成正确的认知架构就足够了，关键是正确选书。

3. 专业人员还应当在条件许可的情况下提供长期支持

(1) 帮助家长对孤独症形成正确的认知，树立正确的儿童观和生涯发展观

① 如何看待障碍

一些错误看待障碍的方式：把障碍看成人的全面属性，认为孩子一生都需要被照顾，无法融入常态的社会生活；认为解决问题的主要方法就是将他们托养监护起来，一些有能力的孤独症人士甚至在青少年时就过上了老年生活。错误的导向可能将他们带上不正确的生涯发展道路。在早期干预时，如果家长遇到困难就归因于"病"本身并采取知难而退的态度，会导致干预效果不乐观，影响孩子成年后的生活质量。

② 如何看待孤独症儿童的特殊性

孤独症儿童首先是儿童，然后才是有问题的儿童，在实践中，家长往往容易强调孤独症儿童的特殊性而忽视他们作为儿童的一般特征，将孤独症儿童与一般儿童割裂开来，忽视和剥夺了他们作为儿童应有的权利，甚至是天性，由此可能偏离了教育的正确方向，人为增加了孩子的障碍程度。

案例 8.10

妞妞今年1岁半了，圆圆的脸上有一双大大的眼睛，很是可爱。妞妞上亲子班半年了，总是坐不住，老是把小朋友的玩具扔得老远，惹得老师没法上课。妞妞妈妈在老师的建议下带妞妞来到医院检查。虽然年龄还小，但是妞妞已经有一些明显的孤独症症状。医生虽然没有下结论，但是提醒家长一定要充分重视。妞妞妈妈坚信有问题就要进行特殊训练。她连夜在网上搜索，终于找到一家愿意接收年龄小的儿童的训练机构。训练机构不让她进教室，但是妈妈一直坚持。妞妞妈妈坚信，狠狠心，孩子会好的。半年

之后,妞妞的脸上不再有笑容。

妞妞妈妈未必清楚,对于一个1岁半的孩子来说,什么才重要。她会一厢情愿地认为,既然妞妞是特殊儿童,就要用特殊方式对待,抓紧时间实施早期干预,不能耽误了孩子。她对这样的做法会压抑孩子的情感一无所知,这样的训练只能让孩子离社会人越来越远、情绪问题越来越多。还有的家长将这种观点传递给周围的人和幼儿园老师,让大家误以为这是专业的干预,误导老师、伤害孩子。

③ 如何看待干预方法

一个问题对应一种解决方法,这是很多家长的惯性思维。家长努力研究、学习各种方法的目的就是要解决孩子不同的问题,将问题从个体身上剥离出来处理,认为这样就可以解决孩子的全部问题。家长将此理解为科学、有效的干预,而实际上这是不正确的。

案例 8.11

宝宝,4岁,表达能力不佳,仅会用三四个字进行表达,平时喜欢自己看书、玩iPad,和幼儿园的小朋友没有交流。宝宝不高兴的时候会发脾气,妈妈说他经常很突然、无缘无故生气,大人讲道理似乎也听不明白。宝宝妈妈认为:宝宝发脾气是行为问题,要用行为干预的方法解决;不与人交往要用游戏治疗的方法解决;语言问题要用语言治疗;不理解是认知问题;讲故事要用社交故事的方法解决。为此,宝宝妈分别请了四位家庭老师对宝宝进行密集型干预。

孤独症儿童的问题通常是多角度的,面对众多的问题,案例8.11中妈妈的做法是家长们通常的思路。然而,对于相同的问题通常有不同的解读,也有不同的解决方案,要根据个体情况具体分析。个体的问题要回归到个体身上综合分析才能得到解决,这样才是有针对性地解决问题的思路。具体做法包括:了解宝宝的成长经历、家庭环境、幼儿园状况表现,分析宝宝的语言发展、情绪行为、认知理解和交往方式等各方面问题之间的内在联系,找到解决问题的主线,然后将问题分出主次,制订干预方案,逐一解决。

④ 如何看待家长的定位

急于改变现状的心理使家长很容易陷入对孩子的干预训练中而不能自拔,不仅增加家长的焦虑,也易造成亲子关系紧张。曾有家长咨询时问:"考特教博士和心理学博士,哪个对孩子帮助更大?"其实关键不是要得到什么学位,而是调整自己,潜心实践。

(2) 帮助家长学习做孤独症孩子的父母

① 家庭是孤独症儿童的保护伞

由于社会对孤独症缺乏了解,孤独症儿童所表现出的行为通常不容易被理解和接纳,他们也经常遭到责备和排斥。家长首先是孩子的情感保护者,不是训练师。家长的职责是关注孩子的感受,给孩子提供支持。

在家庭教育中,家长的职能首先是理解与接纳孩子,和孩子建立良好的亲子关系,让孩子有充分的安全感。一个有充分安全感的孩子,在家庭外才可能表现出积极的人际交往诉求,在行为上才会有强烈的自主性;反之,则表现出胆怯、退缩。

在实践中我们也看到,很多家长在孩子被确诊后,来不及调整好自己的心态就迫不及待地投入孩子的训练中,想通过一段时间一对一的强化训练改变孩子的一切,这是不了解该病症、不了解孩子发展特点和规律的典型表现;另一些则是看到网上宣称该病症的严重性、终身性,又听了某医生的警告,对孩子失去信心,将孩子托管出去不闻不问,贻误了早期干预的时机。这两种极端做法都要避免,不能急功近利,以牺牲亲子关系为代价;也不能推卸责任,听之任之。要调整自己的情绪,树立正确的目标,与专业人士、爱心人士合作,做好家庭教育。

② 家长是资源整合者

我国现有的特殊教育服务体系尚不完善,资源有限,无法满足孩子在成长过程中的所有需要,需要家长自己整合资源。虽然这不是家长的本分,但为了孩子却是必须要做的工作。

整合资源需要家长运用所学的专业知识分辨什么是资源,哪些可以利用,以及如何整合。

资源包括所有可以给家长提供帮助的人，如亲人、朋友、领导、同事、邻居，以及幼儿园和机构的老师、家长、孩子等。分清各种资源的作用，哪些资源是现阶段要用的，哪些资源是以后要用的，哪些是阶段性资源，而哪些是长久性资源。

长久性资源可以帮助家长明确发展方向，把握教育现状，预见发展前景，提醒家长少走弯路。善于学习、有经验的家长和经验丰富的专业工作者，他们亲身经历的个案数量多且追踪时间长，可以作为长久性资源。

特殊教育机构是否可以作为长久性资源取决于机构的服务范围和专业性。家庭教师服务的灵活性是很多家长选择这类机构的重要原因，但其中的家庭教师的成长空间以及他们的成长动机和资源，是这类机构能否作为长久性资源的关键。

如果资源不止一个，还要将所选资源进行整合，就是将各种资源统一到一条思路上，达成共识，以免相互矛盾，相互消耗。如果家长整合资源有困难，可以咨询专业人士。合理整合资源是保证干预成效的关键。

（3）提供评估和定期的家庭指导

孩子刚被筛查和确诊后，是家长最茫然的时期，容易"病急乱投医"，妄图寻求"灵丹妙药"，这个阶段需要的家庭支持包括以下几方面。

① 为家长提供科学、明确、有针对性的咨询辅导，引导家庭和孩子进入正规的早期干预体系。

② 建立稳定、持续的家庭支持系统，系统中包括全面的评估、有针对性的教育干预和成效评估。系统性是有效早期干预的重要保障。而有效干预可以给家庭带来希望，对于提升个体和家庭生活的质量意义重大。

③ 制订个别教育计划，保证干预的针对性。了解孩子的需要，制订个别支持计划，将支持和教育结合，保证支持的有效性，并定期评估干预成效。

④ 提供对家长的指导，帮家长决定是否参与个别教育计划和

各别支持计划,帮助家长了解计划的思考过程,分清孩子问题的主次,搭建支持系统,助力孩子的后续发展。

(4) 有针对性地提供融合教育指导

① 幼儿园融合教育阶段

选择进入幼儿园是特殊儿童生涯中的第一次转折。帮助孤独症儿童减少对家庭生活的依赖,提高独立生活能力,拓展生活空间是这一阶段家庭支持的主要内容。指导内容包括如下几方面。

帮助家长正确认识幼儿园融合教育。有些家长认为上幼儿园是浪费时间,选择在家里或者在机构教育;有些家长则认为上幼儿园就是要和其他孩子一样。要么放弃接受幼儿园教育,要么和其他孩子同步是家长们的两个常见倾向,其实质是不了解孤独症儿童上幼儿园的意义是什么。家长常忽视让孩子学习适应常态的社会生活环境和人际关系,单纯强调技能,想当然地认为掌握技能就可以独立生活了。

帮助家长做出适合孩子的合理选择。帮助家长判断什么是适合的幼儿园,孩子适合什么样的融合教育形式,是全天幼儿园还是半天幼儿园半天机构,当地如果没有幼儿园资源该如何考虑等。无论是哪种选择,都要从孩子的需要出发而不是根据家长的个人意愿。以机构作为资源中心、对幼儿园教育的合理补充,是针对目前我国学前教育、特殊教育资源不足的有效应对方案。

家长参与制订幼儿园融合教育计划、家庭支持计划并在家庭中负责实施。指导家长做好和幼儿园、机构相关老师的沟通。合理整合家庭、幼儿园和机构三方的资源,优势互补。

② 义务教育阶段

做好幼儿园阶段和小学阶段的衔接,为孩子升入小学做准备。包括能力准备和必要的学业准备。能力准备包括:一定的调控能力、独立意识和能力、具体形象思维能力、生活自理能力等。学业准备包括:对学校的认知,对学校规范的理解,对课堂规范的遵守,以及一定的学习能力,如听课、写字、看书、朗读等。

帮助家长正确认识义务教育对于孤独症儿童的意义。有些家长认为,上学的目的就是学习,如果学业跟不上,上学没有意义,忽视学校对孩子遵循常规和参与社会能力的培养。因此,帮助家长正确认识上学的目的、正确看待学业成绩,是决定孩子在义务教育阶段获得社会性进步的关键。

帮助家长理解义务教育阶段的关键是"支持",尤其是在小学阶段。有些家长将学校里的支持手段误读为学校的歧视,如即使孩子学业跟不上也拒绝带他去资源教室;有些家长强烈要求陪读,认为不陪读就是耽误孩子时间;也有些对学校提出的陪读要求十分抵触,认为陪读就是和别人不一样,担心伤害孩子自尊心。如何理解支持手段,什么样的孩子需要支持,需要什么样的支持,要根据对孩子的评估结果决定。一切从孩子的需要出发,而不是家长或学校的需要。

指导家长如何给予孩子需要的支持。帮助家长了解资源教室的功能,家长参与制订资源教室课程,没有资源教师的学校可以让家长。让陪读的家长理解陪读的作用,并指导家长如何陪读。支持体系不完备的学校应指导家长如何利用周边资源并将资源整合。

参与制订孩子融合教育计划、个别教育计划。指导家长制订家庭教育计划,了解现阶段孩子的教育目标,以及自己应承担的家庭指导任务,并在家中实施。

指导家长加强和学校老师的沟通。通过沟通帮助老师了解孩子,分析孩子行为背后的原因,了解孩子的特殊需要,家校配合,给予孩子所需的支持。

③ 职业教育阶段

做好职业教育前的准备。包括激发孩子的职业意向,使其了解不同的行业并发现其职业倾向,养成更强的独立生活能力和更良好的生活习惯,为就业做相应的准备。职业教育不是在就业初始阶段才开始的教育,应该从孩子年龄小的时候就开始。职业教育的内容不仅是职业技能,更重要的是其他相关能力,比如独立能力、自我决策能力、自主安排生活的能力、寻求帮助的能力等。

家长应充分了解孩子自己的愿望和对就业的期望,拟订个别化职业教育计划。在职业教育期间,家庭参与制订个别化职业教育计划,关注孩子生活能力的培养,以及适当和必要的社会交往技能的获得。

适应支持者的转变。职业教育转衔包括从基础教育到职业教育的转衔和从职业教育到就业的转衔。在就业转衔的过程中,家庭支持的主要合作者从教师转变为就业辅导员,家长与辅导员共同拟订、实施、监督和评估个别化就业转衔计划。家庭提供的支持包括:协助孩子实现向成年人的转变,家长逐渐退位为建议者、观察者和辅导者,帮助孩子寻找实现就业的外部条件等。

(三)教师如何与家长沟通

教师支持家长的家庭支持模式,经历了由最初的家庭被动配合到主动参与,再发展为家校相互支持模式的演进过程。随着家庭支持的发展,一批有经验、有专业理念和知识技能的家长成长起来。

施洛斯(Schloss)和史密斯(Smith)于1998年指出,造成教师和家长间合作障碍的因素来自社会、教师和家长三方面。教师认为家长应为孩子的不佳行为表现负责任,导致家长有压力,产生逃避心理;认为自己才知道什么对孩子是最好的,而不愿意接受家长的意见;时间有限,工作量过大;无法了解部分孩子问题的严重性,且未能提供解决策略。家长过去与学校人员有不良的互动体验,对学校的印象不佳,常和教师对待孩子行为问题的看法不同;有极大的个人压力,例如婚姻关系、教养压力和社会支持不足导致的无助,常动力欠缺、情绪低落;能力和时间有限,不知道如何与教师沟通与合作,造成教养功能的瓦解。

1. 与特殊儿童家长沟通中遇到的问题

有些家长自身缺乏安全感,在后续婚姻生活中的压力也大,还经常受到邻居,甚至是家人的误解,情绪问题较多,具体如下。

(1)焦虑,并容易将焦虑传递给老师,不是希望老师解决问题,而是需要被倾听;名义上想解决孩子的问题,实则为了解决自身的问题。

(2)喜欢报喜不报忧或者反之。这是不接受现实的表现。家长往往因为听到老师说孩子进步,就判断孩子有希望,没有进步则又会过于悲观。家长的情绪易随孩子的状况而起伏波动。

(3)家长沟通的重点可能和老师的关注点不同。家长们更多关注孩子看似不正常的问题行为,因为这些表现会让别人感觉孩子另类。

(4)有些家长,特别是有专业培训经历的家长,他们希望把自己的专业知识传递给老师,让孩子受益更多,因此他们会不自觉地指导老师。

2. 与家长沟通时应注意的问题

(1)给家长希望。家长首先需要的不是专业指导而是希望。只有有了生活下去的希望,才有努力学习专业知识的动力。

(2)沟通的关键是信任,获得家长的信任是沟通的前提。让孩子喜欢,让家长放心。获得家长信任的方法是喜欢孩子、理解家长。

(3)沟通的技巧如下。

① 有亲近感。让家长没有距离感和被控制感,尊重家长,认可家长的优势。

② 倾听。表达自己的理解和对家庭感情及经验的接受,放下自己对事物先入为主的判断,先是倾听。

③ 清晰。避免使用专业术语,用家长可以听懂的语言进行沟通。

④ 诚实。传递关于孩子问题的信息要诚实,以家长能够接受的方式传递。对于不知道的问题要坦率承认自己不知道。

⑤ 传递专业自信。经常给予家长错误的令其绝望的信息,会使他们丧失对未来的希望且失去努力的动力。

(4)沟通家庭作业。孤独症儿童的家长往往回家会再教孩子学习或复习,认为能多掌握一点是一点,缺少能力观和整体发展观,因此需要教师明确孩子的培养目标,主动沟通后围绕现阶段课程目标布置有针对性的家庭作业,并把家长定位为"与老师一起研究孩子是怎么进步的科研人员",不是家庭教师或生活保姆。如针对处于培养共同关注阶段的一年级特教班的孩子,教师就可以布置让家长看着孩子做跪走运动,在运动中拉扯孩子后退五次,记录孩子的表现,再记录"后退语言"指令的执行情况等。这样的作业形式既尊重家长,又能给孩子以实际帮助,比让家长自己找教学内容要更科学有序。

(四)社会支持

社会支持包括国家政策支持、法律支持,提高大众认知度和接纳度,提供相关福利和物质保障。社会需要建立服务于孤独症儿童家庭的全面的支持系统。

1. 政策、法律支持

我国现有 0~6 岁的残疾儿童约 167 万,并且每年新增残疾儿童约 20 万,学前残疾儿童的教育问题越来越突出。2017 年 7 月,教育部等七部门发布了《第二期特殊教育提升计划(2017—2020年)》,在此计划中提出要加大力发展残疾儿童的学前教育事业。

2017 年全国两会期间,8 位人大代表、2 位政协委员一致提出"关于提升全纳教育的专业能力及建设支持体系的建议/提案"。对此,提案回复介绍了有关特殊教育法制建设、特殊教育教师专业证书制度的内容,以及提升教师队伍专业能力、促进随班就读支持体系完善、加强督导评估等方面的举措行动。此外,提案回复还表示将督促指导各地认真落实《特殊教育教师专业标准(试行)》,继续推动各省区市择优选择师范类院校增设特殊教育专业,进一步扩大特殊教育专业招生规模;继续在"国培计划"中实施特殊教育教师专项培训,为特殊教育学校培训"种子"教师,进一步加强普通学校随班就读、资源指导等特殊教育教师的培训;加大硕士人才培养力度,支持和鼓励国内有条件的高校与国外高水平大学就全纳教育相关学科开展合作办学,引进国外高水平专业资质评价体系。

2. 提供相关福利和物质保障

以北京市为例,2013 年,市残联会同市教委、市财政局、市卫生局出台了《北京市残疾儿童少年康复服务办法》,将包括孤独症儿童在内的残疾儿童纳入了专项康复保障范围。年龄不满 7 周岁的残疾儿童,每人每年可享受最高 3.6 万元的康复补助金。

对 7～15 周岁的孤独症儿童少年的康复训练,政府每个月给予 2000 元的补助金,使其享受城乡最低生活保障或重度残疾人生活补助,对于 16 周岁以下的残疾儿童少年,每人每年最高补助 3.6 万元。

2016 年,北京市残联出台了《北京市残疾人辅助器具服务管理办法(试行)》及相关配套文件,符合条件的孤独症患者可按基本目录申请辅助用品,财政资金将按全额或 50% 给予补贴。2018 年出台的《北京市残疾人康复服务办法(试行)》,规定大龄孤独症患者享受转衔服务、日间照料(日托、活动),可按比例享受补贴。

3. 提升大众认知与接纳

(1) 通过网络、新闻媒体等大众平台普及孤独症的相关知识,给予正确的舆论导向,使大众对孤独症形成正确的认知。媒体的不实宣传容易使大众认为孤独症儿童都是天才;若是媒体将极端事件夸大宣传,便会造成大众的恐惧。这两种做法都是不适宜的。

(2) 帮助从了解开始。帮助大众了解孤独症人士的困难,对于他们在公众场合出现的问题予以理解,是接纳的前提。因了解而接纳,因理解而帮助。

(3) 孤独症人士的障碍是无形的,不像肢残容易看得到,帮助的正确方式也不容易被大众知晓。帮助大众了解、学习如何与他们相处,让更多的孤独症人士走出家庭,走入社会。

综上所述,孤独症儿童家庭需要支持系统,应集政府、社会、教育机构的综合力量,助力孤独症儿童家长保持积极、乐观的心态陪伴孩子成长,让孩子一生阳光、快乐。

第三节　孤独症儿童的早期干预

一、早期干预概述

早期干预,顾名思义,是指在儿童生命的早期"介入",然后促进儿童的发展(苏雪云,2016),这是对 0～3 岁特殊(含听觉障碍、视觉障碍、智力障碍、言语障碍、情绪行为障碍等)婴幼儿的服务的总称,包括早期筛查、早期发现和早期教育训练等。众所周知,婴幼儿大脑可塑性强,越早实施正确的干预,康复效果越积极。

在特殊教育领域,早期干预主要指对学龄前缺陷儿童提供的治疗和教育服务。通过帮助儿童在社会、情绪、身体和认知方面充分发展,使其能进入正常的教育系统或尽可能少地接受特殊教育(朴永馨,1996)。早在20世纪60年代,美国就把早期干预当作为改善经济、文化条件不甚良好家庭儿童的受教育条件所采取的一种补偿教育。该服务由联邦政府和地方政府资助,在各地建立不同形式的托幼机构或服务系统,向这些儿童提供教育、保健、医疗、营养、心理咨询、社会性服务,并向家长提供育儿指导等综合性服务。其后服务对象范围不断扩大,特别是2006年美国通过《征服孤独症法案》(The Combating Autism Act,CAA)后,政府拨款10亿美元用于卫生健康研究院开展与孤独症有关的各类研究,建立相关的疾病控制中心监控网,开展宣传培训等。此后,孤独症儿童的早期干预工作越来越受到重视。美国卫生和公共事业部设一个专门的副部长岗位负责孤独症的科研、培训和服务协调工作。

我国在1994年颁布,并于2017年修订的《残疾人教育条例》,第一章"总则"第七条指出:学前教育机构、各级各类学校及其他教育机构应当依照本条例及国家有关法律、法规的规定,实施残疾人教育。第四章"学前教育"第三十二条规定:残疾幼儿的教育应当与保育、康复结合实施。第四章"学前教育"第十三条规定:卫生保健机构、残疾幼儿的学前教育机构、儿童福利机构和家庭,应当注重对残疾幼儿的早期发现、早期康复和早期教育。有学者认为早期发现、早期康复和早期教育正好构成早期干预的内涵。我国明确意识到早期干预对于儿童一生的发展至关重要,因此2017年还颁布了《中华人民共和国母婴保健法实施办法》。

《中华人民共和国母婴保健法实施办法》第三章"孕产期保健"第十八条指出,医疗保健机构应当为育龄妇女和孕产妇提供孕产期保健服务。此法明确提出医疗保健机构承担新生儿保健任务,包括新生儿疾病筛查等,特殊儿童的早期诊断和早期发现有了保障。

2001年教育部等九部委发布了《关于"十五"期间进一步推进特殊教育改革和发展的意见》,指出"积极发展残疾儿童学前教育。大中城市和经济发达地区,要积极发展残疾儿童康复、教育事业,使残疾儿童学前教育水平有较大幅度提高;积极支持幼儿教育、特殊教育机构以及社区、家庭开展3岁以下残疾儿童早期康复、教育活动。其他已经普及九年义务教育的农村地区,要进一步发展残疾儿童学前康复、教育事业"。

2010年卫生部发布的《儿童孤独症诊疗康复指南》强调该文件的制定"为及时发现、规范诊断儿童孤独症,为其治疗和康复赢得时间"。"十二五"期间,中国残联实施"贫困孤独症(自闭症)儿童康复项目",投入经费4.68亿元,为近4万名贫困孤独症儿童提供康复训练补助,投入4500万元开展孤独症儿童康复教育试点项目,同时投入1800万元培训孤独症儿童康复专业人员6000名,并编制教材等。

2017年国务院颁布了《残疾预防和残疾人康复条例》,第二十六条明确指出:国家建立残疾儿童康复救助制度,逐步实现让0~6岁视力、听力、言语、肢体、智力等残疾儿童和孤独症儿童免费得到手术、辅助器具配置和康复训练等服务;完善重度残疾人护理补贴制度;通过实施重点康复项目为城乡贫困残疾人、重度残疾人提供基本康复服务,按照国家有关规定对基本型辅助器具配置给予补贴。

2018年10月1日起全面实施的《国务院关于建立残疾儿童康复救助制度的意见》明确指出:残疾儿童康复救助对象为符合条件的0~6岁残疾儿童和孤独症儿童。中国香港、澳门和台湾等地也在逐步健全完善针对孤独症等残疾人的相关政策和条例。随着相关制度完善和落实,孤独症儿童早期干预的积极效果正在逐渐显现。

二、早期干预工作的主要内容、原则和应注意的问题

早期干预主要在家庭和机构中进行,现在相关机构很多,民办、公立的都有,质量良莠不齐。本书第三章、第四章已经从课程和方法的角度谈了孤独症儿童康复的要义,可供参考。现在许多家长是看媒体宣传、听其他家长介绍有某某老师比较好,就产生认同感,然而这样得来的信息是不全面的。实际上,挑选机构应该主要看它们在课程中怎么贯彻培养目标,虽然有的机构的目标挂在墙上,但课程与目标脱节。因此,需要家长学习和思考后再决定进入哪家机构,避免道听途说。

（一）早期干预的主要内容

孤独症儿童的早期干预以教育训练为主,其目标是促进智力发展,培养生活自理和独立生活能力,减少不适应行为,减轻残疾程度,改善生活质量,缓解家庭和社会的精神、经济和照顾方面的压力。

作为一个连续的过程,早期干预一般由以下三个环节组成:第一,进行全面的评估;第二,根据评估结果,制订个体化的干预计划;第三,在干预过程中记录数据,监测患儿的进展情况并及时调整干预策略。当一个阶段的干预目标完成后,应重新开始评估－干预－监测的过程。

1. 评估

评估的主要目的是综合评价患儿可能受到病症影响的各方面信息,作为制订干预计划的依据。

主要评估包括以下内容。

（1）临床基本信息评估:病史询问、行为观察（包括语言能力、社交沟通行为、刻板行为、感知觉异常、自伤、共患病及其他问题行为等）和全面体格检查,以及对相关基因、听觉、视力、大脑功能等的检查。

（2）诊断性评估:按照 DSM-5 诊断标准,有条件者可使用修订版孤独症诊断访谈量表（修订本）（ADI-R）和孤独症诊断观察量表（ADOS）评估。

（3）发育评估：可使用贝利量表、格塞尔量表、韦氏儿童智力量表、孤独症评定量表第三版（PEP-3）等。

（4）适应性行为能力评估：推荐使用文莱量表或婴儿—初中生社会生活能力量表。

此外，还有其他评估包括：家庭功能评估、父母能力评估、相关干预资源评估。

2. 制订干预计划

根据评估的结果，教师指导幼儿家庭制订适合孩子发展水平的个体化干预计划，主要包括干预目标和干预方法的选择。若是哪一项评估不好就只练这一项，这样的干预计划是不会有效的。能力之间有先后顺序，存在迁移，如儿童用勺吃饭遗洒多，很多机构的训练计划上就只有学习用勺盛豆子，只看到了儿童的手眼协调问题，忽略了他们的空间方位知觉（勺与嘴之间的距离感）问题，以及肩、肘稳定性（握勺的稳定程度）等问题。再比如认识颜色，很多训练计划就只列出认识红色积木、黄色积木，或者认识红、绿、黄信号灯，忽略了颜色感觉与身体感觉的关系（知觉－动作关系）。实际上，平时吃草莓、西瓜、西红柿时，看到手上有红色汁液，涂红色的口红，穿红衣、红袜，用红色画图，感受颜色，最后抽象学习和命名"红色"。学习其他颜色也可采用这种途径。不同颜色在身体上引起的变化感觉是不同的，通过这个过程找到学习颜色的意义。让儿童能认出颜色不是目的，要使他们有颜色感觉，主动在生活中使用颜色名称。

对于早期干预的目标人群——3岁以下的婴幼儿来说，干预重点在于促进其社交沟通技能发展，但这要有一个过程，需要一级级地实现。

干预主要涉及以下几方面。首先是促进身体全面发展，重点是运动能力、生活自理能力等，这是一切干预的基础，"万丈高楼平地起"，不打好基础，别的训练都不能顺利进行。同时要处理相关共患问题，如睡眠问题、胃肠道问题等，有了正常的身体感受才能有正常的学习。其次是在运动干预和生活自理能力、习惯的培养过程中改善核心症状，如培养和提高患儿的直观动作思维能力、社交沟通能力、初步的合作游戏能力等。先从动作模仿、动作与知觉的联结训练做起，一步步循序培养，具体培养策略参见第二章至第七章。最后要避免和减少问题行为，如自伤行为，影响患儿健康安全的重复刻板行为，以及其他刻板行为。例如对于患儿不能很好地与外界互动的阶段性反应，若不影响健康和安全，应不着急干预，在运动中儿童的身体舒服了、情绪稳定了、认知和语言能力提高了之后，这些行为会消除很多。

3. 进展监测与调整

在早期干预进行过程中，教师需要及时、完整地记录相应数据，观察在接受干预后，患儿的症状改善和能力提升状况，以判断干预是否有效。如有效则继续实施干预，直至阶段性的干预目标达成，再重新评估，开始下一阶段干预；如无效甚至恶化，则根据相应策略进行修正，可以选择其他早期干预方法、适当增加干预强度或者寻找其他可能影响干预效果的因素，如共患病情况、家庭情况等。及时监测和调整能更好地适应患儿发展需求。

（二）早期干预的重要原则

1. 及时性

确诊后应立即对患儿实施干预，越及时越好，对疑似有障碍的孩子也应及时进行干预。一般干预都要从提升患儿的身体运动能力和建立正常的本体觉入手。

2. 科学性

多项研究表明，将发育理念和情绪行为干预策略整合，在早期干预中可以有效改善患儿的发育水平、适应功能和语言能力。患儿是一个发育体，早期干预要符合他们的发育特点，特别是身体发育特点，要使他们的身体协调、平衡、稳定等能力都得到有效改善，要根据儿童肌肉、骨骼发展规律进行干预，不要急于让患儿具备某种技能。如有些患儿骨盆和核心稳定能力没有发展好，不会爬就学走，而且总踮脚尖走路，因为不经常摔跤，家长就没有注意，反而继续发展他们的跑跳能力，过了一段时间，孩子小腿的腓肠肌、比目鱼肌的张力越来越高，会同时出现晃椅子等行为，此时应用行为矫正方法,不晃椅子就给予奖励,孩子这种现象可能会减少,但根本问题没有得到缓解。再过几天,孩子反而会出现无法静坐、总跑跑颠颠、随意离开座位的行为。如此下去,只会越矫正,不良行为越多,陷入恶性循环。正确的方法是针对孩子核心稳定力量不足的状况,进行跪坐、跪起、跪走、仰卧缩腿、辅助支撑等干预,在干预中对做得好的动作及时给予正向鼓励,鼓励患儿自己独立、正确地完成多组动作,这样训练一段时间后,他们就不会踮脚尖走路了,稳定安坐的时间也会延长,关注力也会提高,此时再培养其语言关注会更顺理成章。

3. 系统性

干预应该是全方位的、系统化的。早期干预的目标是促进孩子发育总体水平的提高,既包括对核心的社会交往和情感交流缺陷的干预训练,也包括促进患儿身心发育、智能提升,以及提高生活自理能力、减少不良行为的训练。早期干预课程的系统设计,要根据发展目标有序推进。学习能力发展目标依次是本体觉、空间知觉、表象、概括能力、推理能力,交往能力发展目标依次是共同关注、相互参照、意图理解等,两种能力相辅相成,详见本书第三至七章。

4. 个体化

针对孩子在社交、情感、智力、行为、运动、躯体健康、共患病等诸多方面的不同,在充分评估疾病和各项功能的基础上应制订个体化训练计划,但要以小组训练形式实施。小组课是进入幼儿园后集体课之前的训练方式,在早期可以让2~3名儿童一组,只有以获得能力而非知识为目标,才能组织参与率高的小组课。虽然一对一亲子互动针对性强、方便组织和操作、方便生活自理能力训练,但互动形式不足、动态性差,不利于交往能力、调控能力和自主能力的培养。

5. 家校合作化

强调和鼓励家庭、抚养人积极参与干预。应该对家长进行全方位的支持和教育,提高家庭在干预中的参与程度,应积极推广使用世界卫生组织近年推出的家长技能培训等。无论是个别训练还是小组训练,家校合作都是重点,即二者要对课程目标达成一致,才可能顺利实现目标。

6. 社区化

儿童活动要就近在所住的社区开展,妇幼保健机构可逐步建立社区训练中心,就近干预,实现以社区为基地、家庭积极参与的干预模式。在我国,社会资源开办的日间训练和教育机构众多,残联、民政局和妇幼保健机构也负有一定的服务和规范责任。

7. 长期化

保证每天有干预,特别是科学评估后的运动干预要天天进行,使孩子养成运动的习惯。建议每周的干预时长在 20 小时以上,干预的整体时间以年计算,早期干预疗程应持续 2 年以上。

(三) 早期干预应注意的几个问题

1. 明确早期干预目标,建立科学的课程体系

众所周知,好身体是第一位的,这也是干预的首要目标,吃得好、睡得好、玩得好才能做得好,而养成生活自理能力是次要目标。这些都需要科学的课程体系作为保障。好课程是有规划地引领孩子不断进步、不断提高能力的课程,课程要按培养目标和孩子现状划分发展阶段,每一阶段有能力发展线索可循,能力发展顺序为:本体觉、空间知觉、表象、概括、推理,这是学习能力发展的重要线索,要根据这一线索配套具体的能力训练,再组织训练材料,形成完整、科学的课程体系。

2. 安全教育不容忽视

保障生命安全是干预的底线,因此安全做法和安全意识培养是重中之重。必要的运动训练可以培养稳定、自控的能力,也可以培养灵活反应能力,避免大的安全事故的发生。患儿安全教育还要涉及:避免接触锐利的器具,更不应把它放在口、鼻、耳中;不能抓、咬、打同伴;不做爬高、扒窗、从高处往下跳等危险的动作;遵守禁止性命令等。孩子做出危险行为一定要及时制止。

3. 丰富师生、亲子之间的亲密情感体验

学习和工作能为人带来主观幸福感,人应当学习怎样获得快乐和幸福。因此,干预的目的不是教知识,而是感受和发现生活之美、

生活之趣。对于孤独症孩子来说,感受与人交往的快乐很重要,因为快乐而会愿意持续交往、学习交往,特别是早期,要多为其提供亲密、舒服的情绪情感体验。紧密的搂抱、温柔的亲吻、舒服的抚触和有神秘感的互动游戏都是每天必不可少的。

4. 养成良好的行为习惯

良好行为习惯和运动习惯的养成有利于孩子情绪的稳定,对此的培养越早越好。在养成习惯的过程中可以适时利用孤独症孩子"刻板"的特点,但又不要"放大"该特点。如进屋后换拖鞋、换衣服、洗手等习惯可以坚持,但吃饭中的一些规矩要因环境而变。有些与大众习惯一致的可作为习惯,有些不宜作为习惯。如有的孩子在早期养成了习惯"把饭吃干净"的习惯,大了以后看别人没吃干净就会发脾气,甚至做出强迫别人吃干净的行为,因此要在早期允许孩子对一些事情的态度保持弹性,要注意习惯培养的适应性。此外,在早期干预阶段,老师和家长都要重视自身的心理建设,才能给孩子提供良好的情绪氛围。

总之,科学有效的早期干预可以最大限度地影响孩子一生的发展,需要全社会齐心合力地开展好。

思考题:

1. 简述孤独症儿童家长心态变化的主要阶段。
2. 特教教师为家长提供心理支持的手段有哪些?
3. 早期干预应注意哪些问题?

本章主要参考文献:

1. 安·特恩布尔,路德·特恩布尔,伊丽莎白·J. 欧文,等著,杨福义,编. 合作与信任:特殊教育中的家庭、专业人员和儿童[M]. 江琴娣,译. 上海:上海人民出版社,2017.
2. 教育部. 研究制定促进融合教育的有关政策[N]. 人民日报,2017-12-04.
3. 梁纪恒,王淑荣,吕明. "幼有所育""弱有所扶"——学前残疾儿童的教育问题与对策研究[J]. 中国特殊教育, 2018(1).

4. 刘晶波. 特殊儿童早期发展支持[M]. 南京：南京师范大学出版社, 2015.

5. 钮文英. 拥抱个别差异的新典范——融合教育[M]. 新北：心理出版社, 2008.

6. 朴永馨. 特殊教育辞典[M]. 北京：华夏出版社, 2014.

7. 苏雪云. 婴幼儿早期干预[M]. 上海：华东师范大学出版社, 2016.

8. 王国光. 孤独症儿童的幼儿园融合教育[M]. 北京：中国妇女出版社, 2018.

9. 五彩鹿儿童行为矫正中心, 五彩鹿(北京)技术培训有限公司. 中国自闭症教育康复行业发展状况报告[M]. 北京：北京师范大学出版社, 2015.

10. 许家成. 特殊儿童生涯发展与转衔教育[M]. 南京：南京师范大学出版社, 2014.

11. 杨希洁. 我国大陆特殊儿童早期干预研究综述[J]. 中国特殊教育, 2003(4).

12. 翟宏, 胡雪琴, 温嘉吉. 团体辅导对自闭症儿童家长心理健康的影响[J]. 赣南师范学院学报, 2013(1).

13. 张文京, 陈建军. 特殊儿童早期干预[M]. 重庆：西南师范大学出版社, 2016.

14. FEIN D, BARTON M, EIGSTI I M, et al. Optimal outcome in individuals with a history of autism[J]. Journal of child psychology and psychiatry, 2013, 54(2).

15. FLOURI E, BUCHANAN A. What predicts fathers' involvement with their children? A prospective study of intact families[J]. British journal of developmental psychology, 2011, 21(1)

16. GROSSMAN A H, D'AUGELLI A R, HOWELL T J, et al. Parents' reactions to transgender youth' gender nonconforming expression and identity[J]. Journal of gay & lesbian social services, 2005, 18(1).

17. HASTINGS, RICHARD P, DALEY, DAVE, BURNS, CARLA, et al. Maternal distress and expressed emotion: Cross-sectional and longitudinal relationships with behavior problems of children with intellectual disabilities[J]. American journal on mental retardation,

2006, 111(1).
18. ORSMOND G I, SELTZER M M. Siblings of individuals with autism or down syndrome: effects on adult lives[J]. Journal of intellectual disability research, 2007, 51(9).
19. ROGGMAN L, BOYCE L, COOK G, et al. Playing with daddy: Social toy play, early head start, and developmental outcomes[J]. Fathering a journal of theory research and practice about men as fathers, 2004, 2(1).

第九章
孤独症儿童的青春期与职前教育

重点内容：

    青春期的主要问题

    干预策略

    职前教育的重点

第一节 青春期的变化和青春期的教学策略

前段时间见到一个 17 岁的大龄患儿,他的障碍程度较重,大肌群运动很差,有癫痫史,咀嚼能力差,体型胖并常无法控制流口水,长期睡眠不好,已服用近 5 年镇静剂,会有一些情绪不稳定的轻微攻击行为,母亲在家抚养一段时间后,近几年再度带着孩子出来求医问药。很多大龄患儿的家长在这样的阶段都会出现新的养育困难,因为患儿人高马大、有力气、有明确的需求和一定的主见,因刻板习惯的长期存在导致与社会越来越脱节,而且不再像小时候那样听话了。随着他们日渐长大,对于知识学习、完成作业的需求渐低,而社会化需求越来越强烈,但对于只会听指令做简单的事、不会变通、情绪不稳定、社会化意识没有建立的身体成年化、心智幼儿化的患儿,改变谈何容易。因此,若想让患儿在青春期后依然有进步,社会化程度越来越高,工作应做在青春期前,未雨绸缪,从六七岁开始,再晚也要在 12～14 岁开始加强干预。

一、青春期前后情绪行为发生的变化

此处,青春期前后主要指 12～18 岁,把 14 岁作为青春期开始的一个平均值,12～14 岁就是准青春期,有些进入准青春期的患儿可能会开始发生一系列变化。有患儿在 6～10 岁的,睡眠、情绪不错,配合度好,理解和听指令的表现也不错,学习还勉强跟得上,但后来癫痫发作,睡眠不好、情绪不好,思维混乱,不但无法学习,而且全面倒退……家长只能再次求助于医生。针对睡眠不好或患有癫痫的儿童,医生一般都会给服用镇静剂,一年左右人就会变得迟钝臃肿,知觉大脑反应全面迟钝,消化系统、代谢系统、免疫系统都会变得迟钝,动作反应也变慢很多。这样,人是安静了,可是也很难再去学习了,而且各类镇静剂对患儿的副作用也很大,未必能让患儿的病情真正改善,这时家长会再次陷入绝望。患儿青春期的表现各不相同,下面简单以个案形式介绍。

一名19岁大龄患儿的妈妈这样描述她的孩子：

"今天下午两点多叫他起来！起来了，上完洗手间，又躺下去了。轻声叫他换好衣服上学，好不容易起来了，喝水的时候有点情绪，在上学的路上还好，进了教室，就盯着老师的手臂看。我有意无意地隔在中间，小心翼翼，生怕他去抓老师，这时他拿了一块软陶往嘴里塞，当时我自己情绪没控制好。有点大声地叫他把软陶吐出来，还打了他一下（后悔），他很生气地把软陶吐出来之后跑到老师的办公室躺在地下，撕扯了几下又回到了教室。安静了一会儿，我说我们回家吧！拉着他走，走到门口，他又回到教室坐下。这时他情绪还是不太稳定，所以我决定还是带他回家。在路上我没有理他，他好像一直在看我，回到家，又开始咬牙、打门，后来让他躺在床上休息，才安静下来，真不懂他怎么了，不想上学？想睡觉？想摸别人手臂？……在回家的路上看到别人露小臂就想靠近……实在不懂，谁能帮助我？"

一位广西的15岁男患儿的爸爸，在一年时间里反复提问类似的事情应怎么处理。

在2017年10月第一次沟通，他说：

"我家孩子近来情绪比较平稳，到昨天为止，已经近3周没有大发脾气。对家里人的信任感也明显增加。可是，昨晚晚饭后，又再次在刺激下发作。他饭后心情很好，还自己拍打篮球玩。后来，爷爷口里叼根牙签坐在门口，他也过去挨着爷爷坐，一会儿他就抢爷爷嘴里的牙签，想折断丢掉，爷爷就不给他……接着他就想拍打爷爷的脸，爷爷跟他对抗起来了，说'爷爷揍你'之类的话。他就喊叫着跑回家里，把平板电脑及一个小手机砸烂了，又把茶几上的东西全部扫落地上，接着又把烧水壶给砸了……此时，我正好下班回到家。看到我回来，他就过来抱住我哇哇哭，奶奶及其他人也拉住爷爷让爷爷安静下来。

过一会儿，他又忽然冲过去，拍了坐在沙发上的爷爷一巴掌（他收住力道的那种打），爷爷也反手打他。我们再次拉开他们，而后安静大约15~20分钟，爷爷也收住情绪，收拾凌乱的客厅，他开始主动说'爷爷不打了，不能打爷爷……'还主动去拉爷爷,要跟爷爷拥抱,而后情绪就和缓了。发作一个小时左右,我就带他回自己的家。回来了情况很好,跟妈妈、弟弟都玩得很开心,直到晚上11:30才跟我睡觉。因为我们实在没办法带他,今天还是让他跟爷爷奶奶住,直到现在,情况稳定,但是我很担心他还会再次攻击爷爷或奶奶。以前有过类似情况。

明天是他的生日了,本来我们都已经答应给他买个新的手机让他玩,可忽然又来这么一次,我有点担心。类似情况,我们下一步应该将注意点放在哪里?"

在2017年12月第二次沟通,孩子爸爸说:

"刚刚我孩子又发作了,要打我,现在我自己躲在房间里……孩子在楼下,由爷爷、奶奶和姑姑陪他看电视……(省略中间大段的细节叙述),此前他已经多天不出现类似的爆发了,我们后续应该怎么做呢?"

在2018年1月第三次沟通,他又说:

"近来我孩子发作比较频繁,每天一到爷爷奶奶家就爆发,砸东西,感觉他对爷爷奶奶家已经没有安全感,也不信任他们。今天早上一到那里,我跟他一起吃早饭,他一出来就砸我手机(出门时他坚持由他带着)。他是对我马上要离开去上班不满,爷爷奶奶及所有的邻居都劝我下定决心让他去精神病院,他们说早有此想法,只是不敢说出来而已。孩子现在经常会说一些很突兀的话,都想不明白这些话跟他有什么关系?

我一个人带孩子,一天训练一个小时,其他时间我带着他,没有别人支持,我犯怵啊。"

16岁的孩子动不动就脱衣服,不看地点、不分场合,家长现在根本不敢让她出门,也不敢让外人来家里。

孩子18岁了,看上去是个成年人,但是内心还没有成长,稍不顺意就大发雷霆,想表达,但表达不清楚的时候就抓自己,抓得身上到处是伤。

案例 9.5

一位成年养护机构的老师说,她在上课的时候,班上就有男同学看着女同学自慰,真的非常尴尬,还有的男同学会忽然抱住女同学久久不撒手。

这样类似的事例不少,以前孩子小的时候,家长认为学习最重要,反正孩子发个脾气,家长控制得住,总能让孩子听话,但孩子大了以后,力气大了,以前的老方式没法用了,反而被孩子打得伤痕累累,这时才发觉孩子的情绪最重要。最困扰青春期及青春期后的家长的不再是学习问题,而是孩子的情绪和行为问题,而且不仅是孩子的情绪问题,也包括家长的情绪和心理问题。

家长倾诉问题的时候,有可能前言不搭后语,不知道自己到底想要表达什么,听上去像是要解决问题。比如案例 9.2 中的爸爸的叙述,其实,他这时的困难是他自身的情绪太低沉,他需要得到理解和舒缓,他这样倾诉了近一年的时间后,他的叙述终于从只说不听,到问孩子打他该怎么办,再到问孩子打爷爷奶奶、打妈妈怎么办,到 2018 年 6 月,这位爸爸在 QQ 群里与大家分享:

"假如自己跟孩子在一起,自己都处于没有安全感和不放松的状态,怎么可能给孩子安全感,让他放松呢?

工作下乡,无聊中,忽然感觉到我跟孩子关系中的一个硬伤……

我跟孩子在一起,自己从来都感觉不到安全感和轻松感,时刻都感觉他会发脾气攻击我,孩子眼神、语气一变,我就会背脊发凉,起鸡皮疙瘩……"

原来当孩子发展到这种情况的时候,这位爸爸自己已经没有了安全感,他自己需要有人帮他壮胆。

再看个案 9.1 中的妈妈。她的困难是解决孩子的行为情绪问题吗?她的困难并不是难以接受孩子的异常,而是潜意识里拒绝孩子,她只想让孩子能表现得更正常、更优秀一些,以此来弥补孩子异常给自己带来的失落和不甘,因此没有去关注孩子的感情需求,长期忽略孩子的想法和感受。当孩子长大了,有自己的意识和精神方面的需要的时候(她的孩子能力不错,能弹琴、表演等),孩子会用自己的方式表达需求或抗议家长对自己的忽视。因此,在这种情况下,无论教给家长什么方法,家长在操作中都会变形走样且达不到我们想要的效果,也达不到家长自己的期望。

前面的例子让我们看到,如果青春期到了,出现问题,我们大人要再像以前那样凭权威压倒孩子,已经不可能了,想从技术方面去做工作改善孩子的状况也更加困难,因为孩子大了,力气变大,想要控制他变得困难。所以,如果我们想要孩子青春期过得顺利平稳,我们就要在孩子的青春期前为孩子做好准备,青春期出现叛逆或脾气大爆发的孩子,多数是那些青春期前接受指令式教育比较多的孩子,他们更多地被关注做事的好坏、听不听话,而不被关注内心的感受。

二、青春期前应做好的准备

如果一些问题在青春期前没有解决好,到青春期会更难解决。而要解决这些问题,就要了解清楚问题的成因。

案例 9.6

6岁的孤独症谱系女孩突然变得异常敏感,普通超市、商场都去不了,到了这些场合会捂耳朵。这种情况持续了一个多月,在家里和幼儿园的状况则和以前差不多。该患儿一直有鼻炎,一个多月前病情严重了。老师针对这种情况,提出了一些建议。首先,去医院耳鼻喉科检查鼻子咽喉耳朵是否有病理性变化。然后,去医院检查是否有不耐受或过敏的问题,如果耳鼻喉有疾,先治疗好耳鼻喉,如果咽喉和耳朵的炎症治疗好,可以看鼻炎医院能治到什么程度。最根本的致病原因是患儿的过敏体质和低免疫力,所以要从根本上改善患儿过敏的情况,平衡免疫力。如果以上事情都完成,患儿就不再害怕去超市和商场,那么问题就解决了;如果仍然有听觉敏感的问题,可能就是比较单纯的听觉敏感,可以试试托马迪斯听力训练。

结果该患儿去医院检查发现是严重鼻炎。之后,控制了过敏源,患儿鼻炎好转,也就不怕噪音了……总之,没有突然的情绪行为变化,都是有原因的,可能与身体疾病、心理需求被满足、家庭和环境变化有关,应针对不同的原因采取不同的处理方式,先推测有可能的原因,再通过去医院检查等方式排除并确定原因,再治疗。如果这三方面问题处理不好或不及时,患儿的情绪行为问题会越拖越重。此个案的问题看上去像是一个行为问题,但其实是生理问题。

青春期前应做好以下几方面准备。

(一) 以提升和保证生活品质为终生养育目标

可能很多父母都认为自己做的所有的事情完全是为了提升和保证孩子未来的生活品质。但细致观察发现,许多家长对于生活品质的认识是有欠缺的。生活品质应主要从独立、社会参与和福利三方面衡量。

1. 独立

(1) 个人发展,即在日常生活中,他是否有个人学习、发展和不断提升的机会和空间。很多父母都非常确信,他们为孩子所做的事情全都是让孩子的学习提升,都是为了孩子不断地发展,让孩子有无限的发展机会和空间。但实际上这些父母并不明白,知识的掌握与能力发展之间没有必然联系,靠死记硬背、复制信息掌握知识不能说明思维能力的提升,而仿佛不具备知识的文盲却可以具有很多养活自己的能力。家长们往往不知道怎么发展孩子的思考能力、调控能力,而是一味地要求孩子记忆和模仿,这不是真正的个人发展。

(2) 自我决定,即个体是否有选择决定的机会和权利,是否有自己的个人目标。很多父母会认为孩子没有自主选择和决定的能力,若让孩子自己选,他们会整日做些无意义的事,例如玩手、尖叫、转圈、自言自语、玩水,所以,只能让父母替他们选择和决定。孩子无法自己选择和决定自己的生活,因此也就谈不上生活品质了。自我决定和判断的能力是一个人成熟、自信的标志,每个孩子都渴望拥有。美国心理学家马斯洛认为,人生而追求卓越。而孤独症儿童只要身体舒服了、思考能力发展了,就会做出越来越切合实际的决定。

2. 社会参与

（1）人际关系，即有没有自己的社会网络和朋友。父母也希望孩子有同龄朋友，但又觉得不太现实，并且认为孩子的训练和学习更重要，所以在孩子的生活里可能就只有训练、学习和基本生活活动。这样的孩子能有自己的生活圈，有自己的朋友吗？正如本书前面所讲的，具备发展人际交往的能力才能达到有效的社会参与。

（2）社会融合，即在社区是否有投入、投入多少。如果孩子在自己居住的社区里参加社区活动，那么社区里的人认识他，社区有什么事情都会通知他，有困难别人也会帮他。但很多父母会不怎么带孩子出门，甚至自己都不参与社区事务。

（3）权利义务，即明白从法律角度来看，在一般的社区里孩子本身有怎样的权利和义务。孩子是否清楚自己的权利和义务？孩子在国家、社区和自己家中该有什么权利和义务？孩子在家里是否有自己的房间、自己的书柜和书桌，家长在进孩子房间时是否会敲门告知，并在得到同意后再进入？家长拿孩子的东西时是否先告知一下？家庭活动做计划时，会不会和孩子一起商量？孩子是否知道他在家里有权利，同时也有分担家务的义务，在社区里也有义务参加社区活动并分担社区公共事务？依此类推。

3. 福利

（1）情绪福利，即是否感到安全与被保障。人需要在安全感被满足之后，再顺利地发展其他部分，婴儿首先发展的是亲子依恋关系，以满足自身的安全感和情感需要。安全感被满足后，孩子才能安全地、有信心地关注外界，有力量应对外界的事物和变化，人的安全感的发展和对情感的需要是最基础的部分。所以，无论孩子是几岁、有什么能力，都会去感受他所经历的一切，都会有自己的情绪和情感。父母们是否知道孩子对家庭是否满意？对父母给他安排的生活是否满意？是否有认同自己是安全的、生活是有保障的？

（2）生理福利，即是否懂得并维护健康、保证营养。孩子对自己的健康状况是否满意？孩子对自己的营养状况是否满意？

（3）物质福利，即是否了解财务状况与就业支持服务。进入职业阶段的孩子对自己的工作是否满意？孩子对自己的财务状况是否满意？孩子有自己的财务管理权和决定权吗？

如果我们希望孩子们的生活是有品质的，我们现在就要为他们未来良好的生活品质打下基础，关于能力的提升，家长们应该已经做了很多工作了，但还要考虑这些方面的问题：选择和决定，尊重和信任，社会参与，权利和义务，自我意识和自我形象，对自己、对他人、对环境的感受等。如果没有提前做这些工作，没有重视这些工作，进入青春期很有可能会出现更为严重的问题。

现在回看案例9.1，暴露出这些方面的问题：选择与决定，社区融合，权利义务，以及情绪福利。所以进入青春期，患儿的力量变大、自我意识开始发展的时候，情绪和行为问题就开始出现。在这个时期，几乎所有以前在以指令要求配合着的灌输教育下的患儿，无论以前听话还是不听话，情绪和行为问题都会再度出现，以至于有些家长会说"仿佛一夜回到解决前"，哀叹以前的功夫全都白费。而事实上，只要是人，就不可能只维持基本生活，而不想其他；只要是人，就有情感，就有个人意识、意志，不然就只是一个机器。若家长只是用指令与孩子单向沟通，只看孩子有没有做事、做没做好事情，必然会忽略孩子的想法和情感。孩子还小时，尚可以应付，但孩子慢慢大后，情感需求会更强烈，自我意识会发展，就会开始慢慢地表达自己的情感和想法，当他们情感需求得不到满足时，就开始表达或反抗，这就导致了通常所说的情绪问题行为问题。有些家长一方面全是指令式操作，另一方面又说孩子没有自己的想法，长不大。其实不管有没有家长的指令式操作，孩子的情感和个人意识都会慢慢地发展，只是这个过程家长没有关注到，没有及时地回应，没有恰当地引导，甚至用打压的方式去控制，这样很难不出现问题。

对患儿所做的所有工作，目的不应该是提升他们的知识学习和技能，而应该是提升他们的生活品质，而生活是否有品质，是以能否感受到满意和成就感，是以能否不断地自我成长为核心的。因此从长远来看，提升和保证患儿的生活品质是我们所有工作的目标。这个目标应分段实现：针对学前患儿，以使其身体舒服、情绪基本稳定、生活基本自理为主；针对学龄阶段患儿，以使其保持情绪稳定，发展交往能力和思维调控能力，能遵守社会规范为主；患儿针对青春期以后和职业教育阶段的孤独症人士，以使其掌握专项技能，能调控自己的情绪为主；更长期的目标则是让患儿能独立地参与社会生活，拥有一定的生活品质。

（二）身体健康是前提

我们从一个患儿的生长发育史来说明这个问题。

案例 9.7

一位典型孤独症患者，一级智障，有癫痫、地中海贫血症、肉碱缺乏症，是严重的过敏体质，存在严重的感知觉异常，严重的睡眠障碍、肠胃问题等其他共病。

1997 年 11 月，他足月顺产出生，母乳不足，吃不好睡不好，3 个半月时断母乳喝牛奶，4 个多月时开始不吃不喝也睡不安，6 个月时不能直腰，7 个月时不能坐，8 个月时不能爬，10 个月时长第一颗牙，11 个月时开始能吃点东西，睡眠和饮食开始有基本的规律，1 岁半能走，语言出现三五个单词，这时对人的关注、情感共享都有，但有点弱，共同关注不足。

2 岁开始出现明显退化，前面已有单词开始消失，对视减少，情感连接和共享减少，2 岁半被诊断患有典型孤独症，4 岁半开始在专业机构训练，家长总觉得孩子很累。

6 岁半出现癫痫，家长开始调整其睡眠和训练强度。

7 岁去北京被诊断患有肉碱缺乏症，重度过敏体质，于是开始做饮食管理和服用各种补充剂，癫痫没有再发作。生活作息基本规律，情绪稳定，但经常眼神空洞，面无表情，只有与父亲在一起出去散步时会有一些表情。

11 岁到 14 岁，家长调整与孩子的互动方式，鼓励孩子表达，建立情感连接，引导双向沟通，孩子的眼神有内容了，对人有兴趣了，与人互动和沟通进步很多，表情也丰富了。家长在生活中引导孩子开始生活自理、家务合作。

15 岁，孩子开始烦躁，不能入睡，10 天里有三四天通宵不能入睡，在客厅卧室间奔跑、蹦跳、转圈，大声哭笑喊叫，其余有三四天能睡两三小时,剩下的两三天能睡四五个小时,白天情绪问题、行为问题爆发很突然,身体难受时,痛苦得难以控制,大声嚷叫、哭喊、头撞墙、手指猛力撮墙、手背猛力击墙角,抓人、咬人、打人、推人,一天不断……家长说"一夜回到解放前"……家长找三甲医院的西医大夫和精神科医生诊疗,孩子没什么改变。

直到 17 岁,家长尝试托马迪斯听力训练,孩子可以每天睡 2 小时。

18 岁,家长带着孩子一起辟谷,然后孩子可以自己不要米饭吃了(大米过敏),一天至少能睡 5 小时以上,情绪开始稳定,不再整天头撞墙、手背击墙角,身上皮肤也不再粗糙,开始变得细致光滑,奔跑转圈也少很多,重新关注人和环境,开始能够生活自理和主动参与家务事,对人的回应及时,表情和眼神不再终日痛苦,开始有笑容了。

19 岁,家长增加了运动和户外活动,家长发现孩子的动作有问题,站立时头至肩不平,脊椎不直,骨盆不平。此后,开始给孩子做整脊,拍打,足疗,按摩等,到当年 11 月底时,孩子的睡眠从以前的 11 点、12 点才睡,变成了每天 9 点、10 点就要睡觉,早上 8 点还不愿意起床。同时,孩子全身的协调性和注意力分配进步很大,关注和思考人和环境更多、更细微、更准确。

20 岁,家长给孩子调理肠胃,给孩子的食物开禁,两个月后,孩子体重开始增加(之前的 4 年,孩子身高从 164 厘米长到 167 厘米,体重一直是 45 千克),孩子的情绪和睡眠没有变差,情绪管理还有进步,对家人以外的老师和朋友有了回应,对口语的理解和回应更快、更准确,对事物的理解和记忆更准确、更持久,开始能结合以往经验处理综合信息并及时回应,学习速度变快。现在,孩子在大部分时间里情绪愉快,积极参与家庭事务,而且开始参与家长的"微商"活动,也开始学习管理自己的定位手机(他因为严重的触觉敏感,脖子上、手腕上不能戴东西,不能背包,手上也不能拿东西等,所以,也不能戴手表或手机),为以后独自上学、放学做准备……

比较一下案例 9.1 和案例 9.7 的情况可以知道,身体健康是患儿学习成长的前提和基础,如果身体有疾病、不适,患儿学习能力再好,在身体痛苦无法解决的情况下,也不可能专心学习,自然就会出现情绪问题和行为问题。如果家长对患儿的身体状况关注了解不够,那么当患儿身体出现状况时,家长不知道,又继续平常的做法,孩子的情绪很快就会爆发,案例 9.1 就是这类情况。所以,哪怕家长们不清楚孩子的身体有什么问题,但当孩子的情绪行为问题发生或生活中出现一些困难时,首先要考虑孩子身体健康方面的因素。

身体健康方面常见问题有以下几方面。

1. 生物化学问题

重金属超标、食物过敏或不耐受、病毒感染、肠漏等,这些会造成脑炎、头痛、眼睛痛、睡眠不好、情绪冲动、多动、注意力难以集中等问题和现象。

2. 脊椎骨盆问题

颈椎、胸椎和腰椎错位,以及骨盆扭转等骨架问题会带来身体各部位的疼痛,并产生动作顺序、工作程序、动作计划、注意力分配等收集信息和处理信息等方面的困难,严重的还会导致更多的骨架和肌肉受损状况,比如脊柱侧弯等,同时也会产生气血不通等问题。

3. 经络气血问题

因为全身的神经是通过脊椎传递分散到身体各部位,全身的血液是通过颈部上传到大脑,所以如果脊椎结构不正确,会给身体带来很多不适和不良影响。身体消化食物、排除垃圾都需要各脏腑发挥自身功能,脊椎发育不良会带来脏腑气血供应不足的问题,脏腑无法发挥作用,因此会产生消化、吸收、排泄等方面的问题。同样,大脑思考也需要充足的气血供应,如果颈椎等方面有问题,就会供血不足,影响大脑运作,进而降低学习效率,持续下去,会形成恶性循环。

4. 感知觉问题

感知觉问题也许与脊椎发育有关系。家长或从业人员比较清楚感知觉异常的具体表现,其会带来身体很多不适,影响患儿睡眠、饮食、生活作息、安全感、情绪等方面,导致知觉信息理解、处理错误,从而带来更多发展和学习上的困难,前面提到的本体觉的问题也是感知觉问题,它对患儿人际互动和社会性发展的影响很大。

需要注意的是,以上这些问题主要是多位家长在专业化学习和长期操作之后发现的,而非医院根据化验结果来判断发现的。通常,化验结果显示不出患儿的所有问题,这是目前康复训练的现状,特别是青春期教育,多是案例研究,缺乏系统的、大样本的研究。

针对患儿的多重问题,在青春期前对身体健康方面的解决思路有以下几方面:首先最基本的是饮食管理,其次是培养有规律的生活作息习惯,最后是根据不同问题原因进行综合分析和干预。

(1) 做必要的饮食检查和记录

首先检查患儿对哪些食物过敏或不耐受,可以去医院检查(生化检查 IgG、IgE),也可以在生活中观察。用 4 天轮换饮食法来记录和观察(见表 9.1)。

表9.1 食物不耐受观察记录表

日期	早餐	中餐	晚餐	水和饮料	零食	情绪	行为	精神状态	睡眠
20180101									
20180102									
20180103									
20180104									
20180105									
20180106									

4 天轮换饮食法的操作如下。

第一,准备患儿可以吃的 4 种肉、4 种米、4 种油,以及 12 种青叶蔬菜和 12 种块茎类蔬菜,每天只吃一种肉、一种米、一种油,每餐只吃一种青叶蔬菜,一种块茎类蔬菜。4 天之内,肉、米、油、青叶蔬菜、块茎蔬菜,不要重复吃,不能喝任何加工饮料,只能喝鲜榨果汁、白水等天然饮品。这些食物和饮料的摄取量,都要记录下来。

第二,检测睡眠:记录入睡时间和睡眠时长。

第三,记录情绪和行为:患儿每天的情绪状况如何?发了几次脾气,每次发脾气时间延续多久?发脾气的强弱程度如何?有些什么样的行为?例如,一些刻板行为,以及自言自语、玩手、蹦蹦跳跳、转圈等。患儿精神状态如何?是很兴奋,还是大喊大叫,或者很安静,或者,既不是很兴奋,也不是很安静。除此以外,还应记录他今天有没有出现什么病症,是不是表现特别好,有什么表现让人特别惊喜等。

这样记录的目的:安排每日的餐饮是 4 天之内都不重复的,如果今天一天吃下来,他晚上睡眠减少了,中午没有睡觉,情绪波动很大,很容易激动,发脾气的次数很多,发脾气的程度很严重,同时多动、转圈等,就要怀疑今天吃的东西里面可能有使他过敏或是不耐受的成分。通过这个方法,家长就可以知道食物与患儿的睡眠、情绪行为、精神状态之间的关系了。半年下来,家长就能观察出很多医院可能都没办法查出来的、会让患儿不耐受的食物来。

(2) 持续的饮食和生活规律的调整

制作一个对患儿安全的食谱,再根据患儿的体力和精神状况,安排好日间活动,进而帮他形成有规律的生活作息习惯。这个食谱要根据患儿的体重变化,每半年调整一次,或者根据患儿过敏或不耐受情况的变化,要随时立即做出调整。

培养患儿有规律的生活作息习惯,才能帮助家长更好地计划他们的生活、学习、运动的时间,如果他们生活作息不规律,该睡觉的时候不睡觉,该起床学习的时候精神不好、情绪不佳,该运动的时候没有体力,那么任何的学习和运动计划都没办法执行,案例 9.1 因为不想起床而发脾气的患儿主要是对食物不耐受,所以总觉得昏昏沉沉睡不醒。

下面的食谱(见表 9.2)是给案例 9.7 中的患儿应用了一段时间的特制食谱。

表9.2 为案例9.7中患儿制定的系列食谱

（重量单位：克　热量单位：大卡/每百克）

1	品种	重量	蛋白质	碳水化合物	脂肪	热量
早餐	莲子	25.0	4.04	14.82	0.49	79.87
	花生仁	25.0	6.25	4.00	11.08	140.75
	眉豆	30.0	5.58	17.70	0.33	96.00
	白糙米	25.0	1.78	18.63	0.60	87.00
	莜麦菜	100.0	1.13	1.22	0.32	12.15
	葡萄籽油	10.0	0.00	0.00	9.99	89.90
	小计		18.78	56.37	22.81	505.67
中餐	白糙米	85.0	6.04	63.33	2.04	295.80
	上海青	100.0	1.64	1.00	0.18	11.83
	鲈鱼	100.0	15.81	0.00	2.89	85.00
	葡萄籽油	20.0	0.00	0.00	19.98	179.80
	小计		23.49	64.33	25.09	572.43
晚餐	白糙米	85.0	6.04	63.33	2.04	295.80
	鲈鱼	100.0	15.81	0.00	2.89	85.00
	芥菜	100.0	2.20	2.29	0.35	21.12
	葡萄籽油	20.0	0.00	0.00	19.98	179.80
	小计		24.05	65.61	25.26	581.72
合计			66.32	186.31	73.16	1659.82

2	品种	重量	蛋白质	碳水化合物	脂肪	热量
早餐	红糙米	40.0	2.80	29.76	0.80	137.60
	黑芝麻	5.0	0.96	0.50	2.31	26.55
	绿豆	30.0	6.48	16.68	0.24	94.80
	猪肉末	50.0	10.10	0.35	3.95	77.50
	苋菜	100.0	2.07	2.07	0.22	18.50
	山茶油	10.0	0.00	0.00	9.99	89.90
	小计		22.41	49.36	17.51	444.85

续表

2	品种	重量	蛋白质	碳水化合物	脂肪	热量
中餐	红糙米	85.0	5.95	63.24	1.70	292.40
	红薯叶	100.0	2.31	2.49	0.27	21.36
	猪里脊肉	70.0	14.14	0.49	5.53	108.50
	土豆	70.0	1.40	11.55	0.14	53.20
	山茶油	20.0	0.00	0.00	19.98	179.80
	小计		23.80	77.77	27.62	655.26
晚餐	红糙米	85.0	5.95	63.24	1.70	292.40
	小白菜	100.0	1.56	2.48	0.09	16.56
	猪里脊肉	70.0	14.14	0.49	5.53	108.50
	青椒	80.0	0.80	3.28	0.15	16.74
	山茶油	20.0	0.00	0.00	19.98	179.80
	小计		22.45	69.49	27.45	614.00
合计			68.66	196.62	72.58	1714.11

3	品种	重量	蛋白质	碳水化合物	脂肪	热量
早餐	黄米	40.0	4.68	27.32	0.80	135.20
	红枣	20.0	0.51	9.86	0.08	42.24
	黑豆	25.0	8.03	7.90	4.20	101.50
	牛肉末	30.0	6.06	0.36	0.69	31.80
	生菜	100.0	1.22	1.22	0.28	12.22
	葵花籽油	10.0	0.00	0.00	9.99	89.90
	小计		20.50	46.66	16.04	412.86
中餐	黄米	40.0	4.68	27.32	0.80	135.20
	白米	45.0	5.27	30.74	0.90	152.10
	空心菜	100.0	2.30	1.44	0.29	17.28
	牛肉	60.0	12.12	0.72	1.38	63.60
	芹菜茎	100.0	0.80	2.21	0.13	13.40
	葵花籽油	20.0	0.00	0.00	19.98	179.80
	小计		25.17	62.43	23.48	561.38

续表

3	品种	重量	蛋白质	碳水化合物	脂肪	热量
晚餐	黄米	40.0	4.68	27.32	0.80	135.20
	白米	45.0	5.27	30.74	0.90	152.10
	菜心	100.0	1.03	1.32	0.24	11.28
	牛肉	60.0	12.12	0.72	1.38	63.60
	萝卜	100.0	0.75	3.76	0.09	18.80
	葵花籽油	20.0	0.00	0.00	19.98	179.80
	小计		23.85	63.85	23.39	560.78
合计			69.52	172.94	62.91	1567.02

4	品种	重量	蛋白质	碳水化合物	脂肪	热量
早餐	红薯	200.0	1.60	50.80	0.00	210.00
	芸豆	30.0	6.75	17.70	0.27	100.20
	鸡蛋	60.0	6.48	2.09	4.79	77.52
	苦麦菜	100.0	1.56	2.21	0.25	17.22
	橄榄油	10.0	0.00	0.00	9.99	89.90
	小计		16.39	72.81	15.30	494.84
中餐	黑米	85.0	7.99	56.53	2.30	278.80
	枸杞叶	100.0	2.87	0.49	0.28	16.10
	鸡肉	80.0	15.44	1.04	7.52	133.60
	冬瓜	100.0	0.26	1.57	0.00	6.96
	橄榄油	20.0	0.00	0.00	19.98	179.80
	小计		26.56	59.62	30.08	615.26
晚餐	黑米	85.0	7.99	56.53	2.30	278.80
	绍菜	100.0	2.12	0.22	0.37	12.41
	鸡肉	80.0	15.44	1.04	7.52	133.60
	莴笋	100.0	0.33	0.85	0.07	5.20
	橄榄油	20.0	0.00	0.00	19.98	179.80
	小计		25.87	58.63	30.23	609.81
合计			68.82	191.06	75.61	1719.91

在进行饮食管理的过程中,会遇到各种各样的困难,如父母不给患儿吃他想吃的,患儿会有情绪,万事开头难,坚持一段时间看到效果就容易了。案例9.7中的父母为了患儿可以自己也不吃米饭,父母一起"辟谷",几天都只喝水不吃饭,最后患儿自己也不吃对他没有好处的米饭,之后再逐步少量添加,患儿的免疫平衡能力增强了,过敏源检查也正常了之后,这些饮食食谱可以再重新进行调整。

(3)通经络、增气血

家长可让专业人士给患儿检查和治疗,如运用整脊、正脊的手法等,这些医疗手法在实施过程中可能会让患儿突然感到不适。孤独症患儿往往因缺乏安全感,不太能配合,所以需要医师了解患儿的状况,耐心地与患儿沟通,等到患儿安静下来,再根据孩子的状况去做治疗。

(4)提供丰富的知觉刺激输入和动作操作机会

如果排除了重金属、食物不耐受、甲基化、脊椎不正等问题,患儿还有感知觉异常等状况,可考虑通过各种生活中的活动,为患儿提供丰富的知觉刺激输入和动作操作机会,去改善他们感知觉异常的情况。同时,这个过程也是真实生活情景里的事务操作和积累,对于患儿准确理解事物和事物之间的关系也很有帮助,进而帮助他们积累生活经验,发展动作计划和事务执行计划。

(三)良好的亲子关系是基础

患儿在3岁以内的发展重点是亲子关系、安全感、知觉动作,以及基本的生活作息规律养成,而良好的亲子关系和安全感的建立,既让患儿对人有足够的兴趣,与他人、与社会产生连接,在这样的连接中发展感受能力,同时还给患儿足够的勇气和力量,迈向探索环境和他人的旅程,并建立起个人意志力,进而达到独立自主。亲子关系、安全感和感受能力是儿童迈向独立的心理基石。

孤独症儿童经常不看、不听,自顾自地玩耍、发笑、看手、转圈;外出时,自顾自地奔跑、看喜欢的东西,从不或很少关注爸爸妈妈在哪里,有没有走远,有没有跟他在一起。

孤独症儿童在对人的兴趣、对人的关注、与人的情感连接和亲子关系等方面的发展是有先天缺陷的,要培养他们这些方面的能力,就必须从他们3岁前建立亲子关系。

案例9.8

在路上,孩子走了一会儿发现爸爸没有跟来,回头等爸爸。

爸爸晚上下班回家,孩子和妈妈已经吃过晚饭,但孩子在爸爸吃饭时坐在旁边看着爸爸,陪爸爸吃饭。

爸爸上班要出门,孩子在旁边守着,看着爸爸穿好鞋了,给爸爸递手机、背包、雨伞,还给他开门。

晚上和爸爸一起看电视,爸爸动动身体,头转动一下,眼睛看向哪里,孩子马上知道爸爸要拿什么东西,然后起身把那东西拿给爸爸

爸爸拿着按摩棒帮孩子拍头,然后也给自己拍,孩子拿过按摩棒玩了几秒钟,又主动还给爸爸,因为孩子知道爸爸要拍头。

父母做事的时候,患儿在旁边看着,然后自己上前来主动参与,哪怕这个事情他不一定会做。如果亲子关系足够好,家里就会经常出现案例9.8的情景。

亲子关系重在关系和感觉,而不是日常的生活琐事;重在相互的感觉和情感的共享,而不是两个人一起做具体事情、有没有将这个事情做好。大家为高兴的事情一起开心,为难过的事情一起伤心。亲子关系更关注对方的想法和情绪情感,而不是事情成功与否。

亲子关系是双向互通的,双方知道彼此的需要和想法,彼此希望对方高兴,喜欢在一起,任何时候都可以心心相通。

亲子关系会带来情感和行为的协调一致,双方的行为表现会与情绪情感的内容和倾向一致,孩子不会在妈妈跌倒时,嘴上安慰妈妈,手去抚摸妈妈的痛处,脸上却笑着,而是在看到妈妈跌倒吃痛时,自己也会感受到妈妈的痛,会轻抚妈妈的伤处,并温柔地安慰妈妈。

亲子关系更关注情感和意愿,给家长和孩子带来情感和行为上

的双向互动和双向调控,因为喜欢对方、在意对方、想让对方高兴,所以想知道对方的想法,所以在双方有不同想法时,愿意调整自己。

三、青春期的主要教育策略

除了要为孩子确立以提高生活品质为目标的终身干预方向外,在身体基本健康、亲子关系稳定而良好的前提下,还要遵循以下教学策略。

（一）情绪行为稳定是工作重点

前面所述案例基本都是不好的情绪和行为同时出现的状况,家长和老师都为之烦恼不已。还有其他很多家长都提到孩子的各种状况:孩子发脾气时把家长和老师都打伤了;考试比赛只能考100分或第一名,只能赢不能输,否则就会大发脾气;孩子喜欢摸女孩的头发,被女孩家长责骂;孩子18岁了,不吃饭,不睡觉,不穿衣服,乱发脾气;孩子想去一个公司工作,可公司不愿意要这个孩子,孩子就跟妈妈发脾气;孩子不分场合自慰;孩子在学校教室走廊洗手池小便,怎么劝说都没用;课堂作业和家庭作业需大人或老师监督才能做,但就算监督,孩子还是拖拖拉拉的;不让他人帮忙,否则就生气;要求不被满足就大哭大闹很长时间;打人、推人、咬人等。

针对上述状况,要树立正确的情绪行为观,情绪和行为通常伴随而来,有时先有情绪后有行为,有时先有行为后有情绪。所有的行为和情绪都是一种表达和沟通,情绪没有对错,行为要分清是否合适,家长和老师应分清什么情绪行为需要干预。一般危害到他人和自己安全和健康的行为需要强力干预,影响到他人和自己的生活和学习的行为需要干预。发生行为情绪问题的时候是孩子最好的学习的机会。

很多家长和老师都把行为情绪问题当成负担,并想完全避免,但应该认识到,行为情绪问题有前因后果,人的成长必然要经历对这些情绪的体验、调整,因此发生行为情绪问题的时候也是最好的学习机会,经历这些,一个孩子才能真正成长为有独立意识、个人观点、个人意志,能自我管理的成熟的人。

孩子每次发脾气都是因为自己有困难,同时又不会表达,只好用发脾气的方式来传递自己的想法和情感,我们可以理解为这是孩子在表达和求助。孩子每次发脾气都是一次学习机会,学习理解和接受客观事物、学习体验情绪、学习调整情绪。

应抓住孩子发脾气的机会,让孩子学到更多的东西,并发展双方的亲密和信任关系。尽可能预防行为情绪问题的产生,若行为情绪已经发生了,我们要回应,但更重要的是如何预防行为情绪问题的产生。治本的办法就是要让孩子有思考问题、解决问题和调整自己、管理自己的能力。

(二)提高基础能力、重点发展语言沟通

孩子人高马大,稍不顺意就大发脾气,想表达而又表达不清楚的时候就抓自己,抓得身上到处是伤,还把家长和老师都打伤。这是因为他缺乏表达沟通能力、情绪的自我调控能力,以及对他人的感受关注的意愿。

考试比赛只能考100分或第一名,只能赢不能输,否则就会大发脾气(孩子只看到结果,不能享受学习过程),是因为缺乏成就感、健全人格、情绪的自我调控能力。

孩子喜欢摸女孩的头发,女孩家长责骂他流氓,学校要开除孩子。这是因为他缺乏对社交规则的真正理解和关注他人情绪的意愿。

孩子18岁了,不吃饭,不睡觉,不穿衣服,乱发脾气。此是因为除去身体健康问题,他缺乏表达身体困难能力、与人沟通和情绪的自我调控能力。

孩子凡出门必得先去超市逛一圈才能去别的地方(刻板)。这是因为缺乏弹性思考和自我调整的能力。

孩子想去一个公司工作,可公司不愿意要这个孩子,孩子认为妈妈不去沟通,就跟妈妈发脾气(家长的不当引导让孩子产生错误的因果连接)。这是因为他缺乏对人的感受的关注和理解能力。

孩子随时随地自慰。这是因为他缺乏对环境的关注和理解,以及根据环境的要求调整自己的行为的能力和意愿。

孩子在学校教室走廊洗手池小便,怎么劝都没用。此是因为他缺乏关注环境、理解环境、遵守规则的意愿,对他人感受的关注、调整自己以适应环境的意愿和能力不足。

做作业得监督孩子,并且就算监督,他做作业还拖拖拉拉的(没有享受到学习的乐趣)。这是因为他缺乏学习成就感。

孩子上课时总是离开座位。这是因为他缺乏关注环境、理解环境、关注和在意他人感受,遵守规则和自我管理的能力。

前面提到的案例 9.3 中的 16 岁女孩不分场合就脱衣服,可能因为她有身体方面的困难,缺乏表达沟通能力、对环境和人的关注和理解。

1. 打好学习基础,发展言语沟通

(1) 打好学习基础

其一,要激发学习动机:让孩子喜欢、愿意、主动、享受、追求学习,同时提高他的学习能力,包括感觉环境和他人情绪想法、换位思考、观点取替等的能力。其二,提升沟通能力,包括做好沟通准备,培养共同关注、共同调控、动态沟通和弹性思维的能力。提高理解能力,主要是多重线索区辨和归纳演绎推理的能力。其三,强化自我管理能力,包括预测和计划、组织和协调、沟通和评估等管理能力。

(2) 发展语言沟通

前面几章已经介绍了如何培养思考能力、控制能力,这里主要介绍青春期患儿沟通能力的培养策略。

① 了解患儿的沟通方式,能明确他所处的发展阶段。

沟通发展阶段包括:自我阶段,要求阶段,早期沟通阶段,伙伴阶段。

第一,自我阶段。处于自我阶段的患儿,独自玩耍,与大人的互动非常短暂,几乎从不和其他的患儿互动,没有经验分享式的沟通。自己做事,对周围的人不感兴趣,不知道可以通过直接向别人发出信息从而影响到他人;大量的沟通是工具式的,对于自己想要的会看过去或伸手过去,几乎不理解任何单词。

通过观察患儿的身体运动、手势、尖叫和微笑,可以知道他是怎样的感觉。许多年幼的患儿,当他们第一次被诊断为患有孤独症的时候,往往处于自我阶段。

第二,要求阶段。处于要求阶段的患儿,开始了解他的行为可以对别人产生影响,会与大人进行短暂的互动。通过拉或者领着他人,他能够向对方要到他需要的或者喜欢的东西,格外喜欢玩身体上的游戏,像挠痒痒和躲猫猫;当游戏暂停,他会看着大人或者移动他的身体,以示意对方继续,如果他能领会他要做的,偶尔也会遵从熟悉的指令,理解熟悉的程序步骤。

第三,早期沟通阶段。处于早期沟通阶段的患儿,在非常有动力的情境下(如要求获得喜欢的食物或玩具),开始使用明确的手势、声音、图片或单词,社交性互动时间足够长,有更多的经验分享式沟通,开始模仿他听到的许多事情,有时会与对方沟通某些事情,如果对方说简短的句子、有视觉提示,他能明白大部分内容,双向沟通开始。此时他会分享他感兴趣的,发展出分享式注意力,朝着学习沟通迈出一大步。本阶段的患儿可以理解简单、熟悉的句子,不需要视觉提示就能理解熟悉物品和人称,能说"嗨"和"再见",回答"是"或"否",以及回答"那是什么"的问题。

第四,伙伴阶段。处于早期伙伴阶段的患儿,若没有语言困难,能交谈、胜任简单的会话,可以谈论过去和未来,喜欢同家长和其他的患儿在一起,与他人有更长时间互动,在熟悉的游戏规则下成功与其他患儿玩耍,使用言语或其他的沟通方式提问和回答问题,能讨论过去和将来,表达感受,有简短的交谈。但在沟通上仍然有困难,当不知道该怎么做时,抗拒与其他患儿玩耍,例如,假想游戏中,不明白别人所说或者自己不会组句表达时,使用仿说,回答他人而不是自己发起会话,往往语法错误,尤其是如"你""我""他"这样的人称代词。不明白讥讽、幽默或双关语,只是照字面意思理解别人说话的内容。

了解患儿的沟通状况,是让我们知道以什么样的方式去发起与患儿的沟通,才更有可能被患儿接受。因为一个人的发展基础决定他的学习方式、游戏方式、沟通方式和口语表达方式,也决定了他接收信息的方式,我们可以以此来判断他的学习方式和发展基础。孩子的发展基础决定了教学目标和教学内容,孩子的学习方式决定了教学策略,孩子的沟通方式决定了教师和家长与孩子沟通的方式,孩子自己的游戏方式可以是教师和家长的教学活动,孩子的口语表达方式可以是教师和家长的辅助方式,这样与孩子的沟通才可能会更有效。

② 要遵守一些沟通原则,把握好沟通技巧。

主要的沟通原则有:相信孩子是可以做到的,永远记住调整自身,给孩子恰到好处的挑战,并在安全、轻松愉快气氛中进行沟通。

沟通时要看到孩子的沟通意愿并予以回应,以情感连接和情感共享为前提。多使用非口语沟通,多与他们商量,学会引导患儿思考而不是直接告诉他结果。尽可能使用平等、引导性的沟通方式。

平等、引导性沟通方式要求:

- 和孩子分享情绪反应。
- 多给孩子展示对比、对照。
- 和孩子一起回忆。
- 和孩子一起进行"头脑风暴"。
- 规划未来要和孩子一起经历的事情。
- 加强和孩子之间的情感纽带。
- 加强相互间的协调互动。
- 消除误解。

使用沟通语言举例:

- 哇!真棒!我们成功了!
- 我更喜欢这辆黑色的汽车,我不太喜欢蓝色的汽车。
- 昨天,我们看到了一只很可爱的小狗。
- 那个红色的可能更合适。

- 明天我们聊聊天。
- 我喜欢你。
- 这个太重了,我吃不消。
- 我来了!
- 对不起,我是想在中午饭前做这个,而不是中午饭后。

要花时间进行有趣的"体验分享"活动,让孩子体验与家长一起做事很快乐,形成内在驱动,具体可参考自主交往训练的教学活动设计方案。

2. 发展非言语沟通

在成长过程中,人的非言语沟通的发展先于言语沟通的发展,并在很大程度上决定社交沟通的品质,所以我们不要一开始就发指令和要求患儿用口语表达。如果没有沟通动机,患儿不会主动沟通,如果没有对环境的观察和对人的想法的了解,没有非言语沟通的基础,患儿对语言的理解也不会很好。所以,要在引导和培养沟通动机的同时,重视非言语沟通,让患儿发展出丰富的非言语沟通,因为非言语沟通的品质对言语沟通的品质和社会交往的品质有决定性的作用。

语言是通过对不同生活情境里语音的使用经验的积累而习得的,不是在课堂上学到的。所以,想让患儿对语言理解得到位,一定要让他对情境和人的情感有细微的感受,同时,关注环境的状况,关注人的想法、感受、意愿、信念等,这是学习语言的更基础的能力。通过沟通把患儿从自我世界拉出来,让他的注意力放在对外面世界的关注和探索上,他会比只在课堂上学习收获更多。

世界上的知识和技能学不完、教不完,所以让患儿掌握学习语言的方法比学会某种表达方式更重要,学会思考比学会某些具体的知识和技能更重要,因为这样他可以自己主动学习,随时学习,学习效率更高。

如果我们通过沟通互动把患儿从自我的世界里拉出来,让他看到外面的世界和人,让他感受与人连接的快乐、与人共享和分享的快乐,让他体验到参照、协商、探索、沟通和调整的成就感,让他从与人沟通和分享中获得快乐,让他的快乐来自在学习过程中克服一个又一个的难关、解决一个又一个的问题,这样,沟通和学习就永不会停止,最后患儿就缩短了与他人的差距。

(三)丰富充实的日常生活是保障

基于整体生涯规划,以保证生活品质为目标来做的日常生活安排,让患儿的注意力一直集中在丰富充实的、积极的、有正向成就感的事情上,患儿不会再无所事事。

要做到以下几点。

1. 根据孩子的喜好和需求,找到患儿的生活目标,引导患儿明确自己的生活目标。

2. 引导患儿为了生活目标去认真参与到自己的生活中,付出努力,学习新的知识和技能。

3. 用各种支持策略帮助患儿达成自己的目标。

4. 找新的目标,推动并形成良性循环。

例如:孩子想去动物园看动物,他要做的工作包括:理解交通费、门票等需要钱——要挣钱;要学习出门的技能,例如,如何使用手机查找和确定路线和导航,出门前需要准备什么物品,做预算,并管理钱,如何计划和安排时间等。首先找到一个可以挣到钱的工作,然后学习这个工作所需的知识和技能,最后挣到钱、学习了足够的技能去动物园玩。

这样的一个过程涵盖了工作、学习、休闲和生活几个部分。在这样的框架下,我们来考虑符合上述目标和需要的丰富多彩的活动,如:稳定或临时的交友活动,稳定的社区活动,一起商量临时决定的唱歌等娱乐活动,集体旅游活动,球类运动或比赛,棋类活动或比赛,户外爬山活动,野炊,各类义工或公益活动,保健养生活动,逛街、购物,节日仪式,家人朋友生日,画画、音乐等艺术类活动,打麻将、看电视、聊天等活动。

我们在生活中让患儿更积极地投入和做出努力,是希望他的生活更有品质;而对患儿而言,则应该是他自己想要主动参与的,能不断学习和不断提升的生活更有品质。

有品质的生活教育是：①让患儿觉得生活有重心、有意义；②能自己决定生活内容；③能参与并体验多种、多重社会生活；④符合一般人对生活品质的要求（一般人的生活）。

(1) 在活动中培养有规律的生活习惯

在各种活动中引导患儿目标明确、主动地参与活动，主动追求、学习，同时培养他们礼貌、愉快、诚实、友善、自信、谨慎、节约、努力、可靠的品格，培养创新、竞争意识、专注力、洞察力，以及适应改变、接受批评、忍受挫折、克服压力等的能力，日积月累，患儿就会出现性格和气质上的变化。而患儿的生活技能和工作基础能力在这样的学习动机和工作人格驱动下，自然就会慢慢习得。

(2) 针对不同问题产生的原因进行综合干预

下面再分析前面几个案例的处理过程和结果。

案例 9.1 的原因分析与建议

分析原因：寻求母亲关注？睡不着，没事干，觉得好玩？喜欢做算术题？

建议的应对策略：家长调整心态，接纳孩子现状，多关心孩子的想法和情感，具备同理心，陪伴孩子和支持孩子，比如说晚上陪儿子睡觉；检查孩子是否对某些食物不耐受等，看孩子有没有身体上的困难，重新调整生活作息时间；放低对孩子的要求，以吃好睡好、情绪稳定为中心目标，生活中高质量地陪伴孩子，少发指令或不发指令，多与孩子商量沟通，与孩子一起做喜欢的事情，培养家人之间的感情；与孩子一起做家务或运动，多给孩子一些选择决定的机会，让孩子既锻炼身体，又慢慢培养生活自理能力和做家务的能力，既培养责任心，又培养自信心，还培养参与活动、与人合作的成就感，进而培养他们与人合作和学习的成就感和主动性。还可以根据孩子的喜好或愿望，为他们制订生活支持计划，安排丰富充实有意义的日常活动，同时与学校老师沟通，做职业教育评量，制订职业教育计划。

案例 9.2 的原因分析与建议

分析原因:家人长期的指令式管教让进入青春期的孩子情感得不到不满足,或是家人长期劳累,没有精力去关心孩子(家里有弟弟需要照顾,妈妈有抑郁症),甚至是害怕孩子,把孩子当精神病人。而处于青春期的孩子大脑神经系统不稳定,冲动易怒。

建议的应对策略:家长很累,想办法先让家长休息,然后调整家长心态。这是很难的,一般需要很长时间。在与该案例的家长持续沟通了一年左右之后,家长才体会到自己内心的感受,看到自己情绪对孩子情绪和心智的影响。家长的心态改变更难,需要的时间也更长。青春期的孩子,因为生理的原因,情绪就是很冲动易怒,这使得情绪安抚工作更难进行。所以,家长应先放弃其他干预活动,只做生活照顾和情绪同理及安抚,增进双方的情感连接和信任度。这个步骤可能会需要很长时间,可能半年、一年,甚至两年,因为伤害情感,只要一两次,而修复感情,可能要一两年。重建亲子关系后,家长与孩子一起商量生活计划,步骤可按生活教育的步骤来做。

案例 9.3 的原因分析与建议

分析原因:资料不够详细,只能推测可能是因为孩子热或其他身体知觉方面的原因,例如寻求关注,性需求(如果是性需求,那应该还会有其他行为伴随或在后续发生),不懂规则,不知脱衣服、换衣服只能在隐私空间进行。此时应关注女孩的智力状况怎样,有无口语;孩子有不同的理解基础,家长和老师教给孩子规则的方式会不同。没有对环境和对人的关注,孩子无法了解环境与人的关系。

建议的回应策略:检查并确定孩子是否有,如果有身体方面的困难,找相关专业人士来帮助;如果孩子是在寻求关注,那么家长平时要多关注孩子的想法和情绪,与孩子建立真正的情感连接,满足孩子的情感发展需要,引导孩子关注环境、关注人,了解环境与自己的关系;如果是性需求,引导女孩明白什么地方可以脱衣服,引导女孩理解或执行公共场合和隐私场合概念,形成行为规范,同时教导她自我满足的方式及在什么地方什么时间可去满足自己的需要,此外,还要教导她怎样防范性侵害。

用生活教育的理念引导女孩明确自己的生活目标,主动参与生活,计划生活,让女孩的注意力放在正向的、能创造价值的活动和学习中,培养她的内在成就感。

所有青春期会发生的事情,都是以前教育累积下来的结果,青春期过得有波折但相对顺利,那是因为前面的教育比较正向,青春期过得特别艰难,也是由于前面的教育结果造成的。在10岁以前,回应患儿的情绪行为问题都相对简单,但当青春期发生了严重的情绪行为问题的时候,反映的其实是前面许多年的负能量积累,家长和老师回应起来会是一个系统工程。

在患儿进入青春期之际,如果家长能以好的心态和正确的教育理念来与患儿相处,做到前面讲的几部分要求,那么除非是患儿身体的问题太严重,其实青春期也没有那么可怕。

对待孤独症患儿要尽可能做到以下几方面。

①让他们安心:不干扰他、跟随他、默默照顾他、招呼他、加入他,并且成为他不可或缺的人。

②让他们有安全感:对他们的行为,如果无立即的人身、财产安全之急,不做是非对错或关乎道德的评价。

③得到他们信任:针对敏感孩子生活中的困难处,应适时提供适当的支持。这种支持不等于帮他做。

④对他们放心:生活是他们的,我们不能帮他们生活。不要时时、事事紧迫监督着他们。但放心不等于放任,而是构建周全的"支持系统",遇到危及生命、财产安全的状况时及时提供支持。

⑤以同理心对待他们:对他们当下的想法和感受无条件地接纳和理解。

⑥提供支持,而不是说教:当个案出现"错"的状况时,切忌立即

指责他说错了，而是尽可能以提供建议的态度说："要不要试试这个方法？"或者："如果是我的话可以这样处理，你要不要试试？"如果要修正个案的错误，请一定记得"温柔地坚持"。

⑦适时鼓励：当他们犹豫不决，快要放弃时，以及思考时、选择时、成功时，都要及时给予鼓励。

总之，如果想让患儿的成年生活是正向积极的，想要患儿活得有人的尊严，我们就要明白，培养患儿健全的人格比让他们在指令下学习知识和技能更重要，同时，培养患儿的自信也非常重要。此外，我们也要明白，无论患儿青春期或成年后的状况是怎样的，都是家长长期培养出来的，患儿自信、畏缩，还是总发脾气，都与家长的培养和陪伴密切相关，看患儿的表情和对人的态度就可以感受得到。家长是孩子终生的老师，家长重新调节自我、完成心理建设对于青春期的孩子至关重要。

第二节 职前教育

从生活品质概念和理念出发，我们知道一个人的生活要有品质，一定少不了感受到自己的价值，少不了个人成长和社会参与，所以，无论孤独症儿童能力高低，都要创造各种条件让他能发展到可以感受快乐、成就和满足的情感阶段。让患儿有能力工作挣钱，去满足自己的生活所需和被人需要的价值感和成就感，是重要的方式之一。家长肯定都希望患儿成年以后能找到工作去上班，能挣到钱养活自己，能独立生活，尤其是高功能的患儿的家长更是如此期盼，但是他们也都感觉，虽然孩子能力不错，能自己玩电脑上网、看书、学好多的东西，跟父母吵架、发脾气时也有"聪明"的表现，但让他们出门上班还是会有困难，具体什么困难又不一定能说清楚，其中很大程度上是担心，怕孩子受到挫折甚至伤害。现在很多大龄患儿的家长缺少职业教育指导，也认识不到职业教育关乎孩子的一生幸福。因此，为患儿提供成功的案例分享和职业教育辅导十分必要。

一、案例与分析

笔者以一个真实的在广州普通职业高中就读的 18 岁孤独症男孩小龙的取送货经历为例,来探讨如何培养患儿的就业能力。

案例9.9

初次尝试送货任务,基本情况如下。

送货人:小龙

货品:长袜一盒

送货时间:2018 年某月某日上午

取货时间:2018 年某月某日上午 9:00 前

送货到货时间:当日上午 11:30 之前

取货地点:广州市越秀区小林家中

送货交货地点:广州市黄埔区小王家中

送货费用:普通同城快递费 6 元,交付小龙母亲

上午 8:30,小龙给小王打电话,要小王把货拿去地铁站给他。小王告诉他,取货是在小林家,她这里是收货,于是小龙调整路线,坐五号地铁去越秀区白云路。

上午 8:42,小林正吃早饭,收到一个看似推销的电话,犹豫了一下,还是接了,听到电话里含糊不清的声音,听了好几句后,才听到好像是说拿货,才猛然想起可能是小龙来取货了,因为听不清他说什么,所以,小林就主动问小龙在哪里,问他坐几路车?小龙说他坐的是地铁,小林他问几号线,他说五号线,小林就直接告诉他换六号线到某站下来出地铁,再导航到小林家来。

小龙要求小林把货拿到地铁口给他,小林说不是这样的,应该是小龙到小林家来拿货。

小林问小龙会不会换乘地铁,出了地铁会不会导航到小林家来,小龙说他不会。

小林说:"我知道你喜欢坐地铁,你肯定会换地铁的,你有手机,手机里都有地图软件,一定会用导航的,所以你赶快来我家,我等着你。"

小龙挂掉电话,小林在家里等他。

与小龙沟通完,小林看到小王跟他微信说小龙搞错取货地点和收货人了,小林告诉小王,小龙是可以独立出行的,不会走丢,所以不用担心,别紧张,只要多给小龙一些时间并多与小龙沟通几次,明确他的状况。重要的是小龙明确和坚持送货的要求就可以了,一定要求他送货到你家,不能迁就小龙去地铁口接货。小王同意了。

上午9:02,小林与小龙母亲沟通得知小龙好像弄错取货送货的人和地点了,小龙母亲说小龙手上有送货单,如果弄错了,走回来就好了。

于是小林安心在家里等小龙。

上午9:20,小林听到门铃响,拿起话筒,就听到很直接的声音,"开门",小林问是不是小龙,不知小龙是否听到,小龙没有回应小林,小林还是开了楼门,在门口等小龙。

一会儿,小龙上来了,小林与小龙打招呼,可小龙并不理小林,直接进小林家门,还把小林家参观了一大圈,还特地进洗手间去参观了。

因为小林还有事,就把小王买的产品装好袋子拿出来递给小龙,小龙一边探头看小林家的房间,一边把袋子放进他的背包里。

小林就喊小龙的名字,让他把注意力转到小林这里来,并把装东西的盒子从他的背包里拿出来,说:"我们照个相。"他马上抬起头站得很端正,咧开嘴,露出他的招牌笑容。后来小龙也拿出自己的手机要拍照,两人一起拍了照片,以证小龙成功取货了。然后小林问小龙要不要上洗手间,要不要喝水,小龙没有回答就出门走了。

上午10:53,小林在群里看到小龙母亲发出小龙与小王拿着产品的合影,证明小龙把袜子送到小王那里完成任务了。

小林把六元快递费转给小龙母亲。

当天上午,收货方小王的记录如下。

早上8:30,小王接到小龙的电话,就以为小龙已经把货送过来了。

小王问小龙在哪里。

小龙说在大沙地,要小王到地铁A口去。

小王在去地铁的途中跟小龙说能不能把货送到小区,小区离地铁太远了。

小龙说不能出地铁,要小王去地铁口,说取快递。

但小王问小龙是不是来送快递。

小龙说不是送快递,是取快递。

小王意识到小龙可能弄错了,以为是从小王这里取快递,送到小林那里,于是就告诉小龙,是从小林那里取快递,送到小王这里。

小龙在小林家取了快递后再坐地铁去小王家。

上午10:25,小王告诉小林,小龙已经到她家地铁站了,她要他把货品送到自己家楼下。上午10:40,小王告诉小林,小龙出地铁已经十几分钟了,还没到她家楼下,担心小龙是否迷路了。又给小龙打电话问小龙在什么位置,小龙说已经在小区里问小王家的那栋楼的位置,但小王等了一会儿,还没见小龙到,就下楼去找他,找了一阵,看到小龙正拿着那张快递单问人呢。小王就放心了,装作没看见小龙。之后小龙就自己找到小王家了。

上午10:50,小王告诉小林,小龙到她家了,给小林发了小王与小龙拿着货品的合照。

小龙离开小王家后,小王担心小龙会迷路,悄悄在后尾随小龙,发现小龙认路很厉害,没有走岔路,直接就走了一条最近的路出了小区,到了地铁。

这是一位在普通职高就读的中等功能的孤独症儿童取送货的经过。从该过程中,我们可以发现培养孤独症学生的职业能力需要做以下工作。

(一)前期准备分析

独立送货需要具备以下基础能力。

1. 独立出行能力

是否能查找目的地并计划路线?是否会使用各种工具导航?如果走错路坐错车,是否能重新规划路线等?是否能计算好出行的时间?若发生错误,是否可以重新调整时间并不太影响任务的完成?患儿能不能在各种天气里独立出行?是否能在大太阳天、暴雨天、潮湿天、下雪天、大风天等都能出行3~6小时并管理好自己的物品和保障自己的身体健康和安全。

2. 独立携带各种各样的货品并管理好的能力

是否能背、能提、能扛2~8千克货物在室外待1~6小时?是否能管理好这些东西不丢失、不磕碰到别人,也不弄坏货品或弄坏货品的包装?

3. 独立有效地与人沟通协调的能力

迷路时,是否能独立与人沟通找到目的地?是否能独立并确保与客户沟通如何交接货品?

4. 记忆工作程序的每个环节并执行到位的能力

是否记得送货各个环节的要求?是否能执行送货各环节的要求?出现意外情况时,是否能记得各环节要求并管理好货品?

5. 情绪稳定,和调整的能力

送货路上发生各种意外时,是否可以情绪稳定地接受变化并及时调整,并马上执行新的计划?

总之,在普通人看来简单的送货,经过分析需要很多能力才能完成得好,其中比较高阶的能力是规划能力、控制能力,这些方面是孤独症人士的弱项,案例9.9中的小龙并没有完全具备这些能力。

(二)实施过程监控

在实施过程中要采取必要的、尽量不被患儿发现的监控手段,比如佩戴有定位功能的手机等电子产品,寻求沿途志愿者的帮助等。

(三)评估与反思

小龙完成了把货送到客户手上的任务,他是不是一个合格的快递员?

一个合格的快递员的基本做法:首先,会口齿清晰且礼貌地自我介绍,并请人下来拿快递,一般不会进别人家,如果要进别人家,会先问是否可以进去,是否需要换鞋等。其次,快递员会把自己的货品和与工作相关的物品记得很清楚,不会要别人把货品送去地铁口或让别人到地铁口接货品,通常不会弄错寄件方和收件方。显然小龙不适合做快递员,还需要继续培养。

(四)制定后续能力培养规划

案例9.9没有体现的快递员的工作还包括以下几方面。

送货任务还有可能难度更大,比如:快递员还要填单,虽然一般是客户填写,但如果客户不会,快递员还需要教客户,现在填单的方式多种多样,快递公司有哪些填单方式,快递员都得会操作。

快递员一天可能会工作8~10小时,甚至更长时间。

快递员要拖着一大车的货物沿规划好的线路一路送货,既要拖重物,又要与客户沟通取货事宜,还要保证货物的安全。

快递员收单还需要称重、算运费、收钱,现在有的完全需要手机操作,然后再回到公司,上交订单和货物。

快递员会在楼下就打电话给客户,与客户沟通是否上楼,上楼后如果要进别人家门,通常会先问是否要换鞋,不会开门就直接进去参观。

送货的时候如果货物很多,不只需要搬到车上,还要根据地址分类,有的货物有时效性,需要优先送,如果遇到了特殊状况,要知道如何跟客户商量。

快递员的工作任务不仅是送货,还有其他如揽件等,以及为了要多收件,可能还要与寄件人谈新的价格以促成更大业务量的合作。

从事快递工作需要系统学习,需要基本的记忆力、识字能力和简单沟通,这些是小龙尚可以具备的,但要以此为职业,需要遵守职业操守,拥有情绪行为调控能力,以及工作任务的规划能力,这些是目前小龙还不能具备的。案例9.9提示我们,从小培养患儿的思维能力和调控能力是非常必要的,不能单纯只会听指令、记汉字。

二、重要的培养策略

(一)分清职业培训和职业教育,从小开始职业规划

对孤独症人士来说,他们学一门技能虽难,但适应社会独立生活和独立处理工作中各种事务更难,一门技能可以就会有20个或者40个步骤,而适应社会独立生活、独立处理工作中各种事务却需要更多弹性、更多调整、经历更多对自己情绪行为等的挑战。再复杂的步骤,可能一个月或几个月就记住了,可是体力的锻炼、弹性思维、心理承受的锻炼却不是几个月可以完成的,这需要几年甚至十几年的慢慢发展,所以前者是短期的职业技能培训,后者是长期的职业教育。

家长在孩子小的时候往往认为时间还早，或者认为这样的孩子肯定不能工作，基本不会在早期进行职业目标规划。等孩子长大了，想让他工作时，往往想到的是职业技能培训。但事实上，孤独症儿童的工作技能经过培训是可以获得的，但工作人格（如情绪行为的自我管理、与人沟通协调和合作的态度、工作意识和工作责任感等）、基本工作能力（工作姿态维持时间、体力强度等）和独立生活技能等的缺失却会让患儿的工作技能无处发挥。如果他们连做事的动机和基本的生活自理都做不到，还谈什么工作？不可能招收他工作后派人一边指导他工作，一边照顾他的生活并随时控制他的情绪行为。

（二）培养工作人格比掌握某项技能重要

在日常生活中，家长就要从小培养孩子独立生活技能、激发他们的工作动机、培养他们的工作人格等。家长先要通过密集运动等方式保证孩子身体舒服、情绪基本稳定。让孩子在完成动作的过程中努力忍受皮肉之苦，磨炼意志，然后培养他们能独立完成吃喝、穿衣、如厕、做简单饭食、在陪伴下出行等活动，在这些活动中发展认知和交往能力，让他们尽可能做到与他人共情，若做不到也要能有意图理解和简单逻辑思维的能力，不能把时间都耗费在读词卡、记歌谣、认形状等机械记忆式的学习上，这些知识要与生活经验联系才更有意义、更能应用。家长在此基础上要鼓励孩子参与购物、送礼物等活动，激发他们的挣钱动机，同时还要让他们学习时间管理、任务管理。最后当他们情感日渐丰富、有了一定的羞耻感以后，培养他们的责任心才是主要任务。

职业人格的养成是分步骤进行的，要从小开始，如一定限度的吃苦耐劳精神需要从小培养，从身体承受皮肉之苦开始：运动中的肌肉拉伸、忍受少吃一顿的饥饿感、忍受冷热环境变化等，这些体验与为别人做好事得到奖励等美好体验形成对比，既有助于对患儿控制力的培养，又有助于丰富他们的情感，这些体验带来的人生意义远远超过一般的学习活动。

总之，让孤独症儿童从小就不断地参与社会生活，磨炼意志，等他们长大了就能从事某一职业,他们的康复之路就会越走越宽、越走越远。

思考题:

1. 大龄孤独症儿童在青春期可能出现的主要问题有哪些?
2. 青春前期应该做的教育干预的内容有哪些?

附录一：动作评估和动作训练的标准动作照片（部分）

独立高跪姿

独立交替半跪姿

三点爬姿(1)

三点爬姿(2)

俯卧撑（辅助）

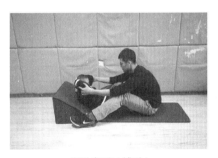

仰卧起坐（辅助）

附录二：自主交往课程中的教学设计案例

第一部分 情绪调整阶段教学活动设计

名称	亲密的毛毯	设计者	朝阳区实验小学新源里分校 张艳丽老师
教学目标	在运动康复课上逐渐适应多种形式的抚触刺激，进一步发展触觉和本体觉，提高肌肉控制能力			
设计意图	利用毛毯组织活动的过程中，通过毛毯软软的触感，以及裹在身上的各种感觉，满足学生触觉和本体感的需要，使学生的情绪更为稳定			
准备	地垫或合适的教室（可以躺在地上）1间、大毛毯1~2块			
所属阶段	情绪调整			
过程	老师带领学生到一个宽敞的教室，拿出提前准备好的1~2块大毛毯和大垫子，开始让学生在大垫子上自由活动滚来滚去，舒展身体，老师也一起参与进来和学生碰撞身体放松情绪，之后老师拿出毛毯盖在学生身上，并带领学生一起在毛毯下钻来钻去，玩躲猫猫的游戏			
提示	1. 老师可根据学生的需要调整毛毯的松紧 2. 可以让学生躺在垫子上滚动，自己将毛毯松开或裹起来 3. 活动期间要有笑声、叫声、呻吟声或语言表达 毛毯的样式如图1 **图1 毛毯的样式示意**			

附录二：自主交注课程中的教学设计案例

名称	大米好伙伴	设计者	朝阳区实验小学新源里分校　张艳丽老师
教学目标	在生活适应课上认识大米和盛米的容器，能在米桶中找到老师的手，发展按线索有序寻物的意识		
设计意图	在用手抓大米、撒大米的过程中抒发情绪，对保持情绪稳定起到积极作用		
准备	空旷的教室1间、大米桶(箱)2个		
所属阶段	情绪调整		
过程	首先老师提供适量的大米给学生随意玩耍，观察学生喜欢玩耍的方式。在学生表现出情绪平稳，或者有笑容、歌唱等情绪表达出现时，老师可一起加入，用学生们的方式一起玩。老师改变活动方式，在米中找、抓学生的手、胳膊，或把米撒到学生手臂上，吸引其注意(可用夸张的语言描述自己在做什么)后，可以让学生跟随老师活动，关注老师的各种动作		
提示	根据学生情况选择装米的容器和米量		

名称	音乐舞动	设计者	朝阳区实验小学新源里分校　付丽媛老师
教学目标	在音乐课上利用音乐本身的感染力促使学生跟着节拍做简单模仿动作		
设计意图	跟着节拍做动作，使身体充分运动，体验愉快的情绪		
准备	电脑、大屏幕、麦克风、录像设备		
所属阶段	情绪调整		
过程	首先询问学生喜欢什么歌曲，可以自己找出或请老师协助找出，并播放喜欢的曲目，学生可以一边唱歌，一边跟随音乐随意舞动自己的身体。老师对学生说："看我可以这样做！"引起学生关注，随后做一些简单的舞蹈姿势，如转圈、左右摇摆、上下跳动、前后弯腰等，学生按照自己意愿，可以跟老师一起，也可以跟随音乐节拍跳动		
提示	1. 选取歌词简单、重复性较多的音乐 2. 要尊重孤独症儿童对歌曲的挑选		

名称	有趣的"小螃蟹"	设计者	朝阳区实验小学新源里分校　袁满老师
教学目标	在生活语文课上说出身体主要部位的名称，与老师、同学积极地互动。		
设计意图	通过用手指触碰学生皮肤，让学生感受轻柔的触觉刺激，从而使学生感受到抚触的乐趣		

续表

名称	有趣的"小螃蟹"	设计者	朝阳区实验小学新源里分校　袁满老师
准备	软沙发		
所属阶段	情绪调整		
过程	老师组织学生在沙发上随意休息,感受环境,建立安全感;老师尝试与学生进行沟通,用"跟我玩儿一会吧""咱们来玩儿游戏怎么样"之类的话,让学生感觉到师生间的关系是平等的;然后老师举起一只手,在手腕上套上小螃蟹的图案,手指做爬行状(见图2),让同学们关注老师的动作。老师用手指做爬行状,并说"四个手指变呀变,变成螃蟹爬呀爬,爬啊爬,爬到沙发上,爬呀爬,爬到小朋友的裤子上",以此来观察学生的表现,看其是否喜欢,然后依次继续做活动,从腿上爬到胳膊上、脖子上、脸上等肌肤裸露的地方,并在此过程中轻轻地挠一会,让学生感受到轻柔的、舒服的触觉刺激;如果学生愿意,也可以和老师交换角色 图2　手指动作示意		
提示	在此过程中,老师必须保持微笑,让学生感受到环境和老师都是安全的,但动作要时轻时重 若同时用两只手触碰4名学生,要注意参与面		

名称	亲切的按摩师	设计者	朝阳区实验小学新源里分校　王英华老师
教学目标	在生活语文课上巩固认识身体各部位名称,并说出哪个部位疼,区分有点疼和很疼的程度差别		
设计意图	通过拥抱、抚摸等方式让学生在舒服的环境和与人相处的过程中感受到他人的善意及喜爱之情,发展触觉和本体觉,体会与人相处的乐趣		
准备	垫子		

续表

名称	亲切的按摩师	设计者	朝阳区实验小学新源里分校　王英华老师
所属阶段	情绪调整		
过程	教师用商量的口吻让学生在垫子上趴好,告诉学生:"老师要给你按摩啦!"然后用手心给学生按摩身体部位,边按边说:"我现在要给你按按肩膀。(这时手就要按到肩膀上)接下来我要给你按摩按摩后背,然后是腰。"教师要根据学生的反应判断是否还要继续,需要注意的是:手按摩到哪儿,就要用语言告知学生相应部位的名称。接下来让学生平躺好,给学生按摩前面,按照上一步的方法,继续边按部位边说部位名称。从学生平躺的体位将学生抱起来,与学生进行拥抱,在抱的时候用力收紧胳膊,让学生感觉到身体被紧紧抱住,直到学生发出声音才放开。跟学生商量后让学生蹲下,老师从后面将蹲姿的学生整个抱起来,让他感受到身体受到挤压的快乐		
提示	整个活动过程要紧凑		

名称	纸片飞飞飞	设计者	朝阳区实验小学新源里分校　张群老师
教学目标	在生活语文课上学习"撕"的动作和词语,尽可能表达出"撕什么""不撕什么"		
设计意图	通过玩撕纸游戏,激发学生兴趣,从而达到调整情绪的目的		
准备	硬质广告纸、废报纸、大纸箱子		
所属阶段	情绪调整		
过程	首先用硬质广告纸让学生练习怎么横竖撕开,怎么撕塑料包装袋。然后让学生围坐在一起把报纸撕成碎片,碎片的形状和大小无要求,让学生跟随自己的意愿随便撕,并将撕完的纸放进纸箱。跟同学或老师一起撕,要把一面白的报纸和有字的纸分别撕出来放在不同箱子里。老师示范把白纸的碎纸片往上抛洒,老师语言提示:"看,纸片飞起来啦,纸片飞起来啦。"并也随着纸片飞而晃动身体,之后带着所有学生一起抛洒纸片。当地上的碎纸片越来越多时,老师引导学生把碎纸片攒成纸球,学生互相往别人的身上扔攒好的纸球,可再玩扔纸球游戏		
提示	如果孤独症儿童一直专注于自己的活动,可以让学生都先用纸球砸他,让他把注意力转移过来		

259

名称	快乐的聚会	设计者	朝阳区实验小学新源里分校　宗佳老师
教学目标	在生活数学课上跟随不同节奏的音乐前后移动脚步、前后摆腿和胳膊，能理解前、后方位			
设计意图	随音乐做动作，变换位置，同时使身体得到舒展，实现情绪稳定			
准备	空旷的场地、电脑、音箱			
所属阶段	情绪调整			
过程	在教室里播放节奏欢快的音乐（他们喜欢的动画片主题曲），让学生听，然后教师带着学生围成圆圈，有节奏地前进后退，并开心地对他们说"前前、后后，大家动起来"，并鼓励一起做前进后退动作的同学，对他说"你真棒，对，就是这样"，以引起其他学生注意。待学生有兴趣后，老师可以在一旁做一些简单的引导动作让学生自己伴随着音乐随意跳动，同时说出自己的动作是往前还是往后			
提示	教师要引导学生，同时还要注意给学生自由发挥的空间，让他们体验到快乐，避免增加学生的负担，打击他们的兴趣			

名称	彩虹伞	设计者	朝阳区实验小学新源里分校　王艳老师
教学目标	在运动休闲课上学习"滚"的动作，能理解并说出两个以上"裹"和"滚"的词语			
设计意图	利用彩虹伞包裹学生身体，在挤压身体的过程中增强本体感觉，使肌肉体验紧张和放松的不同，同时稳定情绪			
准备	彩虹伞			
所属阶段	情绪调整			
过程	让学生光脚躺在彩虹伞上，当老师说开始时，学生快速"侧滚"，老师用彩虹伞的一端开始包裹学生。如果此时学生不主动"滚"，老师可以帮助学生翻滚并将学生包裹上。然后两个老师可以用彩虹伞（见图3）抬起学生进行左右摇摆 图3　彩虹伞			
提示	左右摇摆时幅度由小到大			

名称	水	设计者	朝阳区实验小学新源里分校　石凯老师
教学目标	在生活适应课上体验各种形式的与水互动,体会水的各种用途,分辨哪些东西需要洗干净			
设计意图	学生感受水凉凉的、滑滑的触感,享受在玩水的过程中洗干净物的乐趣			
准备	水、水桶、碗、漏斗、盆、瓶子、藏塑料玩具的容器、小毛巾等			
所属阶段	情绪调整			
过程	老师带领学生到一个较空旷的地方,准备一桶或者几大盆水。先让学生随意玩水,用不用器皿都行,放松心情。当学生情绪放松后,老师引领学生用手指蘸水在地上拍手印,印脚印。接着引导学生用不同方式玩水,如舀一碗水灌进瓶子,再把瓶子里的水倒进漏斗,从漏斗流进另一个大瓶子中。 最后提供多个藏塑料玩具的容器、使用过的肥皂盒和小毛巾等,让学生分辨哪些需要洗,让学生洗毛巾、洗肥皂盒或塑料玩具,感受水洗后的不同,体会水的用途			
提示	1. 在玩水的时候,学生是放松和自由的 2. 学生在没有玩够水的时候是不会听从老师指挥的,这时可以先让学生自由地玩几分钟水,再指导学生变换花样地玩 3. 最好在夏天进行,准备好备用衣服 4. 要本着节约用水的精神,不提供过多的水量,不鼓励浪费水的行为			

名称	踩水气球	设计者	朝阳区实验小学新源里分校　张洋老师
教学目标	在生活语文课上理解吹和踩这两个动词,能在做动作时说出这两个词			
设计意图	在老师的引导下放气球中的气体并踩爆气球,在该过程中,慢慢释放不良情绪,从而起到疏导情绪的作用			
准备	各种颜色的气球、水瓶			
所属阶段	情绪调整			
过程	首先学习吹气球。学生在老师提供的彩色气球中挑选出自己喜欢的气球,老师示范并指导学生吹气球,在个别学生需要帮助的时候老师可帮忙。多数学生能说出"吹"字,一学生说,一学生吹,再交换角色。 第二个环节是踩水球。因为踩爆气球的爆破音,学生可能会被惊吓到,所以在此改为踩水气球,在气球中加入少量的水后吹起、系好,之后再			

续表

名称	踩水气球	设计者	朝阳区实验小学新源里分校　张洋老师
踩	鼓励学生踩破气球,对于踩爆气球的同学,老师可给予拥抱奖励。在踩的过程中也要练习表达"踩"谁的球,踩前、踩后表达都可以。如果学生的下肢稳定性差则踩纸气球(用纸叠的球)即可		
提示	学生除去踩破水气球还可以进行投掷、同学间对抗,扔破气球的瞬间既没有突然的爆破音,还可在游戏过程中增加同学一起玩的兴趣。对于不会吹气球的学生,老师可将气球提前吹好,让学生直接参与游戏中即可。要注意鞋的防水性及滑倒等问题,结束后要及时清理地面		

第二部分　共同关注阶段教学活动设计

名称	球球总动员	设计者	东城区培智中心学校　李花老师
教学目标	生活数学课上通过传运海洋球,了解日常生活中常见的量,初步理解10以内数的意义		
设计意图	在传球的过程中需要学生持续关注他人动作并且提高学生的交流、手眼协调、点数的能力		
准备	不同的盆子,海洋球若干		
所属阶段	共同关注		
过程	学生围圈坐好,将3～5个海洋球从一个盆子转运到另一个盆子里。在学生学会运球后加入边运球边数个数人活动。 熟悉运球后,进行同学间的传球接力,每个同学有一个盆子,第一个学生将球运到自己的盆中后,第二个学生再从前一个同学的盆里拿球并将此球运到自己的盆中,按照此原则进行接力活动。拿球时前一个同学可以抬高盆或躲一下。 可将学生分为两组,进行传球接力比赛,按照接力的方式进行比赛,看哪一组传得比较快		
提示	在运球的过程中还可加入点数和唱数练习		

名称	躲避障碍走	设计者	东城区培智中心学校　杜萌老师
教学目标	在生活数学课上能够完成直线走、绕圈走,模仿并说出所做的动作,体会合作活动的乐趣		
设计意图	需要学生持续关注教师的动作,体验和学习按同样路线躲避障碍,提高学生持续关注的能力		

续表

名称	躲避障碍走	设计者	东城区培智中心学校　杜萌老师
准备	地面摆好锥桶2~4个		
所属阶段	共同关注		
过程	1. 学生陆续在教师后面跟着走。在2个锥桶的路线上直线走、绕圈走，请学生独立按教师的方式行走。 2. 在3个锥桶（见图4）的路线上直线走，老师站在第二锥桶处，走过去跟老师拍手1~3下。 图4　3个锥桶摆放方式示意 3. 在4个锥桶（见图5）的路线上排队直线走，在每一个锥桶处，可以用相同的方式与老师或同学接触，如触摸、拍手1~3下，一起跳起1~3下，也可以用不同的方式增加难度。 图5　4个锥桶摆放方式示意 也可按图6方式绕锥桶行走，在每一个锥桶处，用相同的方式与老师或同学接触、打招呼，如触摸、拍手1~3下，跳起1~3下，也可以用不同的方式增加难度。 图6　绕锥桶行走方式一示意 按图7方式绕锥桶"8"字行走，在每一个锥桶处，可以用相同的方式与老师或同学接触，也可以用不同的方式增加难度。 图7　绕锥桶行走方式二示意		
提示	1. 在进行活动1和活动2时，能力较好的学生可以观察教师行走路线，沿同样的路线行走；能力较弱的学生由教师带领反复行走2~3次后独立选择路线行走。 2. 在使用3个以上锥桶练习时，老师要先带领学生一起排队走，让学生熟悉路线，在过程中可以增加其他动作，玩法更多样		

名称	乐器在哪里	设计者	东城区培智中心学校　王昕老师
教学目标	在唱游与律动课上探索打击乐发出的声响，在音乐游戏中能对各种声音做出听觉反应		
设计意图	需要学生关注教师的声音，根据乐器不同的声音，说出乐器的名称，在听关注训练的同时，训练学生记忆能力以及语言能力		
准备	不同的小型打击乐器		
所属阶段	共同关注		
过程	老师将三种不同乐器展示给学生，让学生们自己玩一玩、听一听乐器的声音。逐一说出乐器的名称并聆听声音，不同学生按序敲击不同的乐器，充分感受声音组合。 将一种或两种乐器藏在学生看不到的地方，老师敲击，让学生猜一猜乐器的名字，猜对了就每人一个自己敲击，同学藏，然后让同学找。 还可将三种乐器藏在学生看不到的地方，老师敲击，让学生猜一猜乐器的名字，方法同上		
提示	活动一定先要让学生对乐器的名字很熟悉，同时应该可以听辨乐器的声音不同，然后才可以进行听关注的训练，为了调动学生的兴趣，可以将乐器藏在桌子下面，或者一个大箱子里面进行操作		

名称	5以内数的认识	设计者	东城区培智中心学校　赖小京老师
教学目标	在数学课认识数字1~5的基础上，听准数字并用语言表达数字；训练学生认真听的能力，同时关注到老师的语言、动作并做出回应		
设计意图	学生认真地倾听，听到后做出相应的回应		
准备	铃鼓、数字卡片等		
所属阶段	共同关注		
过程	听到老师说到数字几就能够从同学身上的不同部位（肩膀、胳膊等）找到对应数字的卡片。 学生们背对着老师，听老师拍手（或者拍同学身体的某个部位），认真数拍了几下，后听到老师的指令（停）后，从教室内找到相应的数字卡片，看谁找得最快。 学生们背对老师，老师敲鼓（或者其他乐器），学生们认真听，敲一下学生拍一下，然后数拍了几下，再迅速地说出自己所听到的是鼓声还是其他乐器声		

续表

名称	5以内数的认识	设计者	东城区培智中心学校　赖小京老师
提示	1. 在练习时,一定要让学生保持安静,并且在看不到的情况下进行。 2. 老师在拍手或者敲鼓时一定要准确,不要说话和做多余的动作		

名称	拍拍我的身体	设计者	东城区培智中心学校　闫垒老师
教学目标	在语文课上能听懂简单的口令(拍、点、揉身体部位)并做出回应。能在一定情境的师生、生生之间频繁互动		
设计意图	需要学生持续关注教师的语言,在教师指令下学习和体验拍一拍、按一按、揉一揉自己身体部位的感觉,可包括头、肩、手、腿、脚等。提高学生持续的听关注能力和手眼协调能力		
准备	《幸福拍手歌》		
所属阶段	共同关注		
过程	根据指令拍一拍自己的头、肩、手、腿、脚。边做动作边说出"拍"的字音,程度好的说"拍头""拍肩"的词语。 根据指令按一按自己的头、肩、手、腿、脚。边做动作边说出"按"的字音,程度好的说"按按头""按按肩"的词语。边做动作边说出"按"的字音,程度好的说"按按头""按按肩"的词语。 根据指令揉一揉自己的头、肩、手、腿、脚。边做动作边说出"揉"的字音,程度好的说"揉揉头""揉揉肩"的词语。其中揉的动作比较难做,可能需要辅助、先多练几遍。 打乱前三个环节的顺序,穿插着下达指令,学生按照指令行动。 改编《幸福拍手歌》,老师唱,要求学生根据老师改编的内容进行相应的动作。 由一名学生尝试自行改编,其他学生做		
提示	《幸福拍手歌》是学生熟悉的歌曲,根据歌曲可以熟练做相应动作,但是拍一拍和揉一揉的区分有一点难。在活动中根据学生的掌握情况进行选择,着重于训练学生的持续听关注。头、肩、手、腿、脚这五个部位是学生很熟悉的部位。从学生感兴趣的音乐《幸福拍手歌》出发,进行听关注的训练可避免枯燥。学生比较难区分的是揉一揉与按一按,揉需要转动手腕,可单独练习		

名称	捶捶我的小身体	设计者	东城区培智中心学校　李花老师
教学目标	在语文课上能在别人对自己讲话时注意倾听，能听懂简单的词语并做出适当的回应		
设计意图	需要学生持续关注教师的语言，对于老师说出的身体部位名称及时做出反应，用手指指出相应的部位后，老师拿出锤子捶一下作为老师的回应，学生会感觉很有意思		
准备	充气锤子若干		
所属阶段	共同关注		
过程	老师一手拿一个充气锤，要求学生甲、乙、丙伸出手放在桌子上，看谁反应快就给谁用充气锤敲一下，敲完后要求学生马上把手藏起来，反应慢的后捶。 老师一手拿一个充气锤，要求学生甲、乙、丙指一指肚子，哪位学生指对了就给哪个学生敲一下，敲完后再次把手藏起来。反应慢的后捶。 两个学生一组，互相用充气锤捶打对方的不同部位，说一个部位捶多次，或说数字就一个部位捶相应的次数。 师生变换身体的不同部位互相捶		
提示	捶的力量轻重根据事先测试的情况和学生情绪而定。 老师的指令可以重复两次，学生做出相应的反应即可。 对于没有做出反应的学生，老师可以先进行语言指导，实在无法执行口令的学生可以进行额外辅助		

第三部分　相互参照阶段教学活动设计

名称	"跳圈"	设计者	大兴培智中心学校　陈森老师
教学目标	在数学课上进一步巩固"大小"的概念，学习有序排列物品的技能，能跟随老师的动作、语言变化进行初步的变化		
设计意图	通过学生喜欢的食物图片和"跳圈"作为活动的媒介，通过摆圈、"跳圈"的活动训练学生的动作参照能力		
准备	颜色、大小不同的"跳圈"，食物图片		
所属阶段	相互关注——相互参照过渡阶段		

续表

名称	"跳圈"	设计者	大兴培智中心学校　陈森老师
过程	一、感受大圈和小圈 出示两个大小不一样的圈圈,老师拿着让学生两只手去抱圈,感受两个圈的大小。分别跳进大圈和小圈里体验,为后边跳圈做铺垫。 告诉学生起点和终点,让学生用这些圈圈从中间搭一条路,请同学和老师一起摆圈,老师摆一个学生摆一个,然后学生再摆一个。 二、跳圈 再次重申起点和终点,通过跳圈的方式到达终点。教师用语言提示学生如何跳圈,在跳圈的过程中注意大圈和小圈的变化,学生动作也得根据变化做调整。 老师依次从一个圈跳到另一个圈,引导学生跟着做,尤其要注意大小圈变化,引导学生做出相应变化。 所有学生和老师一起摆圈,每名学生都选择一个圈,然后排队跳圈到达终点,提醒学生要等前边同学从圈里跳出去以后才能跳进去		
提示	可以用拥抱等方式多鼓励学生,提醒不能踩圈,别滑倒、绊倒。		

名称	踩纸牌(塑胶垫)	设计者	东城区培智中心学校　杜萌老师
教学目标	在数学课上了解生活中常见的量,能听懂指令并做出适当的反应,复习10以内数字		
设计意图	需要学生持续关注教师的语言,在教师指令下踩纸牌和认数字,提高学生持续听关注的能力、平衡能力		
准备	1~10数字和空白的大纸牌型塑胶垫		
所属阶段	共同关注——相互参照过渡阶段		
过程	按1~10的顺序听指令踩纸牌。教师说出要求学生用脚踩的纸牌数字,学生找到对应数字的纸牌用脚踩住,并回应"完成"。 听指令(单数序列或双数序列)踩纸牌1/3/5/7/9;2/4/6/8/10(可变换)。教师说出要求学生用脚踩的纸牌数字,学生找到对应数字的纸牌用脚踩住,并回应"完成"。 老师说数字几和几不能踩,要全班学生抢踩其他纸牌,与同学踩一起的时候,两人必须抱起来或背靠背,不能出"纸牌圈儿"。 老师说数字几和几,学生就分脚踩到数字几和几上站好,并告知教师"我在数字几和几上站好"。 再次听指令踩纸牌,前脚踩1(可变换),后脚踩2(可变换)。教师说出要求		

续表

名称	踩纸牌(塑胶垫)	设计者	东城区培智中心学校　杜萌老师
过程	学生用脚踩的纸牌数字,学生找到对应数字的纸牌用脚踩住,并回应"完成"。老师继续变换发指令给两人:前脚踩 1 或 3(可变换),后脚不能踩 2 或 4(可变换),然后两人一起完成动作,如果学生做错了不要批评他,提供空白纸牌再做一次。即前脚踩1,后脚踩空白的。 老师继续变换发指令,左脚踩 1,右脚不能踩 2,学生要能思考可以踩数字几,然后完成动作,学生完成错的不加以批评,提供空白纸牌再做一次,即左脚踩1,右脚踩空白的。 继续做小组练习,告诉学生需要在哪个数字上站好,让学生听清自己的指令并行动		
提示	听关注要求学生的持续关注力,在练习中要有辨别的练习。 在听与看数字结合、支配动作的过程中提升认知数字能力。 踩纸牌活动困难时,可让学生先用手拿出对应的纸牌做前期铺垫		

名称	跳格子	设计者	东城区培智中心学校　王迎老师
教学目标	在数学课上了解生活中常见的量,初步认识 10 以内的数字		
设计意图	需要学生持续关注教师的语言,在教师指令下体验和学习单腿跳、双腿一起跳、分开跳等跳格子的方法,提高听关注和动作配合的能力,同时发展平衡能力		
准备	地上画(贴)好标有数字的格子		
所属阶段	相互参照		
过程	根据指令一个一个数字地跳格子,要求双腿一起跳、全班分两组接力跳,个别不会跳的可以走格子。 听指令跳格子,双脚跳说一个数字,单脚跳连说两个数字。特别注意,当两个数字连起来说时,正对应格子应该是双脚分开跳。需要反复强化练习。可分两组,每组学生排队一起做。教师说数字,学生跳;学生说数字,教师跳。给予学生提示,问学生老师应该跳哪个,再反问学生,你想跳哪个,形成互动。 老师说数字几,学生就跳到数字几上站好。反过来,教师听学生的,学生说数字几,老师跳数字几,互动起来。 学生分小组练习,老师依次说出学生的名字,并依次说出学生需要站立的数字,学生要等待并分辨哪个是给自己的指示并行动		

续表

名称	跳格子	设计者	东城区培智中心学校　王迎老师
提示	格子的画法如图8,要不断变化,与前面跳纸牌的思路是相同的,在格子里加上沙包,玩法更多样。 避免一人做动作而其他人无所事事 　　　　　8　9　11　13 　　　7　　10　12 　　　　　6　4　3　1 　　　　　5　　2 **图8　跳格子活动的格子画法示意**		

活动名称	窗花	设计者	北京东城区特殊教育学校　王维老师
教学目标	在美术课上发展形象思维,在前期会按照图样剪窗花的基础上进行折纸形状变化,剪的位置、形状的变化,能独立剪出1～3个窗花		
设计意图	学生两人一组,用多种形状的纸折纸,通过改变纸张形状,训练学生的参照能力。剪好窗花后学生自己贴窗花,训练学生的参照能力		
准备	圆形、正方形、长方形不同形状的红纸;画有部分图样折好的纸;学生剪刀;透明胶条		
所属阶段	相互参照		
活动过程	一、折纸 学生两人一组,尝试用多张圆形、长方形的纸折4～8折。每次折完都打开欣赏,对比观察变化了没有,哪儿变化了。 二、剪窗花 学生尝试不用图样剪窗花,一人剪一下,观察剪出的窗花,说一说下一个窗花想怎么剪? 然后再练习。 自己独立剪窗花。 三、贴窗花 1. 在教室贴窗花(一块玻璃上贴一个稍大的窗花)后让学生观察、思考怎么贴好看。 2. 两学生一组,在大小不一的玻璃上贴四幅窗花,互相欣赏		
活动提示	1. 学生应具备使用剪刀的能力 2. 活动可在新年前组织		

名称	我会传	设计者	房山特殊教育学校　周宗香老师
教学目标	在生活数学课上发展学生的距离判别能力，能站在不同的角度说出距离远近			
设计意图	根据距离远近、对方占位调整自己传物品的动作，发展相互合作的意识			
准备	各种大沙包、沙发靠垫、礼物包			
所属阶段	相互参照			
过程	1. 帮助别人传物品 老师带领学生到一个宽敞的教室，按照能力、手臂长短安排同学站在教室中间，然后拿出提前准备好的礼物包，告知学生自己想把这个礼物给某某同学，问谁能帮老师传过去。要求传的过程中不能挪位置、不能扔，必须手递手。 有的学生要根据距离远近调整自己的上身往前够，还是要伸长手臂够，有的只要正常伸手臂，有的则要缩手臂。可以一次传两样礼物给不同的同学，增加全员参与度。可换物、换位置重复进行。 2. 谁传得又多又好 变换传的方式，练习两人一组背对背夹着传、手互相捧着传、头顶着头传，比比看哪种方式好。 还可以要求两人一组传2~3件物品给某人，想想可以怎么传。引导学生背对背夹着大沙包，每人手里再捧着一个大沙包，一次可以传三个大沙包。可以拓展成让能力强的三人一起合作传多件物品，其中两人背靠背、中间一人与另一人手拉手等			
提示	当两件物品都传到能力强的学生手上时，他可能会分配先传哪个方向的，遇到能力弱的不会分配的同学时，可以手势提示。 开始传递的两件物品要有鲜明的差别，以免混淆视觉			

名称	会动会想	设计者	西城区培智中心学校　杨文雅老师
教学目标	在运动康复课上通过动作训练，增加学生对自身动作控制的体验，提高动作控制能力			
设计意图	学习动作要领，能看他人的动作调整自己的动作节奏			
准备	铺满垫子的活动室			
所属阶段	相互参照			

续表

名称	会动会想	设计者	西城区培智中心学校　杨文雅老师
过程	第一，教师示范动作并指导学生完成相应量的练习：教师示范爬行动作，请学生完成从教室前到教室后爬行2圈，在学生实行动作过程中，教师做相应的动作补救支持，如两腿向前同时蹿的，在学生身体后面握住他的脚踝提示其分别出腿；对于能够独立爬行的学生，教师在其身后拉住他的一条腿，使其关注到自己的身体被他人拉住，然后调整自己的动作，用力挣脱老师的手。 对能够独立爬行的学生，教师在其身前挡住他，让他能够主动提出"老师让一让"或独立做出绕过老师等的行为，完成后跪坐一排提出表扬。 第二，做跪坐跪起动作，请学生根据教师的数数完成10个一组，一共三组的训练量；在学生做动作时，教师做相应的动作补救支持，如有学生的腿总是分开，这是能力不足的表现，教师可采取帮其并紧的方式辅助；完成后跪坐一排提出表扬。 第三，做交替半跪举手动作，请学生根据教师的数数完成10个一组，一共三组的训练量；在学生做动作的过程中，教师做相应的动作补救支持，如学生的手和腿有出错的表现，教师可采取拍腿或手告之的方式辅助；完成后跪坐一排提出表扬。 第四，教师请动作完成较好的学生上前做示范，继续做一组完整的动作：爬行、跪坐跪起和交替半跪举手。 要求示范的学生能看他人的动作调整自己的示范节奏，即其他学生都做出了指定内容后，学生再换动作		
提示	示范学生已完全达到相互参照阶段才能完成此任务		

名称	跟着鼓声走	设计者	东城区培智中心学校　王昕老师
教学目标	在音乐课上能对各种声音做出听觉反应，能有节奏地模仿和练习		
设计意图	需要学生关注教师敲出的鼓声，根据教师拍鼓声音速度的快与慢调整自己走路的速度，以此提高学生的听关注		
准备	鼓		
所属阶段	相互参照		

续表

名称	跟着鼓声走	设计者	东城区培智中心学校　王昕老师
过程	\multicolumn{3}{l|}{1. 听一听鼓的声音 2. 跟着老师拍鼓的声音拍拍手，尽量合拍 3. 老师拍鼓，从慢到快，学生根据听到的声音速度，从快到慢拍手 4. 看老师示范，根据鼓声的快慢不同，走或跑 5. 听老师拍鼓逐渐提高速度，从踏步到走到跑}		
提示	\multicolumn{3}{l|}{从一开始的活动示范学生的纯模仿，到最后一定要让学生关注到老师拍鼓的声音的变化，根据声音的变化，改变动作，逐渐加快速度。对于能力较弱的学生，可以多带几次，可以将节奏乐器换成有音高的音条乐器，将一种动作换成几种不同的动作}		

名称	找路	设计者	丰台区培智中心学校　刘艳霞老师
教学目标	在生活数学课上知道左、右，尝试确定自己周围物体相应的方位		
设计意图	通过起点、终点的变化训练学生辨别方向，计划路径的能力		
准备	地板贴		
所属阶段	相互参照		
过程	1. 学生站在相应的点上，老师设定终点，学生每步踩在点上到达终点。 2. 老师设定起点和终点，学生寻找最短的、无人为障碍的路线到达终点；请两个不同的学生站在某个点上成为障碍，学生要根据对方位置变化路线。 3. 学生设定起点和终点，另外的学生找自己最喜欢的路线走一遍，并将路线记录在纸上。 4. 根据设定好的起点和终点在纸上设计多条路线		
提示	老师的指令可以重复两次，学生做出相应的反应即可。对于没有做出反应的学生，老师可以先进行示范，再让学生进行操作		

名称	撕名牌	设计者	丰台区培智中心学校　杨艳平老师
教学目标	在生活语文课中，通过撕名牌活动激发学生的主动语言，能说出动作名词，并根据学生动作反应，做出相应动作的参照变化		
设计意图	通过活动激发学生语言，主动说出带有抓、跑、躲、闪、转身等动词，完成对话练习，为发展语言参照能力打基础，并根据学生动作反应做出相应动作的参照变化		

续表

名称	撕名牌	设计者	丰台区培智中心学校　杨艳平老师
准备	可以撕拉的姓名牌		
所属阶段	相互参照		
过程	1. 认识班级学生的名牌。 2. 老师提出撕名牌的要求并演示：在一个同学的后背贴上名牌，要求撕名牌的同学去努力把名牌撕下来，在此过程中贴有名牌的学生要保护好自己的名牌，躲开撕名牌同学的手，同时注意别撞到物品，不许跑出活动区。3～4人一组进行两次活动。 3. 教师提问：谁的名牌被撕了？他做了什么动作？不引导的情况下学生要说出跑、躲、转身、闪等词语，然后引导学生说出句子：谁撕谁的名牌？谁怎么做的？谁成功了没有。 　　继续提问：怎么做这些动作？要求学生自己边说动词边做这些动作？ 　　继续提问：怎么能不被撕掉名牌？ 4. 继续活动，对没有被撕名牌的学生进行表扬。 5. 要求学生用简单通顺的语言说一说活动过程		
提示	1. 要求对学生能力进行匹配，保证活动中的安全。 2. 避免语言提示，语言提示下的回答往往少了独自思考。 3. 边说动词边做动作是难点，也是重点之一。发展对话能力是重要目标		

名称	我会撕、会拼	设计者	东城区培智中心学校　邱波老师
教学目标	在手工课上学习撕出不同形状的纸，并拼成常见形状		
设计意图	根据对方的力度、方向不同而变换自己撕纸的力度、方向，并互相合作拼出基本图形		
准备	用过的 A4、A3 打印纸，撕碎的纸片		
所属阶段	相互参照		
过程	1. 每生个学生练习按规则印记撕纸。 2. 我拿你撕：两人一起，一人撕，一人拿另一边，撕一下就换人撕、换人拿，拿的人要注意对方的用力方向，不能掉。先说要撕出个什么形状再撕，说不出的可以给纸样。在撕纸的过程中，根据老师或同学撕纸的方向或速度变化，调整自己拿纸的方向和力度，撕出不同形状，并说出撕的是什么形状		

续表

名称	我会撕、会拼	设计者	东城区培智中心学校　邱波老师
	3. 三人一组,用碎纸片拼出常见形状:一个拼一块,另一人再拼,第三人结合这两块的位置再拼		
提示	一起撕时老师或其他同学撕一下,换人再撕一下,撕成不同形状。注意能力强弱要搭配		

名称	照镜子	设计者	东城区培智中心学校　张鑫老师
教学目标	在生活适应课上能听懂简单的句子,并做出适当的回应。能掌握规定的操作程序并配合完成动作变化		
设计意图	根据实施者的肢体(上肢、下肢、全身)、手势等的变化,做出与实施者相同、不同的动作,还可以做肢体与表情相结合的活动		
准备	学生喜欢的玩具、软垫		
所属阶段	相互参照		
过程	1. 告知活动规则:活动叫作"我是一个镜子",成为镜子就要做到动作一致。请学生先坐到垫子中心的位置,跪坐好,双手放到膝盖上,后背挺直。 2. 老师先示范做一个动作(侧平举),并且定住。问学生"请问我的镜子在哪里",引导学生做出和老师相同的动作。当学生和老师的动作完全一致时,给予肯定,给学生竖一个大拇指,要求学生也给老师竖大拇指,当学生竖大拇指后,老师再点点头,看学生能不能跟上老师的动作变化,还可以鼓掌等。 3. 告知老师要找镜子梳头,请学生准备好,老师示范连续做两个动作(用手顺一下头发,再捋一下),然后定住。看学生能不能跟着老师的动作变化。注意:等老师做完学生再模仿。 4. 变换日常生活常见动作继续练习以上动作		
提示	在活动进行过程中,实施者不要直接用语言去提示学生如何做,而是让学生通过观察自己动作的提示进行调整。视学生人数,让学生和老师面对面坐好或两两对坐		

活动名称	吹纸球	设计者	朝阳区安华学校　刘媛媛老师
教学目标	在生活数学课上发展学生的空间知觉和距离感,能按照规则把不同纸球吹高、吹低		
设计意图	学生根据位置纸球的变化来变化自己身体的高低,吹动或抓到想要的纸球		
活动准备	学生自己攒的各种纸团(砂纸、瓦楞纸、皱纹纸、海绵纸、普通纸)、绳子		
所属阶段	相互参照		
活动过程	1. 学生一对一地坐在桌子两边,手拉手形成通道,把不同重量的纸球放在靠近一人的桌子上,让学生把球吹给对方,对方试的位置判断什么时候该自己吹,然后往回吹。能力强的同学用重的纸球或不圆的。 2. 学生面对面蹲好,一学生拉着绑有纸球的绳子,一学生吹动纸球,让纸球高低变化,看另一学生能不能随着球的变化自己的姿势,球高了,身体由蹲到半蹲,球变低了就坐在地下。 3. 学生围圈坐好,老师蹲在中间,拉着绑有纸球的绳子转圈,这样球也在学生的脚下转圈;引导学生用手抓住球,谁用手抓到了,老师便会给他用抓到的球按一按。 后续上课时可以增加难度,让球逐渐升高,可以先是学生坐着便可碰到的高度;然后老师再继续增高气球的位置,最后直至学生站起来也碰不到的位置。这个时候诱导学生自己想办法,看学生能否站在小椅子上去抓球		
活动提示	1. 在活动中要配合一定的语言、表情变化。 2. 活动中老师可以控制球转的速度,一开始可以速度放慢一些;在接下来的课中可以将球的高度进行调整,老师可以站起来转,让学生自己想办法抓到,学生也可以站到椅子上		

名称	积木建筑	设计者	丰台区培智中心学校　刘艳华老师
教学目标	在生活数学课上初步形成数感和空间观念,体验与他人合作交流,感受参与数学学习活动的乐趣和成功		
设计意图	在"建筑"情境过程中关注他人的变化,发展参照意识,看到前面积木形状、颜色、位置的变化,变化自己位置,完成满意建筑造型		
准备	各种形状和颜色的积木		
所属阶段	参照阶段		

续表

名称	积木建筑	设计者	丰台区培智中心学校　刘艳华老师
过程	1. 学生一起围坐在方桌旁，准备各种形状、颜色的积木，教师和学生面对面，学生看教师搭积木。学生看老师挑选5块蓝色大块积木，搭出一所小房子。 2. 学生看完后试一试用5块积木搭一所同样形状的房子。说一说喜欢谁搭的房子、哪个房子高、哪个房子美。 3. 教师准备更多的积木，2～3人一组，合作盖高楼。比一比哪个组盖得又高又美观。 4. 我们还可以用积木搭建一座桥。分别搭建成不同样式（如一座长桥、一座立交桥、一座拱桥）。 5. 学生选择不同形状和颜色积木，搭建出更多建筑物。互相交流自己的作品：谁搭得高？是高楼还是矮楼		
提示	对于能力弱的同学，老师始终给予语言的辅助，保证每个学生有事做，参与到合作中		

名称	百变的纸	设计者	北京密云区特殊教育中心学校　兰红艳老师
教学目标	在数学课上认识各种组合图形，丰富空间知觉和表象，能利用基本图形变化出2～3个复杂图案		
设计意图	学生能够利用不同的形状组合创造出不同的图案，提升学生的形象思维能力		
准备	不同形状的彩色纸若干（三角形、正方形、长方形、圆形、扇形、不规则图形等）、双面胶		
所属阶段	相互参照		
过程	1. 复习各种形状。 2. 学生自己创造，根据自己手中的材料，独立粘出不同的图案。说一说自己用了什么图形，粘出了什么图案。 3. 图案会变化。 学生之间相互交换图案，在原有图案的基础上，由另一个学生添加上一个图形，说一说变成了什么；在这基础上再自己添加一或两个图形，说一说又变成什么。 学生之间再次相互交换图案，说一说在图案上加上一个或两个图形还可以变成什么，最后进行粘贴		
提示	充分练习形状彩纸两两组合地摆放，每变一步都要产生思考		

活动名称	美丽的沙滩	设计者	丰台区培智中心学校　高雅老师
教学目标	在手工课上能根据画作的布局添画,同时发展加工能力,小组合作共同创作一幅作品		
设计意图	学生在用手作画的过程中加强了触觉刺激,同时参照已画的小脚丫的样子按顺序协同完成一幅作品		
活动准备	画纸、颜料		
所属阶段	相互参照		
活动过程	1. 教师向学生展示一幅只有海水和沙滩的画,沙滩上什么都没有,教师用动作提示学生可以画什么(小脚丫)。 2. 教师让学生观察小脚丫的照片,问他们可以怎么画,请学生用手指蘸颜料自己试,再握拳试试,比较一下自己画出的哪个更像小脚丫(脚趾尽可能从大到小)。每个学生在自己的画纸上练习作画。 3. 共同创作:教师或学生用拳头画出第一笔,学生依次按照顺序补充完整五个脚趾头,每个学生要参照前面学生画的脚趾大小,脚趾要逐渐变小。 4. 在多次练习后,每个学生轮流画出第一笔,由其他学生帮忙补充,最后教师做一些简单装饰形成一幅美丽的沙滩画		
活动提示	1. 手指画可以刺激学生的手部触觉,平时可以多用这种方式带领学生进行其他的创作。"小脚丫"的画法是握拳用拳轮那一面蘸上颜料轻轻放在画纸上印出。 2. 在第一个学生画完后,第一个画脚趾的学生也要参照脚底的位置完成后面的脚趾		

第四部分　意图理解阶段教学活动设计

名称	小小造型师	设计者	丰台区培智中心学校　高雅老师
教学目标	在生活数学课上能辨认常见的平面图形,能从实际物品中抽象出平面图形,形成一定的视图能力		
设计意图	需要学生关注教师的语言,参照他人的变化而做出适当的形状改变,从而组成相应的图形		
准备	弹力圈、不同的眼镜镜框、橡皮筋		
所属阶段	相互参照向意图理解过渡		

续表

名称	小小造型师	设计者	丰台区培智中心学校　高雅老师
过程	1. 学生用双手把橡皮筋撑出简单的图形(圆、正方形、长方形等),再用手指摆出各种简单图形造型。 2. 教师用手指摆出图形的一部分(半圆、正方形或长方形的两条边、三角形的一条边等),学生听指令自己补充完整图形,教师随时更换自己的手指方向,学生进行手指补充。 3. 教师站在弹力圈内,学生听指令自由站到弹力绳内组成各种常见图形(三角形、长方形、正方形、菱形等),并用手比画出图形,然后学生们自由组成多种图形。 4. 帮助教师搭配适合的眼镜框		
提示	1. 学生在用手指拼图形时不要固定出示方式。 2. 学生在进行弹力圈活动时可以适当提出变大变小的指令		

名称	水果脸	设计者	朝阳区实验小学新源里分校　宗佳老师
教学目标	在生活适应课上用水果片制作各种人脸的表情,初步了解不同表情的主要面部特征,并能理解面部表情与造成表情的事件的关系		
设计意图	学生能够根据老师直接和间接的言语,判断老师的意图,摆出笑脸或哭脸等		
准备	水果切片、保鲜膜		
所属阶段	意图理解		
过程	学生洗干净手后,坐在座位上,把保鲜膜铺在桌子上。每名学生领取3片水果片,其中2个圆形的,1个月牙形的,并请学生分别摆出笑脸和哭脸。然后听句猜表情,老师说"我爱吃苹果、柠檬太酸了、柿子太涩了"等句子,学生根据老师的语言判断老师是否爱吃这个水果,并摆出表情:当听到老师说"我爱吃苹果"后,学生在保鲜膜上用水果片摆出一个笑脸;当听到老师说"柠檬太酸了"或"柿子太涩了"后,学生在保鲜膜上用水果片摆出一个哭脸。根据句子摆出正确表情时,可以将水果吃掉,没有摆正确时,则要将水果切片打乱,准备听下一个句子。 然后再听句子做不同的表情,互相观察。 再看表情,并猜老师和同学的水果喜好,并能回答老师喜欢什么? 老师为什么看见柠檬做出了这个表情?		
提示	听句子后自己做不同的表情是训练重点,但切忌没有体验地模仿表情。可以创设情境让学生体验后激发他们真实的表情,能力真到了这个阶段的学生经过上一阶段参照表情训练后,是可以做出正确反应的。要注意若学生口腔感觉不敏感,吃了柠檬可能也不觉得酸,反而还要吃,这样的学生内部感觉迟钝,表情一定不丰富,相应的能力也达不到此阶段		

附录二：自主关注课程中的教学设计案例

名称	美丽的雕塑	设计者	丰台区培智中心学校　刘艳华老师
教学目标	在生活语文课上能用一句话或几句话表达自己的基本需求，积极参与简单的造型游戏，尝试用表情、动作、语言表达自己的感受			
设计意图	通过照镜子看到自己和他人，能够调整表情、动作造型，再通过人与人之间语言、动作、表情的调整，完成相对满意的雕塑形态			
准备	1. 人物雕塑照片 2. 书、笔、各种头饰、纱巾、麦克风等道具 3. 大镜子			
所属阶段	意图理解			
过程	1. 学生面向老师围坐，教师以小故事导入雕塑（不许说话不许动，看谁的立场最坚定）。同学们像一组雕塑，雕塑的名字就叫《听》。 2. 教师出示简单常见（校园或公园中）的人物雕塑照片，和学生一起欣赏感受，学生可参照雕塑的形态动作进行模仿，说出雕塑的主题名称。然后教师讲解游戏规则，可利用准备好的道具照镜子摆出有主题的雕塑作品，教师参与其中。 3. 分组照镜子创作集体雕塑作品，尽量根据主题展现不同的表情，如有力量的劳动者，快乐的一家人等，使作品更生动，动作如拉手、拥抱、相互支撑、眼神的交流等（能力强的学生一组，能力弱的和教师一组）。 4. 在教师引导下，自由表达游戏的感受			
提示	对于反应迟缓的学生，老师可进行语言的指导和动作的辅助，带领他们参与到集体活动中。道具的准备可参考学生日常的偏好			

名称	批评与表扬	设计者	朝阳区实验小学新源里分校　王艳老师
教学目标	在生活适应课上通过表情动作理解同伴的心理感受，做出相应的语言和表情反馈			
设计意图	把皱眉、噘嘴、咧嘴微笑等动作与情绪连接在一起，理解对方情绪与自己的不同			
准备	数字卡片			
所属阶段	意图理解			
过程	先组织学生进行选椅子的活动：选择数字号码，例如出示"3""2""1"，学生按照自己选择的号码选择椅子。如果没选择正确则不批评（老师会故意在椅子上补贴上对应的号码，让学生找不到）。 讲解活动规则并组织活动：听到老师说"开始"，学生寻找自己的椅子坐下。如果不对就会被同伴批评，并得不到奖励。			

续表

名称	批评与表扬	设计者	朝阳区实验小学新源里分校　王艳老师
过程	三次后这个学生还是没有成功,老师没有批评,只奖励其他同学。老师引导大家看这个同学的表情,该同学脸上器官有什么变化?猜这是什么表情? 引导他们说出还有哪些表情代表生气或愤怒:如皱眉、咬牙瞪眼等。 说一说这个同学为什么会这样,用上"因为"和"所以"来表达。 解决问题:大家看要怎么帮助他		
提示	激发学生真实的体验很重要,表扬和批评要都体验,避免他们出现大的情绪波动		

名称	传给你、我、他	设计者	朝阳区实验小学新源里分校　王艳老师
教学目标	在语文课上通过传球活动分辨我、你、他的不同,能说对"把球传给你""把球传给他"的句子		
设计意图	通过传接球活动,把自己手里的球转给不同的人,知道听人称代词进行位置判断,知道传给谁		
准备	人称代词卡片		
所属阶段	意图理解		
过程	学生围成一圈坐好,老师引导学生站立完成空手假装传接球的活动。 首先大家按照站位的顺序传接球:"我传给某某同学,请你接住。" 接下来随意传接球:老师先传给对面站立学生(双手成圆做抱球状,然后抛出),并说"我传给对面的同学,某某请你接住球",再重申一遍"我传给你"。 老师提示:"你能传给他吗?"然后用手势动作提示方向和位置。 小结:老师用两个手势动作指示位置的人称是"你"和"他"。 学生也能像老师空手传球一样再传给老师,同学们用手势画出三个人传球的路线,并把路线在纸上画出来。大家一起思考使用什么符号		
提示	也可根据学生的兴趣,用三角形、字母或数字等简单符号图来进行活动		

名称	抱一抱	设计者	朝阳区实验小学新源里分校　王艳老师
教学目标	在语文课上根据学生不同的表情、动作猜出对方抱的不同东西,并简单说出原因		
设计意图	借助把同伴抱起来,感受抱的动作和体会轻重的感觉,看表情说出同伴手中抱的是什么,心里怎么想的		
准备	垫子、书(备用)		
所属阶段	意图理解		
过程	首先由教师组织学生,站在垫子上,引导学生两人一组,一个学生把另一个学生抱起来;然后学生说一说自己的感觉,用表情表达太重、抱不动的感受;接着教师要求换另一个同学来抱对方,体验轻重,用表情表达感受。 学生用动作手势来表演自己抱着东西,用表情表达心理感觉,让大家猜手里抱的是什么,为什么。 猜一猜老师抱着的一摞书有多少本,重不重,如果是语文书,估计一下大概有多少本。 让学生思考如果老师从门口走进来,自己会怎么做		
提示	学生需要通过充分的身体体验,具备基本的轻重的概念和表情动作,并展开猜测活动		

名称	合理着装	设计者	丰台区培智中心学校　高雅老师
教学目标	在生活适应课上能正确理解他人的表情、动作和语气,根据环境穿戴适合自己的着装,力争做到穿戴整齐,有一定的审美意识		
设计意图	根据不同的环境搭配合理的装扮,需要学生能够根据环境、身材、美观三个方面来进行着装打扮		
准备	多种季节、场合的衣服、配饰		
所属阶段	意图理解		
过程	1. 创设外出的情境,教师首先帮助一位学生搭配服饰(夏天故意给学生穿带毛毛领的厚外套或羽绒服),根据毛毛领和羽绒服带来的身体感受,让学生判断着装是否合理。 2. 教师组织学生互相帮助搭配服饰(挑选的过程中考虑身材、环境)。 3. 教师用动作、表情表达想要做的事或想去的环境,学生猜测并帮助教师搭配。 4. 在此基础上,引导学生做出更美观的搭配		
提示	教师在进行教学活动时要多注重用表情、手势、动作等来引导学生思考		

名称	小精灵	设计者	丰台区东铁营二小　田春艳老师
教学目标	在语文课上能同时加工两位活动参与者的意图并做出相应反应,并用语句或10个以上的词语概括性地表述所参加的活动,其中至少有两个形容词		
设计意图	能边听边想,同时成功躲避一定范围内的障碍物。学生需要持续注意教师的"空手道"动作,及时做出反应,不断调整自己的位置,通过多次活动总结规律,了解人与物之间的关系,为发展推理能力打基础		
准备	长一米二左右的充气棒、报纸卷		
所属阶段	意图理解		
过程	教师简单复述"躲障碍"活动内容和规则,手拿充气棒、报纸卷分别演示障碍从前方、侧面或下面、侧面袭来,学生应灵活躲避,不躲避就可能被不同程度地击中。 1. 老师收起道具,用手势表示障碍袭来的方向,视学生数分组进行,每组3~4人,教师用手势表示"两个大棒子从头前、脚下"袭来,学生做出相应的蹲跳动作;"两个大棒子从右面、脚下"袭来,学生做出向左跳的动作,反复改变口令练习几次。 2. 老师用语言表示障碍袭来的方向,"两个大棒子从头前、脚下"袭来,学生做出相应的蹲跳动作;"两个大棒子从左面、上面"袭来,学生做出蹲下向右走的动作,反复练习几次。 3. 由另外的学生或老师当活动的障碍物,可站在学生身后,学生在一定范围的场地中做动作变化,必须在正确听口令的同时考虑不能碰到活动障碍物,碰到就算一次失败。在活动中既要引导学生总结"躲避各种障碍物"的经验,又要考虑互相之间的多重关系(理顺和处理好与身边同学、发口令的老师、活动障碍物扮演者之间的关系是推理能力的基础)。 以后上课时可进一步增加难度,老师边发口令边做出各种送"金币"或"食物"的动作,要求学生在做动作时还要考虑如何多接到老师给的真假"奖品"		
提示	可配合"巡逻者"等游戏软件进行练习		

名称	天气预报员	设计者	朝实新源里校区　王英华老师
教学目标	在生活适应课上能理解简单的天气知识,根据天气合理选择不同的着装		
设计意图	借助当"天气预报员"的游戏,使学生能够正确掌握表示天气的词语(例如刮风、下雨、晴天、阴天等),学生能够通过看预报员的动作,知道是何种天气		

续表

名称	天气预报员	设计者	朝实新源里校区　王英华老师
准备	词卡		
所属阶段	意图理解		
过程	1. 教师引导学生说出今天的天气如何,如何得知明天的天气。接着由教师引出天气预报员角色介绍,让学生观察老师是如何担任天气预报员的,此时教师出示词卡并根据词卡内容做出相应的动作,不能有语言提示(例如:刮风就要做东倒西歪的样子、阴天就要做快快走/很着急的样子、晴天就做出特别高兴地玩儿的样子、下雨天就做出打伞的样子),学生根据教师的动作猜出词卡。 2. 师生角色互换,由学生做"预报员",教师从有关天气的词卡中任意抽出一张,让"预报员"做各种表情动作,其余同学猜可能是什么天气。老师问同学:"如果用动作表示出这个天气,你会干什么?" 3. 引申:思考在这种天气出门,应该穿什么衣服		
提示	学生在家多看天气预报,了解、熟悉与天气相关的专用词语		

名称	红绿牌	设计者	朝阳区实验小学新源里分校　张群老师
教学目标	在生活适应课上理解活动规则指什么,并初步树立遵守规则的意识		
设计意图	学生通过理解活动规则,了解发令人的意图并完成活动,锻炼学生的意图理解能力		
准备	几副红、绿色的牌子		
所属阶段	意图理解		
过程	每人发一副红、绿色的牌子做准备活动。老师说"举红(绿)牌",学生举相应颜色的牌子,然后听老师变换口令。 (1) 请举错了的学生说说心里什么感受,用词语和表情表达。 (2) 请举对了的学生说说心里什么感受,用表情表达,并说出自己的感受。 总结这什么是规则,遵守规则和不遵守规则有什么后果。 (3) 在楼道出入口,一方当信号员,一方当行人,摆出不同表情动作,代表有没有急事,练习是否准许通行的活动。或者在厕所门口,用表情动作、语言表示着急或不着急上厕所,让学生判断让谁先进去		
提示	1. 根据学生的能力发口令 2. 可以根据学生的表现让能力强的学生作为发令者		

名称	垫子的妙用	设计者	朝阳区实验小学新源里分校　张艳丽老师
教学目标	在生活适应课上能分辨多种表情，做出相应的回应		
设计意图	学生能根据别人的眼神提示判断用垫子挡住哪里，从而了解别人眼神的指向作用，能区分表情所表达的情绪		
准备	软垫子、毛绒锤子		
所属阶段	意图理解		
过程	老师请一位学生配合，演示活动规则：一人打一人防，根据对方的表情、动作判断对方要打哪里，防止被对方打到。然后把学生分成两组，一组学生每人发一个小垫子，另一组学生每人发一个毛绒锤子。两组学生相对站立，拿垫子的学生要根据拿锤子同学的眼神、动作提示，判断出他要打自己的哪里并及时用垫子挡住相应的身体部位。打到身体后，被打的人要用表情动作表达身体感觉，让打的学生猜出对方是什么情绪，然后让学生交换道具继续活动下一步拿或抱着多个软垫子，做出困的表情，然后问学生老师拿垫子想干什么，应该怎么摆垫子。再做出累的样子，然后问学生老师拿垫子想干什么，应该怎么摆垫子。之后还可以怎么摆垫子。最后做出冷的样子，问"可以怎么用垫子？还可以用什么？怎么用？"可以换厚、硬垫子继续猜一猜的活动		
提示	不可以打头，建议的用品见图9 图9　软垫子与毛绒锤子示意		

名称	反向口令	设计者	朝阳区实验小学新源里分校　袁满老师
教学目标	在语文课上通过反向口令活动，初步理解反义词的意义，说出简单的反义词		
设计意图	通过理解词语表达的意思，把反义词连接在一起，进而理解词语的概念，了解活动规则并能遵守，能说出"输了"又要能表演心理感受		
准备	图画、简单的词语卡片		
所属阶段	意图理解		

续表

名称	反向口令	设计者	朝阳区实验小学新源里分校　袁满老师
过程	1. 正口令引入：老师和学生一起先尝试用动作表示字卡上的字。在保证学生能够理解词卡与动作之间的联系后，教师尝试引导学生进行看词做动作的活动，即老师出示字卡，学生需要做与字卡意思相同的动作，如看到"高"就跳起来，看到"矮"就蹲下，看到"大"就用双手做出很大意思的动作等。 2. 组织学生用图片学习反义词，如大和小、高和矮、胖和瘦等。然后做听反口令的活动。首先说明规则，即老师出示字卡，学生做动作，如果学生没有做到就要做运动，学生用不同的表情动作表达此刻的心情，然后告诉大家"输了又要运动"的心理感受。这次主要是看到"高"就蹲下，看到"矮"就跳起来，看到"大"就用双手做出很小意思的动作等。每做一组就要让学生问问做对或没做对同学的感受，要用表情或词语表达		
提示	也可根据学生的兴趣选择反口令内容，但一定要让学生理解反义词的含义		

名称	过马路	设计者	朝阳区实验小学新源里分校　苗颖老师
教学目标	在生活适应课上根据手势、哨音、表情，综合判断前方路况，了解如何安全地过马路		
设计意图	能理解手势代表的意思（走、停、快、慢等），并及时调整自己的表情动作，完成活动		
准备	安全、安静的不走汽车的小马路		
所属阶段	意图理解		
过程	让一名学生当交通指挥员，其他学生在过马路的时候要根据指挥员的手势提示过马路。当指挥员做通过的手势时，学生可以往前走，当指挥员做停止的手势时，学生就要停下来，是快一点儿的手势时就要快步走，是慢一点儿的手势时就慢步走。然后做出着急的表情动作，让学生们猜指令，完成活动。 换成哨音，老师不讲解，只吹哨，让学生判断哨音短而急促和一声长哨代表什么意思，应该怎么做。 练习与自然过马路的行人一起过马路。 根据该马路的实际情况，适时增加难度，如远方来了一辆摩托车，该怎么打手势，怎么过马路		
提示	手势见图10 图10　交通指挥员手势示意		

北京大学出版社
教育出版中心 精品图书

21世纪特殊教育创新教材·理论与基础系列

书名	作者	定价
特殊教育的哲学基础	方俊明	36元
特殊教育的医学基础	张 婷	36元
融合教育导论（第二版）	雷江华	45元
特殊教育学（第二版）	雷江华 方俊明	43元
特殊儿童心理学（第二版）	方俊明 雷江华	39元
特殊教育史	朱宗顺	39元
特殊教育研究方法（第二版）	杜晓新 宋永宁 等	45元
特殊教育发展模式	任颂羔	36元
特殊儿童心理与教育（第二版）	杨广学 张巧明 王 芳	49元
教育康复学导论	杜晓新 黄昭鸣	55元
特殊儿童病理学	王和平 杨长江	48元

21世纪特殊教育创新教材·发展与教育系列

书名	作者	定价
视觉障碍儿童的发展与教育	邓 猛	38元
听觉障碍儿童的发展与教育（第二版）	贺荟中	49元
智力障碍儿童的发展与教育（第二版）	刘春玲 马红英	55元
学习困难儿童的发展与教育（第二版）	赵 微	59元
自闭症谱系障碍儿童的发展与教育	周念丽	32元
情绪与行为障碍儿童的发展与教育	李闻戈	42元
超常儿童的发展与教育（第二版）	苏雪云 张 旭	39元

21世纪特殊教育创新教材·康复与训练系列

书名	作者	定价
特殊儿童应用行为分析（第二版）	李 芳 李 丹	49元
特殊儿童的游戏治疗	周念丽	42元
特殊儿童的美术治疗	孙 霞	38元
特殊儿童的音乐治疗	胡世红	32元
特殊儿童的心理治疗（第二版）	杨广学	45元
特殊教育的辅具与康复	蒋理荣	29元
特殊儿童的感觉统合训练（第二版）	王和平	56元
孤独症儿童课程与教学设计	王 梅	37元

自闭谱系障碍儿童早期干预丛书

书名	作者	定价
如何发展自闭谱系障碍儿童的沟通能力	朱晓晨 苏雪云	29元
如何理解自闭谱系障碍和早期干预	苏雪云	32元
如何发展自闭谱系障碍儿童的社会交往能力	吕 梦 杨广学	33元
如何发展自闭谱系障碍儿童的自我照料能力	倪萍萍 周 波	32元
如何在游戏中干预自闭谱系障碍儿童	朱 瑞 周念丽	32元
如何发展自闭谱系障碍儿童的感知和运动能力	韩文娟 徐 芳 王和平	32元
如何发展自闭谱系障碍儿童的认知能力	潘前前 杨福义	39元
自闭症谱系障碍儿童的发展与教育	周念丽	32元
如何通过音乐干预自闭谱系障碍儿童	张正琴	36元
如何通过画画干预自闭谱系障碍儿童	张正琴	36元
如何运用ACC促进自闭谱系障碍儿童的发展	苏雪云	36元
孤独症儿童的关键性技能训练法	李 丹	45元
自闭症儿童家长辅导手册	雷江华	35元
孤独症儿童课程与教学设计	王 梅	37元
融合教育理论反思与本土化探索	邓 猛	58元
自闭症谱系障碍儿童家庭支持系统	孙玉梅	36元

特殊学校教育·康复·职业训练丛书（黄建行 雷江华 主编）

信息技术在特殊教育中的应用	55元
智障学生职业教育模式	36元
特殊教育学校学生康复与训练	59元
特殊教育学校校本课程开发	45元
特殊教育学校特奥运动项目建设	49元

21世纪学前教育规划教材

书名	作者	定价
学前教育概论	李生兰	49元
学前教育管理学	王 雯	45元
幼儿园歌曲钢琴伴奏教程	果旭伟	39元
幼儿园舞蹈教学活动设计与指导	董 丽	36元
实用乐理与视唱	代 苗	40元
学前儿童美术教育	冯婉贞	45元
学前儿童科学教育	洪秀敏	39元
学前儿童游戏	范明丽	39元
学前教育研究方法	郑福明	39元
外国学前教育史	郭法奇	39元
学前教育政策与法规	魏 真	36元
学前心理学	涂艳国 蔡 艳	36元
学前教育理论与实践教程	王 维 王维娅 孙 岩	39元
学前儿童数学教育	赵振国	39元

大学之道丛书精装版

书名	作者	价格
美国高等教育通史	[美]亚瑟·科恩	115元
知识社会中的大学	[英]杰勒德·德兰迪	78元
大学之用（第五版）	[美]克拉克·克尔	49元
营利性大学的崛起	[美]理查德·鲁克	68元
学术部落与学术领地：知识探索与学科文化	[英]托尼·比彻，保罗·特罗勒尔	88元
美国现代大学的崛起	[美]劳伦斯·维赛	118元
教育的终结——大学何以放弃了对人生意义的追求	[美]安东尼·T.克龙曼	78元
世界一流大学的管理之道——大学管理研究导论	程星	68元
后现代大学来临？	[英]安东尼·史密斯 弗兰克·韦伯斯特	68元

大学之道丛书

市场化的底限	[美]大卫·科伯	59元
大学的理念	[英]亨利·纽曼	49元
哈佛：谁说了算	[美]理查德·布瑞德利	48元
麻省理工学院如何追求卓越	[美]查尔斯·维斯特	35元
大学与市场的悖论	[美]罗杰·盖格	48元
高等教育公司：营利性大学的崛起	[美]理查德·鲁克	38元
公司文化中的大学：大学如何应对市场化压力	[美]埃里克·古尔德	40元
美国高等教育质量认证与评估	[美]美国中部州高等教育委员会	36元
现代大学及其图新	[美]谢尔顿·罗斯布莱特	60元
美国文理学院的兴衰——凯尼恩学院纪实	[美]P.F.克鲁格	42元
教育的终结：大学何以放弃了对人生意义的追求	[美]安东尼·T.克龙曼	35元
大学的逻辑（第三版）	张维迎	38元
我的科大十年（续集）	孔宪铎	35元
高等教育理念	[英]罗纳德·巴尼特	45元
美国现代大学的崛起	[美]劳伦斯·维赛	66元
美国大学时代的学术自由	[美]沃特·梅兹格	39元
美国高等教育通史	[美]亚瑟·科恩	59元
美国高等教育史	[美]约翰·塞林	69元
哈佛通识教育红皮书	哈佛委员会	38元
高等教育何以为"高"——牛津导师制教学反思	[英]大卫·帕尔菲曼	39元
印度理工学院的精英们	[印度]桑迪潘·德布	39元
知识社会中的大学	[英]杰勒德·德兰迪	32元
高等教育的未来：浮言、现实与市场风险	[美]弗兰克·纽曼等	39元
后现代大学来临？	[英]安东尼·史密斯等	32元
美国大学之魂	[美]乔治·M.马斯登	58元
大学理念重审：与纽曼对话	[美]雅罗斯拉夫·帕利坎	40元
学术部落及其领地——当代学术界生态揭秘（第二版）	[英]托尼·比彻 保罗·特罗勒尔	33元
德国古典大学观及其对中国大学的影响（第二版）	陈洪捷	42元
转变中的大学：传统、议题与前景	郭为藩	23元
学术资本主义：政治、政策和创业型大学	[美]希拉·斯劳特 拉里·莱斯利	36元
21世纪的大学	[美]詹姆斯·杜德斯达	38元
美国公立大学的未来	[美]詹姆斯·杜德斯达 弗瑞斯·沃马克	30元
东西象牙塔	孔宪铎	32元
理性捍卫大学	眭依凡	49元

学术规范与研究方法系列

社会科学研究方法100问	[美]萨尔金德	38元
如何利用互联网做研究	[爱尔兰]杜恰泰	38元
如何撰写与发表社会科学论文：国际刊物指南	蔡今忠	42元
如何查找文献（第二版）	[英]萨莉·拉姆齐	50元
给研究生的学术建议	[英]戈登·鲁格 等	26元
社会科学研究的基本规则（第四版）	[英]朱迪斯·贝尔	32元
做好社会研究的10个关键	[英]马丁·丹斯考姆	20元
如何写好科研项目申请书	[美]安德鲁·弗里德兰德 等	28元
教育研究方法（第六版）	[美]梅瑞迪斯·高尔 等	88元
高等教育研究：进展与方法	[英]马尔科姆·泰特	25元
如何成为学术论文写作高手	[美]华乐丝	49元
参加国际学术会议必须要做的那些事	[美]华乐丝	32元
如何成为优秀的研究生	[美]布卢姆	38元

21世纪高校职业发展读本

书名	作者	价格
如何成为卓越的大学教师	[美]肯·贝恩	32元

给大学新教员的建议　　[美]罗伯特·博伊斯 35元	小学教育研究方法　　　　　　王红艳 45元
如何提高学生学习质量	新理念小学数学教学论　　　　刘京莉 38元
[英]迈克尔·普洛瑟 等 35元	新理念小学音乐教学法　　　　吴跃跃 46元
学术界的生存智慧　　[美]约翰·达利 等 35元	**教师资格认定及师范类毕业生上岗考试辅导教材**
给研究生导师的建议（第2版）	教育学　　　　　　　　　余文森 王　晞 26元
[英]萨拉·德拉蒙特 等 30元	教育心理学概论　　　　　连　榕 罗丽芳 42元
21世纪教师教育系列教材·物理教育系列	
中学物理微格教学教程（第二版）	**21世纪教师教育系列教材·学科教育心理学系列**
张军朋 詹伟琴 王　恬 35元	语文教育心理学　　　　　　　董蓓菲 39元
中学物理科学探究学习评价与案例	生物教育心理学　　　　　　　胡继飞 45元
张军朋 许桂清 32元	**21世纪教师教育系列教材·学科教学论系列**
物理教学论　　　　　　　　　　邢红军 49元	新理念化学教学论（第二版）　　王后雄 49元
中学物理教学评价与案例分析 王建中 孟红娟 38元	新理念科学教学论（第二版）　崔　鸿 张海珠 36元
21世纪教育科学系列教材·学科学习心理学系列	新理念生物教学论（第二版）　崔　鸿 郑晓慧 45元
数学学习心理学（第二版）　　孔凡哲 曾　峥 49元	新理念地理教学论（第二版）　　李家清 45元
语文学习心理学　　　　　　　　董蓓菲 49元	新理念历史教学论（第二版）　　杜　芳 42元
21世纪教师教育系列教材	新理念思想政治（品德）教学论（第二版）
教育学基础　　　　　　　　　　庞守兴 40元	胡田庚 55元
教育学　　　　　　　　　　余文森 王　晞 26元	新理念信息技术教学论（第二版）　吴军其 38元
教育研究方法　　　　　　　　　刘淑杰 45元	新理念数学教学论　　　　　　　冯　虹 36元
教育心理学　　　　　　　　　　王晓明 55元	**21世纪教师教育系列教材·语文课程与教学论系列**
心理学导论　　　　　　　　　　杨凤云 46元	语文文本解读实用教程　　　　　荣维东 49元
教育心理学概论　　　　　　连　榕 罗丽芳 42元	语文课程教师专业技能训练　张学凯 刘丽丽 45元
课程与教学论　　　　　　　　　李　允 42元	语文课程与教学发展简史
教师专业发展导论　　　　　　　于胜刚 42元	武玉鹏 王从华 黄修志 38元
学校教育概论　　　　　　　　　李清雁 42元	语文课程学与教的心理学基础 韩雪屏 王朝霞 主编
现代教育评价教程（第二版）　　吴　钢 45元	语文课程名师名课案例分析　武玉鹏 郭治锋 主编
教师礼仪实务　　　　　　　　　刘　宵 36元	语用性质的语文课程与教学论　　王元华 42元
家庭教育新论　　　　　　　闫旭蕾 杨　萍 39元	**21世纪教师教育系列教材·学科教学技能训练系列**
中学班级管理　　　　　　　　　张宝书 39元	新理念生物教学技能训练（第二版）　崔　鸿 33元
教育职业道德　　　　　　　　　刘亭亭 39元	新理念思想政治（品德）教学技能训练（第二版）
教师心理健康　　　　　　　　　张怀春 39元	胡田庚 赵海山 29元
现代教育技术　　　　　　　　　冯玲玉 39元	新理念地理教学技能训练　　　　李家清 32元
青少年发展与教育心理学　　　　张　清 42元	新理念化学教学技能训练（第二版）　王后雄 46元
课程与教学论　　　　　　　　　李　允 42元	新理念数学教学技能训练　　　　王光明 36元
课堂与教学艺术（第二版）　　孙菊如 陈春荣 49元	新理念小学音乐教学法　　　　　吴跃跃 38元
21世纪教师教育系列教材·初等教育系列	**王后雄教师教育系列教材**
小学教育学　　　　　　　　　　田友谊 39元	教育考试的理论与方法　　　　　王后雄 35元
小学教育学基础　　　　　　张永明 曾　碧 42元	化学教育测量与评价　　　　　　王后雄 45元
小学班级管理　　　　　　　张永明 宋彩琴 39元	中学化学实验教学研究　　　　　王后雄 32元
初等教育课程与教学论　　　　　罗祖兵 45元	